国家社科基金项目：纳西东巴文献各类词性记录情况调查研究（11XYY029）

海南省哲学社会科学专项课题：甲骨文与东巴文的比较研究（HNSK12-45）

本书同时受海南师范大学文学院中国语言文学学科建设经费资助。

黄思贤◎著

纳西东巴文献
各类词性记录情况
调查研究

○

○

○

中国社会科学出版社

图书在版编目（CIP）数据

纳西东巴文献各类词性记录情况调查研究/黄思贤著．
—北京：中国社会科学出版社，2018.3
ISBN 978 - 7 - 5203 - 1709 - 2

Ⅰ.①纳…　Ⅱ.①黄…　Ⅲ.①东巴文—词类—调查
研究　Ⅳ.①H257.2

中国版本图书馆 CIP 数据核字（2017）第 314138 号

出 版 人　赵剑英
责任编辑　郭晓鸿
特约编辑　席建海
责任校对　刘　娟
责任印制　戴　宽

出　　版　中国社会科学出版社
社　　址　北京鼓楼西大街甲 158 号
邮　　编　100720
网　　址　http://www.csspw.cn
发 行 部　010 - 84083685
门 市 部　010 - 84029450
经　　销　新华书店及其他书店

印　　刷　北京明恒达印务有限公司
装　　订　廊坊市广阳区广增装订厂
版　　次　2018 年 3 月第 1 版
印　　次　2018 年 3 月第 1 次印刷

开　　本　710×1000　1/16
印　　张　26
插　　页　2
字　　数　348 千字
定　　价　109.00 元

目　　录

绪　　论

　　纳西东巴文献是纳西族文化中的一颗璀璨的明珠，也是少数民族文化中的一块瑰宝。这种文献是用一种较为原始的文字——东巴文书写而成，是一种较为特殊的文献。初看这种文献，犹如一幅幅生动的连环画。对一般人而言，这一幅幅连环画犹如天书，如不深入学习将茫然不知其意。

　　纳西东巴文献在历史文化、语言文字等方面具有非常重要的研究价值。百年来，这种文献的收集、整理和研究得到了广泛的开展。20世纪初，这种文献开始受到人们的关注，并很快吸引了大批来自世界各地的学者对其进行收集研究，这其中有美国学者洛克、国内学者李霖灿等。如今，东巴文献已陈列于美英德中等国的著名藏书机构，其数量以万计。值得一提的是，由东巴文研究所编撰的《纳西东巴古籍译注全集》已经出版，这是迄今公开出版的收集经典最多的一部东巴文献。在收集文献的同时，用于书写这种文献的东巴文也得到了深入的研究，这主要包括东巴文字典的编撰、东巴文本体的研究、东巴文的比较研究等几个方面。在已编撰的东巴文字典中，影响较大的有李霖灿的《么些象形文字字典》和方国瑜的《纳西象形文字谱》。东巴文本体研究则较为系统地揭示了东巴文的内部结构，形成了"六书""十书"等理论。另外，东巴文中的一些疑难单字的结构也得到了讨论和分析。在本体研究的基础上，东巴文与各类文字的比较研究也得到了开展，王元鹿先生的《汉古文字与纳西东巴文字比较研究》是其中突出的代表。

在与各种文字的比较过程中，东巴文表现出了其在比较文字学和普通文字学中的独特地位。裘锡圭先生曾在《文字学概要》一书中以东巴文献中的文字探讨文字形成过程；周有光先生在《世界文字发展史》中把东巴文作为一种类型专门进行了探讨；王元鹿先生在《比较文字学》一书中把东巴文作为主要的引证资料。在文字的研究中，尤其是在文字类型学和文字发展史的研究中，东巴文成为必不可少的文字资料。

东巴文的研究取得了丰硕的成果，但也存在一些不足。最明显的是，大多数东巴文研究往往以字典中的文字为研究资料，忽视了文献中活生生的东巴文用字。事实上，文献中的字量远远大于字典，其字形远丰富于字典。比如在文献中，假借字随处可见，用字灵活，而在字典中，往往没有任何记录。字典中所列的东巴文往往是代表性的，与具体文献中的文字并不完全一样。在不同的语境或不同的文本中，同一词可能采用不同字或同一字的不同字形。因此，研究者不应该忽视文献中的具体用字，应该对其进行全面调查和研究。

文字是记录语言的符号系统，孤立地研究一个个东巴文，其结果往往缺乏可信度。全面深入地分析具体语言环境中的文字，对了解文字的性质和发展阶段具有积极的意义。成熟文字与语言单位的对应关系较为单纯，但东巴文却不同，其文字与语言的对应关系异常复杂，具有广阔的研究空间。因此，从文献的角度对东巴文进行研究更能揭示东巴文的性质和发展，再现原始文字的一般发展规律。

从文献的角度研究东巴文与纳西语的关系，学者已做过尝试。这些研究基本上是分析语言单位——音节的记录情况，诸如统计记录音节数、记录音节数的比例，进而分析语言记录的完整性和东巴文的发展阶段。这些尝试为文献用字的研究开启了一个广阔的研究领域。

在此类研究的启发下，本书以文献中各类词性的文字记录作为研究对象，深入描写东巴文献中的各类词性的文字记录情况，比较各类词性的文字记录特点，展现各类词性记录的发展变化，进而揭示东巴文的性质特点，再现原始文字的发展轨迹。

一般来说，词性是语法的问题，似乎与文字没有太大的关系。但是，词性与语义的关系却很密切，即不同的词性涉及不同的语义范畴。比如，名词一般指向事物的名称，动词指向事物的运动变化等，而连词、助词等虚词并不关联具体事物，即没有词汇意义，只有语法意义。同样是名词，人称名词、事物名词、时间名词、处所名词、方位名词所指向的词汇意义也不尽相同。比如，事物名词要比方位名词抽象。概而言之，各类词性所指词义的差异主要表现在抽象程度上。词义抽象程度不同，所用的文字类型往往不同。表意越具体的词往往采用象形等表意的手法，而越抽象的词则往往采用借音的手法。对于原始文字而言，除了记录方式上的差异，记录比例也存在较大的差异。一般而言，表意越具体的词记录比例越高，越抽象的词记录比例则越低。当然，原始文字在发展的不同阶段，各类词性在记录方式和记录比例上都会发生一些变化，但各自的变化有所不同。词义与文字记录之间的密切关系显而易见。遗憾的是，到目前为止，这种关系尤其是像东巴文这种不成熟的意音文字与词义之间的关系尚未有全面深入的研究。为此，本书将以东巴文为例深入分析词义和文字记录之间的关系。

为了全面展现这种关系，本书详细调查了东巴文献中名词、动词、形容词、代词、量词、数词、副词、助词和连词的东巴文记录情况。在各类词性调查研究中，我们根据不同的语义特点，又将每一类词性分成若干小类，分别对其文字记录情况进行调查分析，以期发现各自的记录特点和彼此之间的记录差异。调查研究主要从记录数据统计、无记录举例分析、文字记录举例分析和记录特点等几个方面展开。记录数据主要包含记录次数统计、记录词数统计、代表性词的记录统计。记录次数统计是一种宏观统计，即统计各类词在一种文献中总出现次数（一个词出现多少次则记录多少次）、记录次数、未记录次数及其比例。记录词数统计则是统计一部文献中一类词出现的数量（一个词出现多次，仅计算一次）、记录数量和未记录数量。无记录举例分析则重在分析未记录的内在原因和外在原因，内在原因主要是语言文字的原因，外在原因则是人为的因素。文字记录举例分析则举例展现已存在文字记录的情况，重在列举各类词性所采用的记录方式。在上述研究的基础上，总结分析各类词性的记录特点。

本书在静态分析文献中各类词性记录情况的同时，对同类文献的各类词性的文字记录进行较为系统的比较，包括宏观上的各类词性的记录次数比较和记录词数的比较，微观上的个别词的记录比较。有记录数量上的比较，也有记录方式的比较。其目的在于分析各类词性记录的发展及其彼此之间的差异。

东巴文献异常丰富，其中最重要的要算东巴经。这些东巴经有不同的分类方式，和发源先生在《东巴古籍的类别及其主题》① 一文中将其分为：丧葬类古籍、禳解类古籍、求福求寿类古籍、占卜类古籍和舞蹈类古籍几大类别。东巴文献中还有部分为应用性文献。喻遂生先生曾按性质将这些文献分为医书、账本、契约、谱牒、歌本、规程、书信、日记、文书、对联、墓铭等类别②。虽然东巴文献如此的丰富，但其中重复的很多。"我们的藏书中的90%都是复制品"，"实际一个东巴的藏书大概不超过两百册，这是一个很小的数字"③。居于此，加之研究力量有限，我们只能在如此浩瀚的东巴文献中选取几部有代表性的文献进行调查研究。纳西族的创世纪故事是其中的经典之作，很多东巴文献都有相关记载。已公开出版，并很有影响的有傅懋勣的

---

① 杨世光：《东巴文化论》，云南人民出版社 1999 年版，第 600—621 页。
② 喻遂生：《纳西东巴文研究丛稿》，巴蜀书社 2003 年版，第 253 页。
③ 杰克逊：《纳西族宗教经书》，《东巴文化论》，云南人民出版社 1999 年版，第 631 页。

《丽江么些象形文〈古事记〉研究》①、和芳讲述，周汝诚翻译的《崇搬图》、李霖灿编，张琨、和才译注的《么些族的洪水故事》②，这三部文献记录了一个相同的传说，但并不同出一源。

李霖灿在《么些族的洪水故事》的序言中介绍："这册经典是我在丽江长水乡'多巴'和泗泉那里买来的，据说是东山一带的写本，看其写法，这项判断大概正确。现依据原状请和才先生照抄在上面，下面再依音译、意译、附注的次序由我一一填写。发音人仍请和才先生担任，依张坤先生教给我们的音标来记音，由于和先生是鲁甸乡阿时主下村的人，所以这里的音韵系统是以鲁甸地区为准的。"

傅懋勣在《古事记》一书的绪论中有"本书以拜吕古村写本为据，而参考了另外在除秽法事上用的两个本子""读音完全根据丽江中和村和芳东巴所读，解读则有些根据和芳先生或其他东巴的说法，有些用语言学方法推求"。

本书所涉及的文献主要是上述的三本，其中以《崇搬图》为主。之所以选取上述的三本文献，除了是经典，主要是因为这些文献符合本研究的需求。其一，三本经典除了经典原文，都由整理者添加了读音、字译和意译，便于研究。其二，三本经典并不同出一源。虽然故事情节大体相同，但文字书写存在较大的差异，东巴文的成熟程度不一。对三者进行比较，可以揭示东巴文的发展趋势和轨迹。其三，整理者有同有异，比如《崇搬图》与《古事记》的诵读者都是和芳东巴，而《么些族的洪水故事》则不同。诵读者与整理者的异同主要表现在他们对东巴文献中字词对应关系的影响。本书大部分材料来自《崇搬图》，这是因为该书内容相对翔实，东巴文记录语言的方式异常丰富，原始的记录方式与成熟的文字记录交织在一起，向成熟文字的过渡特点非常明显。

---

① 后文简称《古事记》。
② 收录《么些经典译注九种》。

虽然这几本文献标注了读音，并配有翻译和解读，但是文字与语言的对应并不明确，即东巴文与读音在编辑中彼此割裂，如下图①：

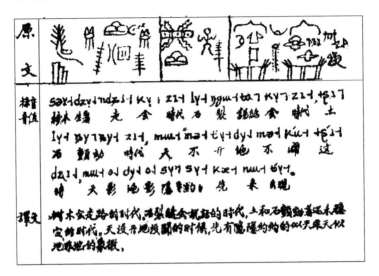

因此，将一个个东巴文与词语对应起来成为本研究的一大难点，也是本研究中最耗时的一项工作。另外，东巴文献自身存在一些错误，这涉及原文、标音（读音）、字译和意译几个方面②；在一些大意相同的段落的解读中，上述三本文献存在一些差异，这也是本书在深入研究之前必须要解决的问题。

在研究中，我们基本保持东巴文献的原貌。所做改动主要有以下几点：1. 因篇幅的限制，引用原文时，进行必要的剪切。由于图片扫描和复制的原因，导致一些图片的清晰度降低，为了提高阅读质量，故对图片进行了一些必要的处理。2. 将《崇搬图》原文中的五度竖标法改为数字标调法，以求准确、统一。

为穷尽分析《崇搬图》和《古事记》两部东巴文，我们分别设计创建了

---

① 见《崇搬图》第1页。
② 详见本书附录中的论文。

《纳西象形文字谱》①　和《么些象形文字字典》②　两个字典数据库,《崇搬图》和《古事记》两部文献数据库。文献数据库包含音节、音节数、词义、词性、对应字形、字形结构类型、所出原文等字段。字段的设计目的在于将字形、词和原文对应起来,以便分析彼此之间的对应关系。文献数据库的建立为研究提供了一个便捷的检索统计平台。

文献数据库建立的难点在于如何从原文中切割出独立的东巴文。对于成熟文字而言,切割轻而易举,但对于东巴文而言,则有较大的难度,因为这类文献杂糅着成熟文字、原始图画式的文字和合文,如《崇搬图》45 页156 节:

该节解读为:

字形: 🐟　　　🦅　　　🐦　　　　　卐　又　◇　🎵　○

标音: ŋi³³ nɯ³³ tɕhy³¹ nɯ³³ dɯ³³ tər⁵⁵ be³³ , ŋi³³ tər⁵⁵ ɣɯ³³ me³³ dɯ³³ tho³¹ be³³ ,

字译: 需要 就 乐从 就　一 家 做　两 家 好 的 一 家 做。

字形: 　　　　　　　　　🏔　　　🐦　　　🌀

标音: tsho³¹ ze³³ lɯ⁵⁵ ɣɯ³³ zo³³ , ko³³ phər³¹ ndv³³ ko⁵⁵ tsʅ⁵⁵ mɯ³³ ŋə³¹ thv³³ le³³ xə³¹。

字译: 崇忍利恩若　　鹤 白 翅 里 藏 天 上 到 有　去

意译: 需要者与乐从者皆为一家,两家好作一家了。把崇忍利恩若藏在白鹤翅膀里飞向天国去。

(按 "🦅" 与 "tɕhy³¹" 对应, "○" 与 "be³³" 对应存在问题,应当是

---

① 后文简称《字谱》。
② 后文简称《字典》。

诵读者诵读有误，在此不深入讨论）

解读部分的"字形"一栏所列举的文字是我们根据标音剪切出来的东巴

文，这些字在图片中独立存在，并与语言中的词（或音节）一一对应，为成熟的东巴文。数据库创建中，此类东巴文的剪切比较容易。但是，"tsho^{31} ze^{33} lɯ^{55} ɣɯ^{33} zo^{33}，ko^{33} phər^{31} ndv^{33} ko^{55} tsʅ^{55}"（崇忍利恩若鹤白翅里藏）一句的记录则杂糅着合文和原始图画的表达方式（见右图）。是否要切割，如何切割？

如不切割，将其笼统地看作原始的图画表达，那么"崇忍利恩若"（人名）、"白""鹤""翅""里"和"藏"这几个词都无对应的成熟文字。在这里，说"里"和"藏"两个词无成熟的文字也许可以，但说名词"崇忍利恩若"和"鹤"与形容词"白"无对应的文字似乎没有道理。针对这种情况，我们采取以下的处理方法，即从图画中分别切割出"🐦"和"🦅"，分别对应名词"崇忍利恩若"和"鹤"，为成熟文字；切割出"🦅"，对应形容词"白"，为成熟文字；动词"藏"、名词"里"和"翅"无对应的成熟文字，为图画记录。

在切割中，我们遵循如下原则：1. 先切记录名词的东巴文，再切记录其他各类词的东巴文，切割的部件不重复使用。如上文中的动词"藏"，因先切割了名词"崇忍利恩若"和"鹤"的字形，故动词"藏"没有了对应的字形。2. 多次记录原则，如一个字形多次对应同一个词，可认定为记录该词的东巴文。3. 合文在分析中强行切开。

数据库中的记录以音节为单位，之所以不以词为单位，是因为一些多音节词往往借用多个东巴文分别记录其中的几个音节。如果以词为单位，记录多音节词的多个东巴文就处于同一记录，不便于东巴文分析。不过，我们在数据库中专门为词设计了统计入口。

为了比较《古事记》和《崇搬图》各类词性的记录情况，我们专门设计了文献比较数据库，即将大意相同的小节置于同一记录中，并输入了相关引文和解读。为了能快捷地检索到两本文献中意义相同的小节，并进行相应地比较，我们也为数据库设计了音、形、义的检索入口。

数据库的创建耗时耗力，但为后期研究奠定了坚实的基础，也让我们能做一些前人所不能做的事情。

数据库是研究的主要手段，静态描写和动态比较则是本书研究的主要方法，此不赘述。

正文体例的几点说明：

1. 关于引文。引文基本保持原文的格局，增加字形一栏，以对应读音，便于阅读。原文中的"读音"，本书统一改为"标音"，"译文"改为"意译"，增加"字译"一说。引文中的国际音标基本遵照原文，将送气符号""改为"h"，声调的调值改为数字标调法。原文中的翻译有明显不妥之处，笔者适度修改。

2. 分析字形所用术语。本书在谈及东巴文的结构形体时，一般不使用传统的"某某字"之类的术语，而是使用"象形表达"或"象形记录"之类的术语。我们使用这类术语并不是标新立异，而是为了契合本书的研究角度和内容。在本书中，我们主要研究的是东巴文如何记录语言单位，所以用"表达"或"记录"等字眼更能说明彼此之间的关系。再者，文献中的东巴文或字，或部件；或记录词，或记录音节。对于这种尚不成熟的文字，避免用"字"这一术语，这样能更好统一前后的观点，避免表达和理解上的混乱。

第一章

名词记录调查研究

名词数量多，涉及事物广。从文字的发展规律来看，名词在各类词性中是最早被文字所记录的一类。名词的文字记录相对容易，但不能一概而论。

第一节 经典文献中名词的记录调查与分析

与其他词类相比，《崇搬图》中出现的名词最多，记录比例相对较高，记录方式多样。这些名词的文字记录较为生动地展现了原始文字早期的记录特点。

一 不同语义类别的名词的调查与分析

根据语义特征，纳西语的名词可以分为不同的类型。和志武在《纳西语基础语法》[①]中将名词分为普遍名词、专有名词、抽象名词、时间和方位名词。和即仁、姜竹仪在《纳西语简志》[②]中将名词分为人称名词、事物名词、

①　和志武编著：《纳西语基础语法》，云南民族出版社 1987 年版。
②　和即仁、姜竹仪：《纳西语简志》，民族出版社 1982 年版。

时间名词、处所名词和方位名词。以下的研究，我们将并不拘泥于学界的名词分类，而是根据文献中名词的具体情况和研究需要列举一些具有代表性的名词。

名词所反映的事物有些具体，有些抽象，为此，我们先将名词分为两大类：具象名词和抽象名词。在文字记录中，这两类名词的记录差异较为明显。

（一）具象名词的记录调查与分析

具象名词是指记录一些具体可感的事物的名词。根据具象名词所指对象的多少，又可分为普通名词和专有名词。下面我们将具体分析这两类名词的记录特点和差异。

1. 普通名词的记录

根据所指事物的不同，普通名词可以分为植物名词、动物名词、山川名词、日月名词、器具名词等，这些名词在文字记录中有同有异。

（1）一些普通名词的记录统计

	有记录	无记录	记录比例(％)
植物之类	120	26	82.19
动物之类	291	25	92.08
山川之类	275	57	82.83
日月之类	182	32	85.04
器具之类	217	29	88.30
总　计	868	169	83.70

（按：日月之类指各类天象；器具之类包含工具、用品、服饰、建筑等）

（2）无记录的原因分析

在东巴文体系中，这些具象名词已有专门用于记录的东巴文。按常理，这些词在行文中都应该得到文字记录，但事实并非如此，一部分具象名词并无文字记录。分析此类未记录的现象，主要存在以下几点原因：

① 图画表意

如右图中"$tsɿ^{55}$"（叶）的记录。

该节（39 页 126 节）解读如下：

字形：🐄 🗿 🌿 🎋 🌿 🌸 🌾

标音：$mu^{31} mə^{33} ndʑy^{31} me^{33} dy^{31}$， $z̩o^{31} tsɿ^{55} xər^{31} lər^{55} lər^{55}$。

字译：牛 没 有 的 地方 草 叶 绿 荫 荫

意译：没有牛的地方，绿草叶子绿茵茵地长满地。

名词"$tsɿ^{55}$"（叶）没有使用专门的东巴文。据《字谱》，"$tsɿ^{55}$"（叶）作"𝓁"。这里虽无"𝓁"字，但出现了"🌿"（草)，"$tsɿ^{55}$"（叶）之义蕴含于"🌿"（草）之中。此类表达方式在原始文字中较为常见。由于"$tsɿ^{55}$"（叶）之义蕴含于图画之中，我们亦称之为图画表达。

② 共用

如右图中"$dʑi^{33}$"（衣）的记录。

该节（65 页 264 节）部分解读如下：

字形：🦋 👕 ❌ 🌿 🐞 🌿 🌿

标音：$ŋv^{31} dʑi^{33} xæ^{33} dʑi^{33} iə^{55}$， $o^{31} dʑi^{33} tʂhu^{31} dʑi^{33} iə^{55}$。

字译：银 衣 金 衣 给 松石衣 黑玉 衣 给

意译：白银丝的衣服黄金丝的衣服送给她，绿松石的衣服黑宝玉的衣服送给她。

"$ŋv^{31} dʑi^{33} xæ^{33} dʑi^{33} iə^{55}$"（银衣金衣给）一句中有两个名词"$dʑi^{33}$"（衣），但只用了一个东巴文"👕"。从文字布局来看，第一句中的"👕"正好处于

"🐶" 和 "🌾" 之间的正下方, 同时兼顾两个词的记录。在这里, 我们称之为文字共用。第二句亦是如此。

③ 承前省或承后省

如下图中 "le³³kæ³¹"（乌鸦）的记录:

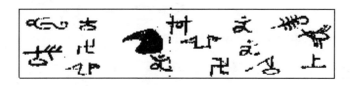

该节（24页84节）部分解读如下:

字形: ……🐦 艸 🌾 卩 　　　文 ✷ 🌾 🐦 上

标音: ……le³³kæ³¹nɑ³¹thv³³ɤɯ³³, le³³kæ³¹nɑ³¹pɯ³³nɑ³¹lɯ³³, be³³bə³¹tsi⁵⁵,

字译: 　乌鸦　黑　出　好　乌鸦　黑　来历黑谱气做　要　着

字形:

标音: le³³kæ³¹nɑ³¹mə³³kv⁵⁵, tv³³tshɿ³³dɯ³³pə³¹phər³¹。

字译:乌鸦　黑　不　出　羽条　一　根　白

意译:黑乌鸦出现好,黑乌鸦想创造黑的来历。但黑乌鸦并不是纯黑的。它不能尽黑,还有一根白的羽条。

该节中, "le³³kæ³¹"（乌鸦）一词共出现三次,这里只用 "🐦艸"（为形声字, "🐦" 表意, "艸" 表音,记录了音节 "kæ³¹"）记录第一句中的 "le³³kæ³¹"（乌鸦）,后面的两句话中的 "le³³kæ³¹"（乌鸦）则承前省略。在东巴文献中,这类现象较为常见。

④ 书写者忽略

具象名词没有记录,有解读者的原因,也有书写者的原因。比较《崇搬图》与《古事记》中相同内容的小节,可以发现这一点。注意以下两节中 "tho³³"（松）的记录情况:

上图（《古事记》39 页 62 节）解读如下：

字形：𝄞　　　　　　　　　　　　　　　

标音：tsho³¹ ʑɛ³³ lɯ⁵⁵ ɣɯ³³ nɯ³³，ndʑʌ³¹ ku³³ hua³³ phʌ³¹ zu³¹，

字译：措哉勒额　　　　助　树　上　鹛　白　拿

字形：　　　　　　　　　　　　　　　　

标音：zu³¹ be³³ nɯ³¹ ho³¹ sɛ³¹，tho³³ t ʂho⁵⁵ y³¹ phʌ³¹ lu⁵⁵，lu⁵⁵ be³³ nɯ³¹ ho³¹ sɛ³¹。

字译：拿　做　你　慢　助　松　叶　羊　白　牧　牧　做　你　慢　助

意译：措哉勒额到树上捉白鹛，可是捉得太慢了，在松叶上牧羊，可是牧得太慢了。

上图（《崇搬图》29 页 99 节）部分解读如下：

字形：　　　　　　　　　　　　　　　　　　　　

标音：ndʑər³¹ kv³³ xuɑ⁵⁵ phər³¹ zv⁵⁵，zv⁵⁵ be³³ nɯ³¹ xo³¹ sɛ³¹，

字译：树　上　鹛　白做工　做工　你　迟　了

字形：　　　　　　　　　　

标音：tho³³ t ʂι⁵⁵ y³¹ phər³¹ lv⁵⁵，lv⁵⁵ be³³ nɯ³¹ xo³¹ sɛ³¹……

字译：松　间草　白　放　放羊的　你　迟　了

意译：白鹛树上做工，做工嫌迟了，松林里放白羊，放牧嫌迟了……

《古事记》和《崇搬图》有关"tho³³"（松）的解读基本相同，不同的是，该词在《崇搬图》中无文字记录，《古事记》用"𝄞"记录，为象形字。

在《崇搬图》的前后文中，并没有出现"tho^{33}"（松）一词及记录文字，故不能视为承前后文省略。在该文献中，"tho^{33}"（松）已有了对应的文字。因此，我们认为这里的未记录是书写者的忽略。

⑤ 读经者的原因

东巴经典中的文字与语言并不一一对应，是一种提示性的文字，这给诵读者留下了随意发挥的空间。在这些发挥中，以添加词语为主。分析这些添加的词语，其中有书写者的原意，也有诵读者的个人理解。如为前者，则属书写者的省略，如为后者，则为诵读者的个人原因。不管哪一种情况，最终都会导致一些词语无对应的文字，这里只谈诵读者的原因。

下面以诵读者对东巴经文中名词"lɯ^{31}"的不同理解来说明这一现象。

上图（6 页 24 节）部分解读如下：

字形：……👹 👺 🔺 🐟 🦐 　　🚶 𝌆 〰

标音：……py^{31} pha^{31} o^{31} mə^{33} ŋi^{31}，tshv^{33} tɕy^{31} mba^{31} mə^{33} ŋi^{31}，

字译：　巫　觋　讹　不　得　驮马 瘦马 叫 不 得

字形：🐄 　　　〰 〰

标音：le^{55}　　lɯ^{31}　mba^{33} mə^{33} ŋi^{31}……

字译：犏牛 耕牛　过苦 不　得

意译：……为巫觋的不宜讹诈，驮马瘦马不宜长鸣，犏牛耕牛不宜过苦……

该节（《古事记》20 页 21 节）解读如下：

字形：🔸 🔸 〰️ 〰️ 🔸 〰️

标音：py^{31} pha^{31} $fiɔ^{33}mʌ^{33}ŋi^{31}$, $t ʂhu^{33}$ $tɕy^{31}$ $mbɑ^{31}mʌ^{33}ŋi^{31}$,

字译：东巴 卦师 伤害不 可 马 野马 吼 不 可

字形：🔸 🔸

标音：$lɛ^{55}lɯ^{31}mbʌ^{33}mʌ^{33}ŋi^{31}$。

字译：牛 犁 偏 不 可

意译：东巴不与卦师相伤，马不可向野马吼斗，牛不可偏犁。

两节大意基本相同，但读经者的诵读和翻译者的理解却存在较大的差异。这种差异表现在两个方面：一是大意理解的差异；二是个别词的理解的差异。这里仅分析后者。例如名词"$lɯ^{31}$"，《崇搬图》理解为"耕牛"，《古事记》理解为"犁"。如理解为"犁"，两本文献都可以找到对应的文字。如理解为"耕牛"则无对应的文字。从图版中的文字和常理来看，理解为"犁"较为合理。因此，我们认为《崇搬图》的无文字记录是诵读者的理解问题。

普通名词无文字记录是东巴文原始性的一种体现。

（3）普通名词所用记录方式统计

	象形	形声	借音（假借）
植物之类	98	8	7
动物之类	270	13	5
山川之类	233	20	26
日月之类	172	3	5
器具之类	177	13	27
所占比例(%)	81.57	5.99	12.44

（4）普通名词记录举例及其分析

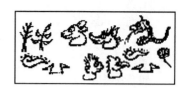

① 象形记录

A. 植物之类

如右图中植物名词"tho^{33}"（松）的记录。

该节（43 页 143 节）部分解读如下：

字形：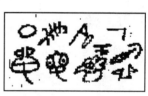

标音： tho^{33}　　dər^{33}　　mbɯ^{31}　　dər^{33}　　thv^{33}……

字译　松　　胎　　栗　　胎　　出

意译：松胎和栗胎出来了……

植物名词"tho^{33}"（松）用东巴文" "记录，为象形记录。

B. 动物之类

如右图中"æ^{31}"（鸡）的记录。

该节（5 页 19 节）部分解读如下：

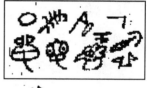

字形：……

标音：……　æ^{31}　phər^{31}dɯ^{33}　tɕhy^{31}　the^{31}　nɯ^{33}　thv^{33}。

字译　　　　鸡　白　一　　种　此　由　出

意译：……一种白鸡由此化育出来。

动物名词"æ^{31}"（鸡）采用了象形的记录方式。

C. 山川之类

如右图中名词"ndʐy^{31}"（山）的记录。

该节（71 页 299 节）部分解读如下：

字形：

标音：tʂʅ^{33}　　phu^{55}　　ndʐy^{31}　　dɯ^{33}　　phu^{55}　　lo^{31}……

字译　这　边　山　那　边　谷

意译：这边山那边谷

名词"ndʑy³¹"（山）用东巴文"⩕"记录，为象形记录。

D. 日月之类

如右图中名词"mɯ³³"（天）和"tɕi³¹"（云）的记录。

该节（74页319节）部分解读如下：

字形： ⌐⊢ | ⌶ ⌇⌇⌇ ⌇ ‖⌇……

标音： mɯ³³ khu⁵⁵ tɕi³¹ nɯ³³ kho³¹……

字译 天 体 云 来 围

意译：天体被云围起来了……

名词"mɯ³³"（天）用东巴文"⌐⊢"记录， "tɕi³¹"（云）用

"⌇⌇⌇"记录，为象形记录。

E. 器具之类

如右图中名词"be³³be³"（斧头）的记录。

该节（15页58节）部分解读如下：

字形： 🜨 ⌐⏋ ⌇⌇⌇ ⌇⌇⌇

标音：……du³¹ be³³be³³ nɯ³³ ku⁵⁵ dɯ³³ ku⁵⁵ dɯ³³ mba³¹ nɯ³¹。

字译： 男神 斧头 （助） 劈 一 劈 一 吼 着

意译：…… 男神用神斧来劈，劈一次，吼一次。

名词"be³³be³"（斧头）用"⌐⏋"来记录，为象形字。

② 形声记录

在东巴文献中，植物、动物、山川、日月、工具这类具象名词大多使用象形的方式进行记录，但也有少量的使用形声。

A. 植物之类

如右图中的"zɿ³³ko³³"（芜菁）的记录。

该节（88页397节）部分解读如下：

字形：……

标音：…… mæ³³　　nɯ³³　　zɿ³³ko³³　　y³¹。

字译：　　 马　　 来　　 芜菁　　 吃

意译：……马吃起了芜菁。

植物名词"zɿ³³ko³³"（芜菁）用""记录。其中的"Γ"本义为针线，《字谱》记音为"ko³³"，这里补充记录"zɿ³³ko³³"的后一个音节。《字谱》中未列""一形。以下补充说明《崇搬图》中"zɿ³³ko³³"（芜菁）一词的另外几种记录方式：

88 页 396 节（左图）中的植物名词"zɿ³³ko³³"（芜菁）用""记录，为象形记录。398 节（右图）中的"zɿ³³ko³³"（芜菁）除了使用东巴文""，另附加""一形。""本义为"呵"，此借音记录"zɿ³³ko³³"（芜菁）的第一个音节，为形声记录。从文字的发展规律来看，象形字""应该早于""和""两个字形。"zɿ³³ko³³"（芜菁）的这几种记录方式生动地展现了文字由记词向记音节发展的过程。

B. 动物之类

如右图中动物名词"mu³¹"（牛）。

该节（85 页 380 节）部分解读如下：

字形：

标音：mu³¹　　phuɑ⁵⁵　　miə³¹　　kv³³　　nɑ³¹……

字译：牛　　 雄　　 眼　　 上　　 黑

意译：黑眼眶的公牛……

名词"mu³¹"（牛）用东巴文""记录。其中，""本义为"簸

箕",《字谱》音为"mu^{31}",此借音记为"mu^{31}",为音符。为形声记录。

C. 山川之类

如右图中山川类名词"æ^{31}"（岩）的记录。

该节（13 页 52 节）部分解读如下：

字形：○

标音：kv^{33}　y^{31}　æ^{31}　bə^{31}　tshŋ^{55}……

字译：蛋　（助）岩　边　扔

意译：把蛋扔向岩崖……

名词"æ^{31}"（岩）用东巴文" "记录。该字由" "和" "构成，前者表意，后者表音，为形声记录。

D. 器具之类

如下图中的名词"to^{55}z̩ər^{31}"（柱）的记录：

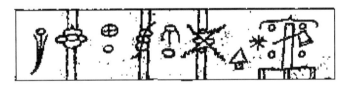

该节（11 页 45 节）后一部分解读如下：

字形：……

标音：……　mɯ^{33}ne^{31}　dy^{31}　ly^{55}gv^{33}　ʂɿ^{33}　phər^{31}　to^{55}z̩ər^{31} tshv^{55}。

字译：　　天 和 地　中央　斧　白　柱子　竖

意译：……在天地中央竖立白铁顶天柱。

名词"to^{55}z̩ər^{31}"（柱）用东巴文" "和" "共同记录。" "为柱子，表意；" "本义为"塔"，《字谱》音为"thɑ^{13}"，记录"to^{55}z̩ər^{31}"的第一个音节。为形声记录。不过，该节中的其他名词"to^{55}z̩ər^{31}"（柱）仍采用象形的记录方式。

《崇搬图》中，日月之类的名词未出现形声记录的方式。

具象名词所反映的事物具体形象，似乎用象形的方式就足够表达，而这里却使用了形声的方式。可见，东巴文已出现了表音化的趋势，这正契合文字发展的一般规律。

③ 借音记录

值得注意的是，普通名词除了使用形声的手法，也常采用借音的方式。在《崇搬图》中，同一普通名词往往采用多种不同的记录方式，出现象形、形声和借音交替使用的现象，而借音似乎成为书写者追求书写变化的一种手段。

A. 植物之类

如右图中"t ʂ$\mathrm{\iota}^{31}$"（谷）的记录。

该节（78 页 339 节）解读如下：

字形： ⤴　　又　　十　　⤳　　⊞　　⤴　　▦　　⟩　　⣿

标音：t ʂ$\mathrm{\iota}^{31}$　me^{33}　çi^{33}　lər^{55}　gə^{31}　lɯ^{55}　xɯ^{33}　mə^{33}　t ʂɤr^{31}。

字译：谷　　的　　百　　种　　上　　放　　去　　不　　使

意译：谷种百样不使它向上面飞去。

谷或五谷，《字谱》收录了"⤴""十"两种形体。此处的"t ʂ$\mathrm{\iota}^{31}$"（谷）则借用"⤴"一形进行记录。"⤴"本义为"爪"，音为"t ʂɤ^{31}"，与"t ʂ$\mathrm{\iota}^{31}$"（谷）音近，此为借音记录。

本句中同样出现了"⤳"一形，但用于记录名词"lər^{55}"（种）。由此可见，前者的假借应该是书写者有意与后文相区别，避免文字的重复，起到区别字音字义的作用。

B. 动物之类

如右图中"lɑ^{33}"（虎）的记录。

该节（64 页 253 节）解读为：

字形：[东巴文字形]

标音：dæ³¹me³³la³³ ȵi⁵⁵ tʂha³¹, la³³ nɯ³³ tʂha⁵⁵ mə³³ ʂɿ³³。

字译:贤能的 虎 乳 挤 虎 来 咬 不 死

意译: 贤能的我去挤老虎的奶，老虎来咬却没有死。

两句话中分别出现"la³³"（虎）一词，前者用东巴文"[字]"，为象形记录，后者用"[字]"（哥巴字），为借音记录。如此使用，显然是书写者为避免字形重复，追求变化而采用的一种方式。"[字]"的使用也方便了书写。

C. 山川之类

如下图中名词"zɿ³³"（路）的记录。

左图（73页313节）解读如下：

字形：[东巴文字形]

标音：mɯ³³lɯ⁵⁵ bæ³³tʂhɿ³³li¹³ tʂho³¹ mbər³³guə³³zɿ³³ dziə³¹。

字译: 天 地 回环处 人类 迁徙 平 路 有

意译: 在天地回环处有一条较平的路。

名词"zɿ³³"（路）用东巴文"[字]"记录。"[字]"，《字谱》音为"zɿ³¹"，本义为"蛇"，此为借音记录。实际上，名词"zɿ³³"（路）在文献中一般用象形字"[字]"记录，如右图（73页314节）中"zɿ³³"（路）的记录。这里用"[字]"记录，应当是书写为避免与"mbər³³"（迁徙）一词所用东巴文"[字]"中的构字附件"[字]"同形。

名词"lɯ⁵⁵"（地）是东巴文献中的常用词，一般用"[字]"记录，象地之形。上图中却用借音字"[字]"记录。"[字]"，《字谱》音"lɯ⁵⁵"，本义为虱子。同是"地"，却使用了两个不同的字形。《字谱》中，"地"有"lɯ⁵⁵"和"dy³¹"。初步统计，在《崇搬图》中，凡读为"dy³¹"都采用字形" ◿ "；读为"lɯ⁵⁵"一般用" ✹ "记录。"lɯ⁵⁵"用" ◿ "记录，全文只有一例，见下图（7页25节）。可见，借音的方式在记录存在象形文字记录的名词时有辨别读音的作用。

D. 日月之类

如下图中名词"n̠i³³"（日）的记录。

该节（15页55节）部分解读如下：

字形： Ɐ Ɐ Ɐ Ɐ Ƀ Ƀ Ƀ Ƀ ✶✶✶

标音：bə³³ pa³¹dy³¹ khu³³ xə³¹, n̠i³³ ɣɯ³³ z̠ə³¹ guə³³ tʂʅ³¹。

字译：脚板 宽 地 开辟 了 天 好 草 吃 来

意译：宽脚板能开辟大地，趁着好天气出来吃草。

名词"n̠i³³"（日或天）用东巴文" ʔʔ "记录。" ʔʔ "，《字谱》音为"n̠i³¹"，本义为"二"，此为借音记录。在《崇搬图》中，名词"n̠i³³"借用该字形两次。

E. 工具之类

如下图中名词"se³³sv⁵⁵"（纸）的记录：

左图（94 页 437 节）解读为：

字形：𝄞 📦　　　🏳　　　🔖

标音：se³³sv⁵⁵　　the³³ɣɯ³³　　tʂhu³³。

$$\text{标音：} se^{33}sv^{55} \quad the^{33}\gamma\text{ɯ}^{33} \quad t\mathfrak{s}hu^{33}。$$

字译：　　纸　　　书　　　念

意译：念用纸订成的经书。

名词"$se^{33}sv^{55}$"（纸）分别用"𝄞"和"📦"记录。"𝄞"为哥巴字，记录第一个音节"se^{33}"，"📦"本义为茅草，此记录第二个音节"sv^{55}"，为借音记录。右图（《崇搬图》92 页 421 节）中的名词"$se^{33}sv^{55}$"（纸）则分别用"🌿"和"📦"记录该词的两个音节，亦为借音记录。同一词，在同一文献中，却借用了不同的文字进行记录，东巴文用字的随意性可见一斑。

一般认为，具象名词应当采用象形的记录方式。但事实并非如此，在《崇搬图》中，借音的手法随处可见。笔者以为有以下两点原因：一是书写者的主观随意；二是名词所处的语境。前者无规律可循，后者则可研究。

从前文所举的例子来看，采用借音手法的具象名词往往出现在一词反复出现的语境中。如果这个词前后文采用相同的东巴文进行记录，则缺乏变化，借音手法的使用正好解决了这一问题。另一种情形则是，当一个名词以语素的形式（即构词成分）出现，但不是中心语素，书写者往往使用借音的手法进行记录，如下图中"se^{31}"（岩羊）一词的记录。

该节（57 页 205 节）标注部分解读如下：

字形：…… 𝟑　　　　　　　　　　　……

标音：……se³¹　　　ʂʅ³³　　　ko⁵⁵tʂo³³　　tɕi³³……

字译：　岩羊　　　肉　　　厨房　　　放

意译：…… 将岩羊肉放在厨房里……

名词"se³¹"（岩羊）用哥巴文"𝟑"记录，而不是用东巴文"🐑"，为借音的手法。在这句话中，"se³¹"（岩羊）一词只是作为"ʂʅ³³"（肉）的修饰成分。

④ 普通名词记录的一些特点

以上详细地列举了各类普通名词的记录情况，从中可以发现一些记录特点。

A. 不稳定性

文献中，普通名词所用东巴文的形体并不稳定。即使是同一部经典，同一书写者也是如此。

比如《崇搬图》中的"sər³³"（木）的记录。

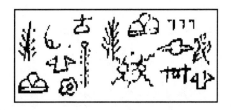

该节（2 页 8 节）部分解读如下：

字形：　　　　　　　　　　　　　　　　　　

标音：sər³³　ne³¹　lv³³　lɑ³³　mə³³　thv³³　sʅ³³　tʂʅ³³　dzʅ³¹。

字译：木　和　石　也　没　出　的　这　时

意译：树木和岩石还没有出现的时候。

这里的"sər³³"（木）用"⚹"记录，像树木之形。下图中的"sər³³"

（木）却使用了另一个字形。

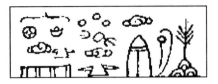

该节（32页106节）的后一部分解读如下：

字形：

标音：…… sər³³　t ʂʅə⁵⁵ lv³³　t ʂʅə⁵⁵ thv³³。

字译：　木　　秽　石　秽　出现

意译：……树木和岩石也被污秽了。

"sər³³"（木）用"　"记录，与上例中的"　"不同。下例中的"木"的字形与前两例相差更远。

该节（88页391节）部分解读如下：

字形：

标音：lo³³do³³　mbɯ³³ ʂʅ³¹ ndzɚ³¹　mɯ³³ py³¹ sər³³　le³³　be³³。

字译：罗多　　黄栗树　　　　天 祭 木　又　做

意译：用罗多产的黄栗树来做祭天木。

该句中的"sər³³"（木）使用了东巴文"　"。事实上，"　"本义为"黄栗"。很显然，这里是借用该形体转义表"木"。在早期文字中，也许只要是树木之形都可记录"树木"一词，不管具体是什么树。

在《崇搬图》中，名词"mɯ³³"（天）所用的东巴文存在两种形体，如下图：

左图（1页4节）作"⌐⌐"，右图（106页512节）作"个"，同一文本却使用两种不同的写法。

B. 杂糅性

在《崇搬图》中，记录具象名词的东巴文在行款空间上往往与其他的字符相互穿插，形成类似于合文的形体，如：

该节（6页24节）后部分解读如下：

字形：制　　　 制　　　 鑫　　 ✕✕　 ≡≡　 ⸜6⸝　 ⸝⸝

标音：ly³³　 pu⁵⁵　 tsv³¹　 mə³³　 ŋi³¹　 ŋgæ³³　 xæ³³　 ndər³¹　 mə³³　 ŋi³¹。

字译：戈　执　竖　不　得　甲　披　跑　不　得

意译：执戈者不宜把戈插地，披甲者不宜乱跑。

名词"ly³³"（戈）所用的东巴文"矛"并没有独立书写，而是与"人"的形体相杂糅，形成一幅生动的画面。这正是原始图画表达方式在《崇搬图》中的残存。不同于具象名词的记录，一些抽象词的记录用字在书写中反而独立、清晰，如上文中的"⸜6⸝"和"⸝⸝"。

C. 变形

东巴文献中，记录具象名词的东巴文往往随文变形。例如下图中名词"to³³"（松）的记录：

该节（36页116节）部分解读如下：

字形：𖼀   𖼀   𖼀   𖼀……

标音：to³³   phər³¹   mɯ³³   nɯ³³   ŋgv³³……

字译：松   白   天   来   轰

意译：白松树被雷劈了……

名词"to³³"（松）写作"𖼀"，为一株折断的松树。很显然，该字形除了承担"松"义外，还暗含着被雷击断之意。

东巴文的"随文变形"正是图画表达方式在原始文字中的残存。"随文变形"使得文献中的东巴文承担着多重职务，表达着更加丰富的含义，也弥补了原始文字不够用的缺陷。

2. 专有名词的记录

不同于普通名词，专有名词在文字记录上存在着自身特点。《崇搬图》中存在大量的专有名词，根据所指对象的不同，这些名词可分为人名、神鬼名和地名。本节将对这些专有名词的文字记录情况进行调查分析。

（1）人神专名（指人名和神鬼名）的记录调查与分析

① 相关统计

表1   记录总量统计

	有记录	无记录	记录比例(%)
人神专名	250	16	94.02

表2	记录方式统计		
	象形	形声	借音
人神专名	92	86	72
所占比例(%)	36.8	34.4	28.8

由上表可知：

一　人神专名的文字记录比较高，已达94.02%。

二　不同于普通名词的记录，人神专名的形声记录与象形记录旗鼓相当，假借也占有相当的比例。可见，与其他名词相比，人神名的记录已相当成熟。当然，这与人神专名的语义特点密切相关。

② 记录方式举例分析

A. 象形记录

如纳西族创世纪神话中的主人公"$t\underset{.}{s}ho^{31}\,ze^{33}\,l\underline{u}^{55}\,\gamma\underline{u}^{33}$"（崇忍利恩）的记录：

该节（41页135节）标注部分解读如下：

字形：

标音：$t\underset{.}{s}ho^{31}\,ze^{33}\,l\underline{u}^{55}\,\gamma\underline{u}^{33}$　　$t\underset{.}{s}h\eta^{33}$　　sv^{31}　　$\underset{.}{n}i^{33}$　$sv^{55}xa^{33}n\underline{u}^{33}$　$d\underline{u}^{33}$　ly^{31}。

字译：崇忍利恩　　　　就　　三　日 三 夜 就　一　看

意译：崇忍利恩呀，仅有三日三夜就去看。

专用人名"$t\underset{.}{s}ho^{31}\,ze^{33}\,l\underline{u}^{55}\,\gamma\underline{u}^{33}$"（崇忍利恩）① 用东巴文"𐀀"记录，象

① 相传为洪水后仅存的人类始祖。

人形，有角，长嘴。

B. 形声记录

如神名"du^{31}ə^{33}pv^{33}"（都欧普）的记录。

该节（41 页 133 节）前一部分解读如下：

字形：

标音：mɯ^{33}lɯ^{55}　du^{31}ə^{33}pv^{33}　mia^{33}　nɑ^{31}　lo^{33}　mə^{33}　dʐy^{33}。

字译：美丽　　　都欧普　　眼　黑　工　　没　有

意译：美丽的都欧普转着黑眼球闲着没事做。

其中的"du^{31}ə^{33}pv^{33}"（都欧普）用"𘞀"和"𘞁"共同记录，前者表意，为形符；后者"𘞁"，《字谱》音为"pv^{33}"，本义为"雄"，此记录第三个音节"pv^{33}"，为音符。两者相合记录一词，为形声记录。

C. 借音记录

比如，《崇搬图》中的"lɯ^{55}ɣɯ^{33}"（利恩）的记录。

该节（98 页 463 节）部分解读如下：

字形：　　　　　　　　　　　ʒ　　※……

标音：lɯ^{55}ɣɯ^{33}　　　bu^{31}　　mə^{33}　tv^{55}……

字译：利恩　　　伴侣　　不　杜绝

意译：利恩不曾杜绝伴侣……

人神名"lɯ^{55}ɣɯ^{33}"（利恩）用东巴文"𘞂"和"𘞃"记录，前者记

"lɯ⁵⁵"，后者记"ɣɯ³³"。

③ 人神专名的记录特点

人神专名在文字记录中具有不确定性，主要表现在以下两个方面。

A. 方式不同

比如神名"ndʐ̩³³la³¹ə³³phv³³"（知劳欧普，相传人类始祖崇忍利恩的岳父）的记录。

该节（46 页 159 节）标注部分解读如下：

字形：⑧ ✕· ✕✗ ⌣   ⑧   ⌐   ㄨ……

标音：ndʐ̩³³la³¹ə³³phv³³   le³³   ʂ⁵⁵   me³³……

字译：知劳欧普   又   说   道

意译：知劳欧普说道……

这里的"ndʐ̩³³la³¹ə³³phv³³"（知劳欧普）采用形声的记录手法。其中，"⑧"表意，哥巴字"✕·"记第一个音节"ndʐ̩³³"，哥巴字"✕✗"记录第二个音节"la³¹"，"⌣"记录第四个音节"phv³³"。下文中的"ndʐ̩³³la³¹ə³³phv³³"（知劳欧普）则采用象形的记录手法。

该节（56 页 202 节）前一部分解读如下：

字形：⧘   ㄥ   ㄨ……

标音：ndʐ̩³³la³¹ə³³phv³³   le³³   ʂ⁵⁵   me³³……

字译：知劳欧普   又   说   道

意译：知劳欧普又说道……

神名"ndzʐ̩^{33}lɑ^{31}ə^{33}phv^{33}"（知劳欧普）用"🗿"记录，像神人之形。

《崇搬图》中，"知劳欧普"一神有不同的称呼，这里仅就"ndzʐ̩^{33}lɑ^{31}ə^{33}phv^{33}"一词的记录方式统计如下：

	象 形	形 声
ndzʐ̩^{33}lɑ^{31}ə^{33}phv^{33} （知劳欧普）	7	7

"崇忍利恩"一词在该书中同样存在不同的称呼，这里仅就"tʂho^{31}ze^{33}lɯ^{55}ɤɯ^{33}"的记录方式统计如下：

	象 形	形 声
tʂho^{31}ze^{33}lɯ^{55}ɤɯ^{33} （崇忍利恩）	30	15

可见，在经典文献中，人神名的记录方式有一定的随意性。

B. 同为形声记录，音符的数量不同

一个多音节词，同样采用形声记录，在文献的不同地方，用于记录音节的音符数并不相同，如下图中多音节人名"tʂho^{31}ze^{33}lɯ^{55}ɤɯ^{33}"（崇忍利恩）的记录：

 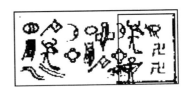

左图（63页244节）中的"tʂho^{31}ze^{33}lɯ^{55}ɤɯ^{33}"（崇忍利恩）用"🗿"记录，该字包含"𣏾"和"卐"，前者表意，后者记音，为形声记录。这里只使用了一个音符"卐"，用于记录音节"ɤɯ^{33}"，右图（74页317节）则不

同。该节标注部分解读如下：

字形：🚶 🐕 🐗 卍

标音：tʂho³¹ ze³³ lɯ⁵⁵ ɤɯ³³　　　　 ɤɯ³³。

字译：崇忍利恩　　　　　好

意译：崇忍利恩你好呀。

多音节人名"tʂho³¹ ze³³ lɯ⁵⁵ ɤɯ³³"同样采用形声的记录手法，但这里分别用"🐕"（本义为"仄鬼"）、"🐗"（本义为"虱"）和"卍"（为哥巴字）三个字符记录"ze³³""lɯ⁵⁵"和"ɤɯ³³"三个音节。

同是借音记录，音符的数量不同。

左图（91页414节）解读如下：

字形：🦌 丨　　　▬　　丨　　▬

标音：le⁵⁵ tɕhi³³　　zɻ³³　　bɯ³³　tsɻ⁵⁵。

字译：楞启　　路　　要　做

意译：要开辟"楞启"曾开辟的路。

这里的"le⁵⁵ tɕhi³³"一词的两个音节分别借用了"🦌"和"丨"两个字，其中"🦌"本义为"獐"，《字谱》音为"le³³"，"丨"本义为"刺"，《字谱》音为"tɕhi³³"。

右图（92页427节）的意思与左图完全相同，但右图少了"丨"一形，也就是说"le⁵⁵ tɕhi³³"中的"tɕhi³³"没有得到文字记录。

（2）地名的记录、调查与分析

《崇搬图》中存在大量的地名，这些地名大都得到了记录。

① 地名记录统计

表1 记录总量统计

	有记录	无记录
记录数量	135	7
所占比例(%)	95.07	4.93

表2 记录方式统计

	象形	形声	借音
记录方式	20	59	56
所占比例(%)	14.8	43.7	41.5

由上表可知：

一 与其他专用名词一样，地名也具有较高的记录比例。

二 不同于其他名词，地名的记录以形声为主，其次为借音，这与地名的语义特征密切相关。

② 记录方式举例分析

A. 象形记录

在《崇搬图》中，只有传说中的神山名"ndʑy³¹ na⁵⁵ ʂ̩r⁵⁵ lo³³"（居那世罗）采用象形的记录手法，如下图：

该节（19页69节）解读如下：

字形：🐱 🐟 🐟 🐟 🗻

标音：ŋv³³ xæ³¹ o³³ ʈ ʂhu³¹ nɯ³³, ndʑy³¹ na⁵⁵ ʂ̩r⁵⁵ lo³³ lu⁵⁵ pha³³ tshv⁵⁵ le³³ tɕi³³。

字译：银 金 松石宝玉 来　　　居那世罗　　　　四面　　修 又 置

意译：用黄金白银绿松石黑宝玉来修居那世罗山的四方面。

地名 "ndʑy^{31}na^{55} ʂər^{55}lo^{33}"（居那世罗）用 "🝛" 记录，像神山之形。

以下是 "ndʑy^{31}na^{55} ʂər^{55}lo^{33}"（居那世罗）在《崇搬图》中记录方式的统计表。

地　名	象形	形声
居那世罗	20	3

上表显示：地名 "ndʑy^{31}na^{55} ʂər^{55}lo^{33}"（居那世罗）的记录方式以象形为主。在东巴文化中，"居那世罗" 与神相联系，与纳西族的历史相联系，具有深厚的文化底蕴，象形的方式似乎迎合了这一文化特质。

B. 形声记录

形声记录，即一个字符记录地名的义，其他的字符记录地名一个或几个音节。《崇搬图》中有关地名的形声记录存在不同的类型，这些类型之间的差异主要体现在意符上。这些意符或记录语义范畴，或直接等同于地名；或有读音，或无读音。以下是《崇搬图》中的三种类型：

意符表词义，如右图中 "ndʑy^{31}na^{55} ʂər^{55}lo^{33}" 的记录。

该节（23 页 82 节）解读如下：

字形：🝛 ⼄　　〇　⍺⌒ ⻊　古　⼧　卐

标音：ndʑy^{31}na^{55} ʂər^{55}lo^{33} kv^{33}, ə^{33}so^{33} tʂʰɿ^{33} tʰv^{33} ɣɯ^{33}。

字译：居那世罗　　　　山头　一早　　所有 出现 好

意译：在居那世罗山头，一早，所有出现都好。

地名 "ndʑy^{31}na^{55} ʂər^{55}lo^{33}"（居那世罗）用 "🝛" 和 "⼄" 两个字符进行记录，前者表意，像 "居那世罗" 山之形，后者表音，记录音节 "na^{55}"，其

他三个音节未得到记录。这里，意符之义等同于所记词之义。

意符表意类，但不读音，如下图中"mu^{31}gæ^{31}bæ^{31}"（蒙干盘）的记录。

该节（109 页 535 节）标注部分解读如下：

字形：𝍖 𝍗 𝍘 𝍙 𝍖 𝍗 𝍘 𝍙

标音：mu^{31} gæ^{31} bæ^{31} gə^{31} gæ^{33} bæ^{31} y^{31} pv^{55} gə^{31} le^{33} pv^{55}。

字译：蒙干盘 格干盘 祖 送 上 又 送

意译：送到"蒙干盘"及"格干盘"，把祖宗灵魂虔诚地送上去。

地名"mu^{31}gæ^{31}bæ^{31}"（蒙干盘）用"𝍖""𝍗""𝍘"和"𝍙"四个字符进行记录，"𝍙"本义为"地"，音为"dy^{31}"或"lɯ^{33}"，此表意类，寓意一个地方，"𝍖""𝍗""𝍘"分别记录该词的三个音节，为音符。"格干盘"的记录也是如此。

意符既表意类，又有读音。

例如右图中地名"dʑæ^{33}dʑæ^{33}bu^{31}"（盏盏堡）的记录。

该节（107 页 523 节）部分解读如下：

字形：𝍚 𝍛 𝍜 𝍝

标音：dʑæ^{33} dʑæ^{33} bu^{31} ŋə^{31} thv^{33}。

字译：盏盏堡 已 到

意译：已经到了盏盏堡。

地名"dʑæ^{33}dʑæ^{33}bu^{31}"（盏盏堡）使用"𝍚"和"𝍛"两个字符分别记录"dʑæ^{33}"和"bu^{31}"两个音节。"𝍛"，《字谱》音为"bu^{31}"，表"坡"义。可见，东巴文"𝍛"在这里既表意类，又有读音"bu^{31}"。

③ 借音记录

该节（107 页 520 节）解读如下：

字形： 𓏣 𓂝 𐎁 𓇳 𓃿 𓅱 𓆓 𓎛

标音：bə^{33} ʂ̩^{31} thɑ^{55}py^{31}dæ^{31} ，y^{31}pv^{55} gə^{31} le^{33}pv^{55} 。

字译：白沙太平村   祖 送 上 又 送

意译：把祖宗灵魂由白沙太平村送上去。

地名"bə^{33} ʂ̩^{31} thɑ^{55}py^{31}dæ^{31}"（白沙太平村）五个音节分别用上述的五个东巴文记录。𓏣，哥巴文，记录音节"bə^{33}"；𓂝，本义为"肉"，在此记录音节"ʂ̩^{31}"；𐎁，本义为"塔"，在此记录音节"thɑ^{55}"；𓇳，本义为祭木，在此记录音节"py^{31}"；𓃿，本义为"胜利者"，此记录音节"dæ^{31}"。

（3）地名记录的一些特点

① 字形不稳定

像人神名的记录一样，地名记录所用字的字形同样不稳定，比如上文所举的地名"居那世罗"山，有象形的记录方式，也有形声的记录方式。虽同为形声记录，但所用音符也往往各不相同，如下文中的"居那世罗"山的记录：

右图（78 页 335 节）解读如下：

字形： 𓉐 𓈖 𐎃 𓊖   𓂻 𓂋𓂻𓏏

标音：dʑy^{33}nɑ^{33} ʂər^{55} lo^{33} khɯ^{33} lɯ^{55} thv^{13} 。

字译：居 那 世 罗   脚 已 到

意译：已经到了居那世罗山的脚下。

地名"dʑy^{33}nɑ^{33} ʂər^{55}lo^{33}"（居那世罗）的记录使用了"𓉐""𐎃""𓊖"

和"▱"四个字符,其中"⌂""▱""▱"分别记录"dʑy³³""na³³"和"lo³³"三个音节,"▱"为▲("居那世罗"山)一形的变体,此表意。

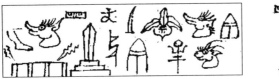

右图为左图(23页81节)中"居那世罗山"的文字记录部分,其解读如下:

字形: ▲　æ　▱▱　⌂

标音: ndʑy³¹　na⁵⁵　ʂər⁵⁵lo³³ndʑy³¹。

字译: 居　那　世　罗　山

意译:居那世罗山。

这里的名词"ndʑy³¹ na⁵⁵ ʂər⁵⁵ lo³³ ndʑy³¹"(居那世罗山)增加了一个音节"ndʑy³¹"(山),东巴文也相应增加了字形"⌂"。与上例相同,也是形声记录,不过,这里增加了音符"æ"。

② 相对固定的书写位置

《崇搬图》中,记录地名的意符在书写时往往处在文本框的底部,如下文中"bu³¹"(坡)的记录:

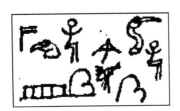

该节(114页573节)解读如下:

字形:▱▱▱,　✶ ⋎ ▱ ⋎ ♭

标音: lɯ³³ ɕua³¹ kə⁵⁵ tɯ³³ bu³¹, mɯ³³ lɯ⁵⁵ ko³³ tɯ³³ bu³¹。

字译：里　双　构　底　堡　　美　利　戈　底　堡

意译：里双构底堡，美利戈底堡。

"lɯ³³ ʑɑ³¹ kə⁵⁵ tɯ³³ bu³¹" 和 "mɯ³³ lɯ⁵⁵ ko³³ tɯ³³ bu³¹" 都是地名，每个音节都得到了文字记录。"◠₂"，《字谱》音为"bu³¹"，意为"坡"，这里表意，像山坡之形。文本方框中，两个"◠₂"都处于底部。

③ 以形声和借音为主

不同于其他的一些具象名词，《崇搬图》中地名的记录方式以形声和假借为主。虽然地名所反映的事物不难理解，但要用象形的手法记录一个个地名是不可思议的。形声和假借两种手法正好符合了地名的语义特征。

3. 小结

具象名词是最早被文字记录的一批词语，其记录较为全面地反映了原始文字的记录特点及其发展。

在《崇搬图》的各类词性中，具象名词的记录比例最高。文字产生初期，造字以形象思维为主，这正好契合了此类名词所反映事物的特点。因此，具象名词记录水平高也就在情理之中，这也是原始文字的一个特点。

在《崇搬图》中，具象名词的记录方式以象形为主。除了象形的记录方式，形声和借音的方式也占有一定的比例。如果说前者是文字早期记录方式的特点，那么形声和借音的出现则说明东巴文开始记录语言中的音，这正是东巴文向成熟文字发展的一个标志。

（二）抽象名词的记录、调查与分析

具象与抽象是相对的，没有一个清晰的界限。为了研究需要，本书将方位、时间、关系等无确定形体的事物归入抽象事物，将记录这些事物概念的词语称为抽象名词。

下面将对《崇搬图》中的方位名词、时间名词和关系名词的文字记录情况进行调查和分析。

1. 方位名词的记录调查与分析

(1)《崇搬图》方位名词记录的相关统计

表 1　　　　　　　　　　　　　　记录次数总量统计

	有记录	无记录	记录比例（%）
方位名词	176	79	67.37

表 2　　　　　　　　　　　　　　各类记录方式统计

	独体会意	形声	指事	假借
方位名词	40	5	14	117
比例（%）	22.7	2.84	7.95	66.48

(2) 方位名词无记录分析研究

从统计来看，《崇搬图》中未被记录的方位名词仍占有一定的比例。分析这些未记录的现象，主要有以下一些原因：

① 图画表达

所谓图画表达，即通过图符（或字符）之间的组合来表达一定的意义，但这一个画面并不是该词的专用文字，往往表达多个概念（或意义），不能自由使用。在东巴文献中，方位概念往往使用这种方式进行表达，这也是方位名词没有得到成熟文字记录的主要原因。如右图中"khɯ^{31}"（下）的记录。

该节（39 页 122 节）部分解读如下：

字形：𝄞 Ａ　　　　✘　　　🐾　　　　🐾

标音：lɯ^{33} nɑ^{31} ndʑər^{33} me^{33} khɯ^{31}，xæ^{31} khɯ^{33} ɲi^{33} nɯ^{33} lv^{31} me^{33}……

字译：杉 黑 树 大 下   金 哈巴狗 就 吠 得

意译：在黑杉大树之下，金黄色的哈巴狗汪汪地吠……

方位名词"khɯ³¹"（下，或脚）没有对应的东巴文。从构图来看，狗处在杉树的下方，由此可会意出"下"的意义。又如方位名词"kv³³"（上）。

该节（63 页 245 节）部分解读如下：

字形：

标音：……tʂho³¹ze³³lɯ⁵⁵ɤɯ³³ɤɯ³³，ndzər³¹kv³³xuɑ³³phər³¹zv⁵⁵……

字译： 崇 忍 利 恩 好 树 上 鹇 白 做工

意译：……崇忍利恩好呀，树上白鹇做着工……

方位名词"kv³³"（上）没有对应的文字，但通过"🐒"（树）与"🦅"（鹇）的相对位置可以会意。

② 书写者的忽略

书写者的忽略是指一个词已存在对应的文字，但由于某种原因，书写者在行文中并没有去记录该词。例如下图中方位名词"khɯ⁵⁵"（前）的记录。

该节（15 页 58 节）部分解读如下：

字形：

标音：xo³³gv³³lo³¹gə³³du³¹khu³³khɯ⁵⁵ŋə³¹thv³³，du³¹be³³be³³nɯ³³ku⁵⁵……

字译：北方   的男神门 前 （助）到男神 斧头（助）劈

意译：来到北方男神的门前，男神用斧头来劈……

方位名词"khɯ⁵⁵"（前）无文字记录。在《崇搬图》中，该词已经有了相对固定的记录文字，例如右图

中的"khɯ⁵⁵"（前）的记录。

该节（122 页 636 节）部分解读如下：

字形：$\ast$　$\ast$　$|\circledcirc$　$\leftthreetimes$　$\rightthreetimes$　$\lhd$　$\rrbracket$　$\lozenge$　$\boxdot$　$\odot$

标音：tshæ³³tshæ³³ma³¹t ʂɚr⁵⁵thv³³　bə³³khu³³khɯ⁵⁵nɯ³³dzɚ³¹。

字译：快　快　油　捏　出　普弥门　前　就　有

意译：快快把酥油捏成团，普弥族的门前就有。

方位名词"khɯ⁵⁵"（前）用东巴文"$\lozenge$"记录。"$\lozenge$"，《字谱》："khɯ³³ 又 khɯ⁵⁵ɳi³³。犬也，两耳前倾。"此为借音记录。由此可见，上例中方位名词"khɯ⁵⁵"（前）无文字记录应该是书写者的有意省略。

（3）方位名词的记录方式举例

① 独体会意

独体会意，即是通过象物的符号表达一个与实物相关的意义。与实物相比，该意义一般较为抽象。比如汉字"大"，画的是一个大人，却寓意大小的"大"。东巴文献中的方位名词也常采用此类记录方式。

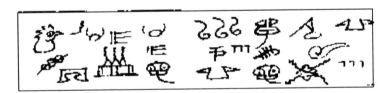

该节（26 页 90 节）部分解读如下：

字形：字形　　　$\boxed{\text{园}}$　　　$\text{'}\circ$

标音：tçy⁵⁵t ʂɿ³¹　gə³¹　nɯ³³　kho³³　gə³¹thv³³……

字译：最初　上　（助）声音　喃喃　出

意译：最初，上面发出了喃喃的声音……

这里的"gə³¹"（上）用了东巴文"$\boxed{\text{园}}$"。《字谱》："$\boxed{\text{园}}$，gə³¹，上

也，隆起在上……""象板凳之形"① 即画一个隆起之物，寓意为"上"。

②　形声记录

例如右图中"i³³tʂʅ³³muu³¹"（南方）一词的记录。

该节（120 页 621 节）解读如下：

字形：📝

标音：i³³tʂʅ³³mu³¹　i³³　ty⁵⁵　se³¹　sə⁵⁵。

字译：南方　　　里　安置　了　说

意译：在南方安置了。

方位名词"i³³tʂʅ³³mu³¹"（南方）的记录使用了"📝""📝"和"📝"三个东巴文。"📝"，《字谱》："南方，从水省……"即截取东巴文"📝"（水）的右下半。纳西族人以水流的下游为南方，故以此寓意。"📝"此为表意，"📝"和"📝"分别记录"tʂʅ³³"和"mu³¹"两个音节。整个词语为形声记录。

③　借音记录

例如下图中"muu³¹"（下面）一词的记录。

该节（32 页 106 节）部分解读如下：

字形：　📝　　📝　　📝　　📝

标音：……muu³¹　i³³　lo³³mi³¹　ko⁵⁵lv³³　thv³³luu³³se³¹。

字译：　　下面　是　河谷　横流　出　来　了

意译：……低处的河谷将要横流起来。

---

① 　傅懋勣：《丽江么些象形文古事记研究》，第 46 页。

方位名词"mɯ³¹"（下面）用""记录。""，本义为"火"。此为借音记录。

④ 指事记录

该节（13 页 51 节）部分解读如下：

字形：ŕ 誉 🔲 下 山 ⸙ 誉 🔲 丈. ꝣ

标音：i³¹　nɯ³³xər³³phər³¹thv³³，uæ³³nɯ³³xər³³nɑ³¹thv³³。

字译：右（助）风　白　出　　左（助）风　黑　出

意译：右边刮起一阵白风，左边刮起一阵黑风。

方位名词"i³¹"（右）用东巴文"ŕ"记录，"uæ³³"（左）则用"ꝣ"。两者都以人为参照物，分别指示左右。

（4）方位名词记录的一些特点

① 原始性

在《崇搬图》中，方位名词的记录仍残留着一些原始的风格，例如下图中有关方位名词的记录：

该节（73 页 311 节）部分解读如下：

字形：⛰ 🕊 　 👓 ⛰ 　 ⛰🕊 　 誉 🐙

标音：şər⁵⁵lo³³thɯ⁵⁵　ŋə³¹thv³³，sər⁵⁵lo³³thɯ⁵⁵nɯ³³mbər³³。

字译：世罗　山腰（助）到　　世罗　山腰　里　迁

意译：来到居那世罗神山的山腰，从这里又迁徙。

方位名词“thɯ^{55}”（中部或山腰）用“”记录，取“居那世罗”神山的东巴文“”的一半，如此构形充满了浓郁的原始图画风格。但同时也注意到，该形体的上方出现了“”一形。“”，本义为饮酒，音为“thɯ^{55}”，用此给方位名词“thɯ^{55}”注音。两种表现手法的结合体现出东巴文由原始图画向成熟文字的过渡。

② 不确定性

一些方位名词采用的记录方式和使用的字符尚不确定。比如方位名词“gə^{31}i^{33}”一词的记录。《字谱》：“，ho^{33}gv^{33}lo^{31}。又 gə^{33}ly^{31}。北方也，从水声。滇康高原江河自北而南，上游为北，下游为南。故析水字上半为北字……”东巴文献中，除了使用该字形，还采用其他的一些记录方式，例如下文中“gə^{31}i^{33}”一词的记录。

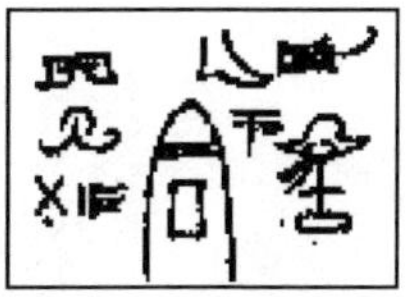

该节（90 页 405 节）部分解读如下：

字形：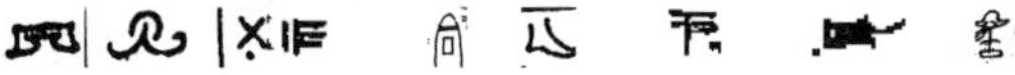①

标音：gə^{31}i^{33}　lɑ^{33}sɑ^{33}　to^{55}khɯ^{33}phər^{31}　nɯ^{33} ndzv^{31}。

字译：北方　拉萨　坡　脚　白　（助）住

意译：居住在北方拉萨白坡之下。

这里的方位名词“gə^{31}i^{33}”（北方）使用“”和“”两个字符分别记录“gə^{3}”和“i^{33}”两个音节，为借音记录。

① （按“”的解读有误）

该节（119页619节）部分解读如下：

字形：〿〿〿　　〿〿　〿〿　　　〿　〿〿

标音：ko³³phər³¹dv³³ko⁵⁵tsi⁵⁵，xo³³gv³³lo³¹i³³ty⁵⁵se³¹sə⁵⁵……

字译：鹤　白　翅　内　藏　北方　　里 安置了 说

意译：藏在白鹤翅膀里，在北方安置……

方位名词"xo³³gv³³lo³¹"（北方）用东巴文"〿"记录，像北来之水流，为象形记录。

该节（15页58节）部分解读如下：

字形：〿〿〿　〿　〿

标音：xo³³gv³³lo³¹gə³³du³¹khu³³khɯ⁵⁵ŋə³¹thv³³……

字译：北方　　的男神门　前　又　到

意译：到北方男神门外……

方位名词"xo³³gv³³lo³¹"（北方）的记录使用了"〿""〿"和"〿"三个字符。其中，"〿"表意，为意符；〿，本义为"蛋"，《字谱》音为"kv³³"，此借音记录第二个音节"gv³³"；"〿"本义为"犁轭"，《字谱》音为"lo³¹"，此借音记录第三个音节"lo³¹"。整体看来，为形声记录。

在同一文献中，方位名词"xo³³gv³³lo³¹"（北方）一词却采用不同的记录方式，东巴文献用字的不确定性由此可见。

③ 符号化的趋势

在《崇搬图》中，"i³¹"（右）一词的记录反映了这一趋势。

该节（77 页 329 节）部分解读如下：

字形： 𓏽   𓊪   𓃾   𓏲

标音：sv⁵⁵ tiə³³ i³¹ n̩ə³¹ xu⁵⁵……

字译：三 滴 右 边 洒

意译：三滴圣水向右边洒……

方位名词"i³¹"（右）并未使用成熟文字进行记录，而是用"𓃾"一形进行会意。这一形体描绘了传说人物"崇忍利恩"右手洒水之状。显然，"𓃾"中的人和水都是具体的，与前后文意密切相关。对"i³¹"（右）而言，是一种原始图画式的表意方式。参照成熟文字"𓀉"（右），东巴文符号化的过程显而易见。

④ 相对稳定性

在《崇搬图》中，虽然方位名词的原始图画式的记录方式仍存在一定的数量，但总体上看，其文字记录开始趋于成熟，呈现出稳定的状态，例如该文献中方位名词"gə³¹"（上）的文字记录。

在东巴文献中，方位名词"gə³¹"（上）通常用"𓊛""○"或"𓍢"记录。"𓊛"的记录前文已举例，此不赘述。下图中，"gə³¹"（上）用东巴文"○"记录。

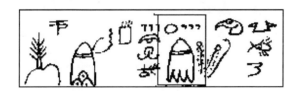

该节（28 页 95 节）标注部分解读如下：

字形：…… ○ 　 　 𝄇𝄇𝄇

标音：…… gə³¹i³³ndʐy³³mi³¹sə⁵⁵ ʂə³³thv³³……

字译：　　　上　　山　　崩　轰　隆　出

意译：……上面山崩了……

其中的"gə³¹"（上）用东巴文"○"记录。"○"本义为蛋，此为借音记录。下图中则用"𓀃"记录。

该节（85 页 380 节）部分解读如下：

字形：…… 　 　 　 　 　 　 　 　 　

标音：mu³¹phuɑ⁵⁵miə³¹　gə³¹nɑ³¹, mɯ³³ku⁵⁵gə³¹le³³　çy⁵⁵……

字译：牛　雄　眼　上　黑　　天　礼　上　又　　献

意译：用黑眼眶的公牛作为祭天的牺牲……

方位名词"gə³¹"（上）用东巴文"𓀃"来记录。"𓀃"本义为蒜，此为借音记录。

以下是方位名词"上"在《崇搬图》中的记录统计：

表1	记录总次数统计	
gə³¹（上）记录有无	有	无
gə³¹（上）记录数量	39	17

表 2 记录方式统计

gə^{31}（上）记录方式	独体会意（ ⌂ ）	借音记录（ ○ ）	借音记录（ 𐤔 ）
gə^{31}（上）记录数量	32	3	4
所占比例（％）	82.05	7.69	10.25

统计显示，方位名词 gə^{31}（上）的记录比例已达 69.6%，处于各类词性记录的中等水平。从记录方式上看，该词的记录以东巴文"⌂"为主，呈现出较为稳定的记录趋势。

2. 时间名词的记录调查与分析

（1）《崇搬图》中时间名词记录的相关统计

《崇搬图》时间名词记录统计

	有记录	无记录	记录比例（％）
时间名词	90	23	79.64

《崇搬图》时间名词记录方式统计

	借音	变形表达	转义表达	指事	形声
时间名词	32	25	22	7	4
比例（％）	35.6	27.8	24.4	7.8	4.4

（2）《崇搬图》中时间名词无记录的分析

虽然时间名词在表意中具有重要的作用，但在《崇搬图》中仍有一些时间名词未被文字记录，其原因主要有以下两点：

① 承上下文省略

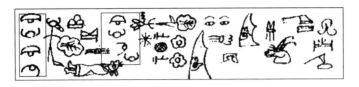

该节（56 页 203 节）标注部分解读如下：

字形：

标音：xu³¹ kho³³ xu³¹ mə³³ kho³³……xu³¹ kho³³ xu³¹ mə³³ kho³³……

字译：夜　半　夜 不　半　　　夜　半　夜　不　半

意译：三更半夜……三更半夜……

本段中共出现四个时间名词"xu³¹"（夜），前三个得到了东巴文"⌢"的记录，最后一个没有记录，应当是承前省略。

② 无上下文提示的省略

承上下文省是书写者的一种有意省略，读者尚能根据上下文补充其中的省略部分。在《崇搬图》中，有些省略则无上下文的提示，如下图中"xu³¹"（夜）的记录。

该节（40 页 132 节）部分解读如下：

字形：

标音：……xu³¹ kho³³ mi³³ tshe³³ æ³¹ sv⁵⁵ dɯ³³ me³³ mɯ³³ ŋə³¹ bu³³ le³³ dʑə³¹。

字译：　　夜　半 火　焰　鸡 冠 大　的　天　上 照 又 有

意译：……到了半夜，像鸡冠般大的火焰来照亮天空。

时间名词"xu³¹"（夜）无对应的东巴文，前后文也找不到一个相关的东巴文。

总体来看，承上下文省略是时间名词无记录的主要原因。

（3）记录方式举例

① 转义表达

所谓转义表达，即一个字形用于记录一个与字形义相关的意义而非字形义。由于转义表达后的读音与字形义的读音不同，故不将这一现象看作词义的引申。转义表达的使用让一个字形往往记录多个意义相关但不同的词。时间名词的记录常采用这种记录方式，例如“ʦhv^{33}”（冬）的记录。

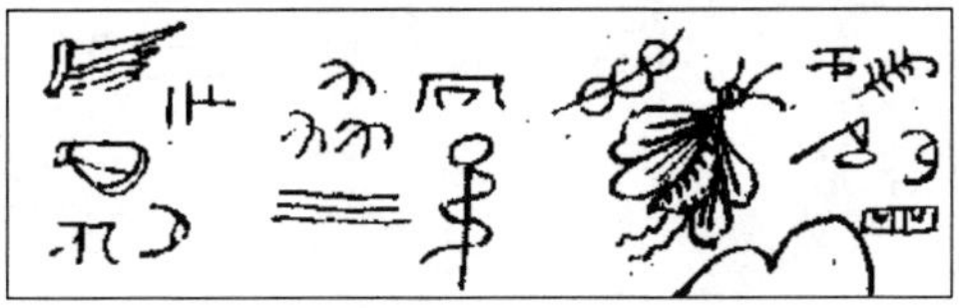

该节（25 页 87 节）部分解读如下：

字形：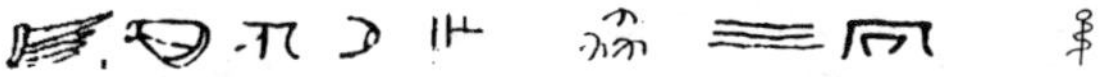

标音：ndv^{33}phi^{31}kɑ^{33}mə^{33}i^{33}，　ʦhv^{33}xər^{33}tʂuɑ^{31}nɯ^{33}khæ^{55}……

字译：翅膀　力　没（助）冬　风　早　（助）击

意译：蝴蝶的翅膀没有力量，被冬天的寒风一吹……

（按，“”“phi^{31}”及翻译存在问题，因与本研究无关，故不讨论）

时间名词“ʦhv^{33}”（冬）用东巴文“
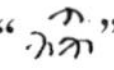
”记录。“
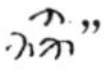
”，《字谱》：“be^{33}，雪也，像雪花飞。亦作
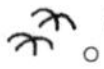
。”雪为冬天的显著标志，故转义记录“ʦhv^{33}”（冬天）一词。

② 变形表达

变形表达，即通过改变一个字形的形态，用于记录一个与字形义相关的词，如下图中“xu^{31}”（夜）的记录。

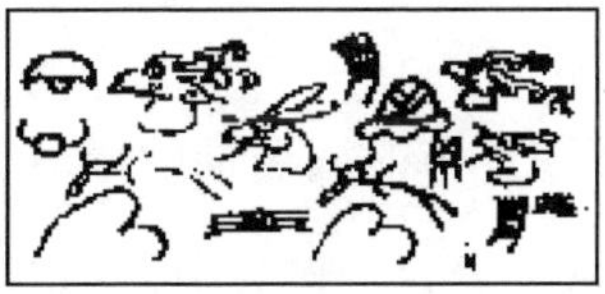

该节（53 页 191 节）部分解读如下：

字形： 𝒶 𝒷 𝒸 𝒹 𝒺 𝒻 𝒼

标音：xu³¹ kho³³ mbu³¹ kv³³ tɕhi³¹ xa⁵⁵ le³³ xa⁵⁵ ɤɯ³³ bɯ³³ næ³¹ ue³³ tsꞧ⁵⁵……

字译：夜 半 坡 头 麂猎取獐 猎取 等 去 该 是 吧

意译：今晚夜半时候，在坡头猎取麂子和獐吧……

时间名词"xu³¹"（夜）用东巴文"𝒶"记录。"𝒶"象月形，但不表"月"。《字谱》："𝒶，夜也，从倒月无形。又作𝒶。"又《字谱》："𝒷，le³³……月也，月体有缺……""𝒶"（夜）与"𝒷"（月）同为月形，但彼此相反，是为变形表达。

③ 形声

如《崇搬图》中时间名词"so³¹"（朝）的记录。

该节（30 页 101 节）标注部分解读如下：

字形： 𝒶 𝒷

标音：……so³¹ la³³ mə³³ ndər³³ so³¹ ba³¹ xə³¹。

字译： 朝（助）不 着 朝 亮（助）

意译：……白天猎不着，只好晒太阳了。

时间名词"so³¹"（朝）用"𝒶"和"𝒷"记录，前者表意，后者表音，为形声记录。"𝒷"本义为"秤"（按《字谱》解读为"山巅"，李霖灿在《么些象形文字字典》中解读为"大秤"，笔者同意后者），音为"so³¹"。

双音节或多音节时间名词一般也采用类似于单音节时间名词的形声表达。之所以说类似于，是因为双音节中的意符既表意又表音，例如下图中时间名

词 "ə³³ɲi³³"（昨天）的记录。

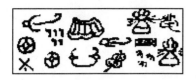

该节（108 页 528 节）部分解读如下：

字形：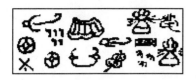

标音：ə³³ɲi³³　　lɑ³³　　ʂər⁵⁵ɲi³³……

字译：昨天　（助）前天

时间名词 "ə³³ɲi³³"（昨天）用 "⌒" 和 "◎" 两个字形进行记录。前者记录音节 "ə³³"，仅表音，后者记录音节 "ɲi³³"，同时表意。从整体来看，既有意符，又有音符，故亦称之为形声表达。

④ 指事

如下图中时间名词 "dzʅ³¹"（时）的记录。

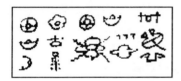

该节（2 页 5 节）部分解读如下：

字形： ⊕　⌣　⊃　◎ 古

标音：bi³³ ne³¹ le³¹ lɑ³³ mə³³ thv³³ sʅ³³ tʂʅ³³ dzʅ³¹……

字译：日 和 月 也 未 出 的 这 时

意译：太阳和月亮还未出现的时候……

时间名词 "dzʅ³¹"（时）用东巴文 "🐾" 记录。"🐾"，《字谱》："时也，日光照临，以日光移动定时也……" 也就是说，"🐾" 中的点指示日移动过的位置，故为指事记录。

⑤ 借音

如下图中时间名词"zႨ³³"（时代）的记录。

该节（1页2节）部分解读如下：

字形：

标音：sər³³ dʑv³¹ ndʑi³¹ kv⁵⁵ zႨ³³……

字译：树　生　走　会　时代

意译：树木会走路的时代……

时间名词"zႨ³³"（时代）用东巴文"╎"记录。"耂"，《字谱》："zႨ³³，草也，象束草。"此为借音记录。

（4）时间名词的记录特点

不同于记录方位名词的东巴文，记录时间名词的东巴文在图版中相对独立、清晰，极少与其他东巴文糅合在一起。换句话说，记录时间名词的东巴文相对成熟。

与方位名词相比，时间名词的记录比例也相对较高。

从记录用字来看，记录时间名词的东巴文比较稳定。

时间名词	记录总数量	所用东巴文及数量	其他东巴文及数量
xo³³（夜）	20	⌒,20	
so³¹（朝，或早）	13	古（或 大）,12	古 ,1
dʑi³¹（时）	6	╎,6	

上表显示，时间名词已有相对固定的记录东巴文。当然，个别时间名词的记录也存在一些变化，如时间名词"so³¹"（朝）的记录。前文已提及该词

的一种记录方式——形声表达，即使用东巴文"🐝"和"🌾"记录，下图中则采用借音的手法。

该节（52 页 181 节）解读如下：

字形：

标音：xu³¹ i̱³³ mbɯ³¹ t ʑɿɑ³¹ le³³ ndzv³¹ ŋguə³³，so³¹ i̱³³ mi³³ lv³¹ le³³ phɯ³³ dv³³。

字译：晚上 妻 夫 有 商量 朝上 夫妇 有 打算

意译：晚上他们夫妻在商量，早上他们夫妻有打算。

这里的时间名词"so³¹"（朝，或早）用东巴文"𝕏"记录。该形为"🌾"（本义秤）的省略，此为借音记录。

3. 一些抽象材料名词的记录调查与分析

这里的材料名词是指构成实物内在物质的名称。在《崇搬图》中，材料名词主要是一些金属名称。

（1）《崇搬图》中一些抽象材料名词记录情况统计

材料名词	有记录	无记录
xæ³¹（金）	7	0
ŋv³³（银）	9	0
ər³³（铜）	2	0
ʂu³³（铁）	2	0

从统计来看，《崇搬图》中这类名词全部得到了文字记录。

（2）抽象材料名词记录方式举例

材料名词	记录方式	数量
xæ³¹（金）	转义	7
ŋv³³（银）	转义	9
ər³³（铜）	会意	2
ʂɿ³³（铁）	转义	2

① 金、银的记录

该节（19 页 69 节）解读如下：

字形： [字形符号]

标音：ŋv³³xæ³¹o³³ tʂhu³¹nɯ³³，ndʑy³¹na⁵⁵ʂər⁵⁵lo³³lu⁵⁵pha³³tshv⁵⁵le³³tç³³。

字译：银 金松石 宝玉 来　居那世罗　四面 修 又 置

意译：用黄金、白银、绿松石、黑宝玉四宝来修居那世罗山的四面。

这里"ŋv³³"（银）、"xæ³¹"（金）分别用东巴文"[符号]"和"[符号]"记录。"[符号]"，像耳环，因其为银质，故转义表"银"。耳环，《字谱》音为"he³³khv⁵⁵"，与"ŋv³³"（银）不同音。"[符号]"，像领扣，因其为金质，故转义表"金"。

② 铁

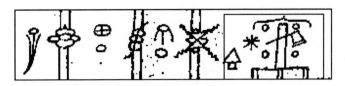

该节（11 页 45 节）标注部分解读如下：

字形：⌒⌒ ⊞⊡ ○ ◁ 胎 ✳

标音：mɯ³³ ne³¹ dy³¹ ly⁵⁵ gv³³ ʂɿ³³ phər³¹ to⁵⁵ zˌər³¹ tshv⁵⁵。

字译：天 和 地 中央 铁 白 柱子 竖

意译：在天地中央竖立白铁柱子。

这里的"ʂɿ³³"（铁）用东巴文"◁"记录。"◁"，像斧头，因其质为铁，故转义表"铁"。"斧头"，《字谱》音为"tse⁵⁵be³³"或"lɑ³³be³³"，与"ʂɿ³³"（铁）不同音。

③ 铜

该节（91 页 418 节）部分解读如下：

字形：　　　　　卷　　　　　爵 鸟 乂 鬯

标音：……xæ³³ ʂ̩³¹ tsər³³ lər³¹ do⁵⁵，ər³³ khuɑ⁵⁵ dɯ³¹ tɕi⁵⁵ do⁵⁵。

字译：　金 黄 板铃 摇 铜 铙 大 小 打

意译：……摇着黄金铸成的板铃，打着大小铜铙。

材料名词"ər³³"（铜）用东巴文"爵"记录。"爵"由"乁"和"凶"两部分构成，前者为"锅"，因其质为铁，故转义表"铁"；后者像火，用来表铜之"红"色，两者会意"铜"之义，为会意表达。

（3）材料名词的记录特点

① 以转义记录为主

从意义上看，此类名词并不抽象，但因其形不定，故归之为抽象名词。在文字记录中，此类名词难以用象形的手法进行记录，而转义则正好顺应了此类名词的语义特征。据统计，《崇搬图》中的材料名词全部得到记录，并以转义表达为主。此类方法类似于象形，但对其意义的理解却不同于象形字，有较强的约定俗成性。

其实，早期汉字的材料名词也有类似的表达手法。比如汉字中的"金"，有学者认为其形体本是古代的一种金属器具。如果此说成立，那么转义的表达手法并非某一种文字所特有，而是古典文字普遍使用的一种手法。随着文字的成熟，这一手法的使用将渐渐退出历史舞台。

② 独特的会意方式

在《崇搬图》中，材料名词"ɑr³³"（铜）用"🐛"记录，其中的"🔥"和"⛰"都为意符，一个表材质，一个表颜色，共同会意"铜"。这一记录方式体现出纳西族人的特有的想象力和生动的表现力，这也是东巴文所特有的表达方式。

迄今为止，汉字中尚未发现此类记录方式。

③ 百分之百的记录比例

百分之百的记录水平一方面体现纳西人对此类金属的重视；一方面体现出此类东巴文的成熟。值得注意的是，记录此类名词的东巴文除了记录本词外，也大量地被借音记录其他的词语，例如"☁"（锡），《字谱》："sy⁵⁵，锡也，又铅也，像锡块。又做'☁''☁'。"在《崇搬图》中，我们未找到记录本义的"☁"，但找到一些被假借的"☁"。

《崇搬图》中东巴文"☁"的使用统计：

东巴文	动词"sy^{55}"（杀）	疑问代词"sy^{31}"（什么）	量词"sy^{31}"（个）
	5	11	12

东巴文"——"的使用举例：

A. 动词"sy^{55}"（杀）

《字谱》："🏹，sy^{55}又kho^{55}。杀也，从一人持刀杀
人。又作🏹。又作🏹。"字典中的东巴文"杀"为会意
字。文献中，该词常借用"锡"，例如右图中的"杀"。

该节（44页149节）解读如下：

字形：

标音：t ʂua^{31} nɯ^{33} zv^{31} t ʂʅ^{33} do^{31} lɯ^{33} nɯ^{33} sy^{55} ŋgv^{33} ndzy^{31} kv^{33} nɯ^{33} sy^{55}。

字译：男　把　仇人所　见　弓　就　杀九　山　上　来　杀

意译：凡男子所遇见的仇人就用弩弓射死他，在九山上来杀他。

这里的"sy^{55}"（杀）借用东巴文"——"（锡）记录。

B. 疑问代词"sy^{31}"

如右图中的"sy^{31}"（什么）的记录。

该节（247节63页）解读如下：

字形：

标音：t ʂho^{31} ze^{33} lɯ^{55} ɣɯ^{33} ɣɯ^{33}，　mbu^{31} phv^{33} sy^{31}　pu^{55} tshʅ^{31} da^{31} tsʅ^{55}。

字译：崇忍利恩　　　好　聘礼什么带　来　了　吧

意译：崇忍利恩好吧，你到底带来了什么聘礼呀？

这里的"sy^{31}"（什么）使用东巴文"——"进行记录。

C. 量词"sy^{31}"

该节（89 页 399 节）解读如下：

字形：🔲 🔲 🔲 🔲 🔲 🔲 🔲

标音：dɯ³³ me³³ zo³³ nɯ³³ sv³³　sy³¹　gv³³。

字译：一　母　子　就　三　样　成

意译：一母之子变成了三个不同的民族。

这里的"sy³¹"用东巴文"🔲"记录，为借音。

"锡"一词虽未出现在《崇搬图》中，却大量使用了记录该词的东巴文"🔲"。由此可见，该东巴文已被广泛地使用。

从材料名词的记录比和"🔲"的使用来看，此类名词的文字记录已完全成熟。

D. 其他抽象名词的记录

除了上述的抽象名词，文献中还有一些不成系统的零星抽象名词，兹举例如下：

A. 纳西语 kɑ³³（力）的记录

"力"，西部方言作"kɑ³³ tɯ⁵⁵"，东部方言作"ɣɑ³³"（据《纳西语简志》词汇表）。"力"所反映的概念虽好理解，却是无形之物，用文字表达有难度。《字谱》和《么些象形文字字典》都未列出该词对应的东巴文。在《崇搬图》中，该词得到了文字记录。

力的记录统计表

被记录词	总计	所用东巴文与记录次数
kɑ³³（力）	7	🔲,6

名词 "ka³³"（力）的记录举例，如下图：

该节（54页196节）部分解读如下：

字形：㓤　ㄨ　⺤　𝼀　𝼀　𝼀　㐅　'′　㐅

标音：t ʂho⁵⁵ lo³³ na³¹ ka³³ tɕhi³³，ŋə³³ ka³³ le³³ tɕhi³³ lu³³……

字译：蚂蚁　黑 力 助 我 力 又 助 来

意译：黑蚂蚁呀，来替我帮忙吧……

名词 "ka³³"（力）用 "⺤" 记录。"⺤" 为哥巴文，此为表音。

B. 纳西语 kha³³（声音，消息）的记录

"kha³³"，西部方言作 "kho³³"，东部方言作 "khər³³"（据《纳西语简志》词汇表）。《字谱》中未列该词对应的东巴文。

纳西语 kha³³（声音，消息）的记录统计

被记录词	总计	记录方式 1 与次数	记录方式 2 与次数
kha³³（声音，消息）	11	"◡",9	"㽮◡",2

从统计来看，《崇搬图》中的 "kha³³" 全部得到文字记录，以借音为主，辅以类似的形声。

kha³³（声音，消息）的记录举例，如下图：

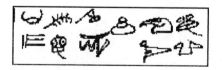

该节（4页14节）解读如下：

字形：⊔ ⊩ ⚮ ⊕ ⬠ ⟐ ⬡ ⬡ ⬡ ⬡

标音：kho³³ sa⁵⁵ pɯ³³ pa³³ be³³，i³³ kə³¹ o³³ kə³¹ the³¹ nɯ³³ thɣ³³。

字译：声 气 化育 做 英格阿格 此 由 出

意译：声气发生变化，"英格阿格"神出现了。

这里的"kho³³"（声）用东巴文"⊔"记录。"⊔"，本义为"角"，音为"kho³³"，此为借音记录。

该节（88 页 392 节）部分解读如下：

字形：⬡ ⊤ ⊔ ⬡

标音：æ³¹ phər³¹ kho³³ tshɣ³¹……

字译：鸡 白 声 细

意译：白鸡叫声很清脆……

名词"kho³³"（声）的记录同样使用了东巴文"⊔"。不过，该字上部的"⬡"［此记录"æ³¹"（鸡）一词］构形中有一条曲线，蕴含"叫声"之义。整体来看，这种构图近似与形声的记录手法。从文字的发展角度来看，此类表达正是文字由原始图画向成熟文字过渡的表现。当然，有些学者认为东巴文中的有生命的事物往往在口前描一条曲线。笔者不这样认为，因为《崇搬图》中很多鸡的形象并没有这条曲线，如右图（5 页 19 节）中的鸡。

C．"pɯ³³ lɯ³³ ʑɿ³³ mu³¹"（来历）的记录

"来历"一词，《字谱》："⬡，pɯ³³ lɯ³³ ʑɿ³³ mu³¹。来历也，从模范 ⬡（pɯ³³，蒿）声。铜范为金属工具之始。"《崇搬图》中未出现该字形。

《崇搬图》中 "pɯ³³ lɯ³³ ʑɿ³³ mu³¹"（来历）记录方式的统计

被记录词	总计	东巴文一与次数	东巴文二与次数	无记录
"pɯ³³ lɯ³³ ʑɿ³³ mu³¹"（来历）	10	"⬡"，9	"⬡"，1	0

记录方式一：

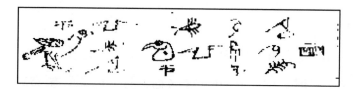

该节（83 节 24 页）部分解读如下：

字形：

标音：tsʅ^{55} li^{33} phər^{31} si^{33} thv^{33}，tsʅ^{55} li^{33} phər^{31} pɯ^{33} be^{33} bə^{31}……

字译：鹡鸰 白 先 出 鹡鸰 白 来历 做 要

意译：首先出现白色的鹡鸰鸟，白色鹡鸰想创造白的来历……

这里的"pɯ^{33}"（来历）仅用东巴文"" 记录，为借音。在《崇搬图》中，90%采用这种记录方式。

记录方式二：

该节（55 页 200 节）部分解读如下：

字形：

标音：……tʂho^{55} lo^{33} thɯ^{55} tshv^{31} me^{33}，py^{31} ly^{33} tʂʅ^{33} mu^{31} kæ^{33} nɯ^{33} dʑə^{31}。

字译： 蚂蚁 腰部 细 是 来历 前 就 有

意译：……蚂蚁的腰杆细了一节，它的来历从前就有了。

这里的"py^{31}ly^{33}tʂʅ^{33}mu^{31}"（来历）分别用""""""和""四个东巴文进行记录。

出现上述的两种记录方式，与词本身相关。音节数不同，用字就不同；音不同，借用的字就不同。可见，东巴文开始由记录纳西语的义向记录纳西语的音进行转变。

4. 小结

在文献中，不同语义类别的名词具有不同的记录比例和记录方式。

初步统计，《崇搬图》中共有 3004 个名词，其中记录的有 2522 个，未记录的有 482 个，记录比例高达 83.95%。总体来说，文献中的名词记录水平是相当高的。通过分析，文献中的名词没有得到记录往往存在客观或主观的原因。或上下文省略，或借用使用图画的形式，或书写者的忽略。在这些原因中，上下文的省略尤为突出。

名词的语义特征与其在语言文化中的地位影响着该名词的记录水平。就语义特征而言，名词越具象，其记录水平则越高，例如动植物名词的文字记录水平要高于方位名词。就语言文化地位而言，一个名词在人们心目中的地位越重要，其记录比例则越高，不管这个词抽象与否，比如材料名词的记录。

名词的语义特征也影响着名词的记录方式。具象名词倾向于使用象形的记录方式，抽象名词则倾向于用借音的记录方式，介于两者之间的名词则倾向于使用形声的记录方式。在名词的记录中，极少采用会意的方式。

二 不同音节数名词的调查与分析①

根据音节的多少，名词可分为单音节名词、双音节名词和多音节名词。在《崇搬图》中，音节数不同，记录情况往往不同。其中，单音节名词有两种记录情况：有记录和无记录；双音节和多音节则存在三种记录情况：无记录、不完全记录和完全记录。

---

① 本节是在笔者拙著《纳西东巴文献用字研究》中"名词的记录分析及其统计"一节修改、扩充而成，主要增加了举例中的字形、读音、字译和意译的对应，行文做了一些改变。

（一）单音节名词记录、调查与分析

纳西语中，名词以单音节为主。在《崇搬图》中，绝大部分单音节词得到了记录，但也有部分未得到记录，这在前文中的调查分析也多次提及。例如《崇搬图》2 页 8 节。

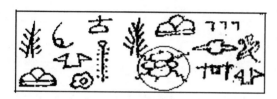

字形：
标音：sər³³　ne³¹　lv³³　lɑ³³　mə³³　thv³³　sɿ³³ tʂŋ³³　dzɿ³¹，
字译：木　和　石　也　没　出　的　这　时
字形：
标音：sər³³ o³¹ lv³¹ o³¹ sv⁵⁵ sv⁵⁵ kæ³³ nɯ³³ thv³³。
字译：树　影　石　影　隐　约　先　来　出现
意译：树木和岩石还没出现的时候，先有隐隐约约的似树非树的象征。

本节中，单音节名词"o³¹"（影）出现两次，用东巴文"𖤀"只记录了一次，另一个名词没有得到记录。这种省略与文字的"共用"相关，即"树影"和"石影"共同使用一个"影"字来记录。这一点，可以从"树""石"和"影"三字的摆放位置发现，"𖤀"处于两者下方的正中，同时兼顾两者。在东巴文献中类似这种的情况非常多。又如《崇搬图》12 页 46 节：

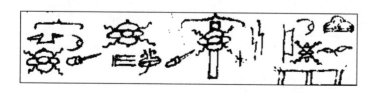

该节的后面部分汉译为："地辟不足，金黄来又涂，金黄石大地又压，地

辟平稳了"。名词"地"一词在该句中共出现三次,东巴文"地"只使用了一次。也就是说,有两个"地"没有得到记录。之所以没有记录,其原因也是前文所论述的"共用"。又如《崇搬图》39 页 122 节:

该节字译为"杉黑树大下,金哈巴狗就吠得这样汪汪……"

其中的方位名词"下"没有文字记录。从构图来看,该义是由"杉树"与"金哈巴狗"两个字的位置关系来会意。

(二) 双音节名词记录调查与分析

双音节名词记录有三种情况:无记录、不完全记录和完全记录。

1. 无记录

《崇搬图》中双音节名词较少,无记录情况也就更少。例如《崇搬图》10 页 41 节,其中标注部分读音及其字译如下。

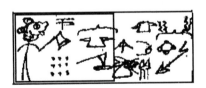

字形: 〒 𝆃 ⫶⫶ ◈ ⌒ 𝅘𝅥𝅮 𝄾 𝆑

标音: phər^{31}lɑ^{31} ŋgv^{55} be^{33}ŋgv^{33}, mɯ^{33} thv^{33} pɯ^{55}dʐɪ^{31} be^{33}。

字译: 盘 神 九 兄弟 天 开 师傅 做

意译: 盘神九兄弟,天开师傅做。

其中双音节名词"pɯ^{55}dʐɪ^{31}"(师傅)没有得到记录。

2. 不完全记录

例如下图中名词"pɯ⁵⁵dẓɿ³¹"（师傅）的记录。

该节（11页43节）标注部分解读如下：

字形：

标音：phər³¹ la³¹ ŋgv⁵⁵ be³³ ŋgv³³ nɯ³³ mɯ³³ thv³³ pɯ⁵⁵ dẓɿ³¹ le³³ be³³ t ʂər³¹。

字译：盘神　九　兄弟　来　天　开　师傅　又　做　着

意译：盘神九兄弟被请来做开天师傅。

双音节名词"pɯ⁵⁵dẓɿ³¹"（师傅）的后一个音节"dẓɿ³¹"用东巴文"𝌆"记录。"𝌆"音"dẓɿ³¹"，本义表"时"。但是，第一个音节没有得到记录。此为不完全记录。在双音节名词不完全记录情况中，已记录的部分大多采用借音的记录方式。

3. 完全记录

双音节名词完全记录情况相对复杂，根据记录语言方式的不同，双音节名词完全记录实际上包含三种情况：象形表达、形声表达、借音表达。

（1）象形表达

象形表达，即一个象形字记录包含两个音节的名词，例如《崇搬图》11页44节（右图）。

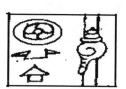

该节解读为：

字形：

标音：ŋi³³ me³³ thv³³ dv³³ phər³¹ to⁵⁵ z̠ər³¹ tshv⁵⁵。

字译：　太阳　出　螺　白　柱子　　竖

意译：在东方竖立白螺顶天柱。

其中，象形字"⊕"记录了"ŋi³³me³³"（太阳）两个音节。

（2）形声表达

形声表达，即一个形声字记录包含两个音节的名词，形符表形，声符表音。其中，声符或记录其中的一个音节，或记录全部的两个音节。这类形声字可能出现一个声符或两个声符。例如《崇搬图》103页495节（下图）：

该节解读如下：

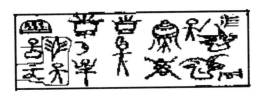

字形： ᴿᴏ   ⊕ ⴺ   ⴵ

标音： i³³gv³¹   ŋi³³me³³   thv³³。

字译： 江曲（地名）   太阳   出

意译：江曲出了红太阳。

名词"太阳"分别用"⊕"和"ⴺ"记录，前者表形，后者注太阳的第二音，是为形声字。有些双音节形声字存在两个声符，分别记录双音节中的两个音节，例如《崇搬图》94页445节：

标注的部分读为"na³¹çi³³"（纳西），其中"ⴺ"音为"na³¹"，记录第一音节，"ⴵ"音为"çi³³"，记录第二个音节，而"ⴶ"则表形。

象形表达与形声表达并不是截然分开的，很多形声表达的前身可能就是象形表达，以上"太阳"的两种表达方式正好说明了这一点。

（3）借音表达

借音表达，即两个音节都使用了假借字来记录。例如《崇搬图》115页582节：

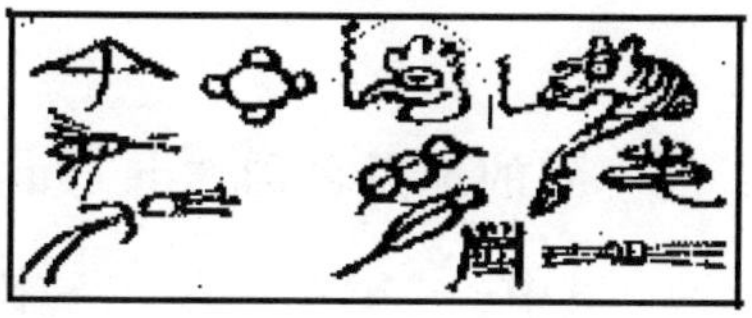

字形：

标音：mɯ^{33}lɯ^{55} ʂʅ^{31} dʐi^{31} dɯ^{31}，tɕy^{55} tʂhu^{31} ʐuɑ^{33} nɯ^{33} dər^{31}bə^{31} ʦi^{55}。

字译：美利诗吉低（地名）　首先　马　来　渡　去　说

意译：美利诗吉河边，马首先要渡过河。

时间副词“tɕy^{55}tʂhu^{31}”（首先）分别借用“”（tɕy^{55}，本义为“鸡”）和“”（tʂhu^{31}，本义为“串珠”）两个字来记音。

（三）多音节名词记录调查与分析

像双音节一样，多音节名词同样也存在三种情况：无记录、不完全记录和完全记录。

1. 无文字记录

无记录的多音节名词《崇搬图》一书中只出现 4 例。例如《崇搬图》80 页 345 节（右图）。

该节解读为：

字形：

标音：dy^{31} dɯ^{31} zə^{31} dzʅ^{33} mbu^{31} ȵə^{31} thv^{33}，dy^{31} dɯ^{31} zə^{31} dzʅ^{33} mbu^{31} nɯ^{33}mbər^{33}。

字译：墩底惹阻坡　里　到　墩底惹阻坡　来　迁

意译：来到墩底惹阻坡这个地方。

后一句中的地点名词“dy^{31}dɯ^{31}zə^{31}dzʅ^{33}mbu^{31}”（墩底惹阻坡）没有任何文字记录。

2. 不完全记录

上例（《崇搬图》80 页 345 节）中，前一句的地点名词 "dy³¹ dɯ³¹ zə³¹ dzʅ³³ mbu³¹"（墩底惹阻坡）即为不完全记录。其中，"𝕸"（dy³¹，本义为"地"），"𝕺"（dɯ³¹，本义为"大"），"𝕻"（mbər³³，本义为"坡"）分别用来记"墩底惹阻坡"的第一、二、五个音。又如《崇搬图》中神名 "i³³ kə³¹ ti³³ na⁵⁵"（英格鼎那）的记录。

该节（5 页 17 节）标注部分解读为：

字形：𝕺 𝕼 𝕾

标音：i³³ kə³¹ ti³³ na⁵⁵ the³¹ nɯ³³ thv³³。

字译：英格鼎那　此　由　出

意译：从这里化育出"英格鼎那"。

神名 "i³³ kə³¹ ti³³ na⁵⁵"（英格鼎那）分别用 "𝕺" "𝕼" 和 "𝕾" 记录 "i³³" "kə³¹" 和 "na⁵⁵" 三个音节，音节 "ti³³" 无对应的文字，亦为不完全记录。"𝕺"（i³³，本义为"漏"）；"𝕼"（kə³¹，哥巴字）；"𝕾"（na⁵⁵，本义为"黑"）。

在《崇搬图》中，多音节名词完全记录的情况比较多。根据不同的表达方式，可以分为以下几种类型：

（1）象形表达，即一个象形字记录多个字音。例如《崇搬图》中的 "ndʐy³¹ na⁵⁵ ʂər⁵⁵ lo³³" 的记录。

该节（18 页 67 节）部分解读为：

字形：𝄞   ⸯ   ⅄   𝖓

标音：ndʐy^{31} nɑ^{55} ʂ ɚr^{55}lo^{33} mə^{33} tshv^{55} mə^{33} ŋi^{55} ŋi^{31}。

字译：居那世罗   不   建   不   得   了

意译：建造居那世罗山是不得不做的大事。

地点专名 "ndʐy^{31}nɑ^{55}ʂɚr^{55}lo^{33}"（居那世罗）用东巴文 "𝄞" 记录，像传说中的神山，为象形记录，四个音节全部得到记录。

（2）形声表达，例如下图中 "ndʐy^{31}nɑ^{55}ʂɚr^{55}lo^{33}"（居那世罗）的记录。

该节（23 页 82 节）解读如下：

字形：𝄞 ⸯ   ◯   ⸼ ⸯ 古 ⸯ 𝖓卍

标音：ndʐy^{31}nɑ^{55}ʂɚr^{55}lo^{33} kv^{33}, ə^{33}so^{33} tshɿ^{33} thv^{33} ɣɯ^{33}。

字译：居那世罗   头   一早   所   发现   好

意译：居那世罗山头。一早，所有出现都好。

地点专名 "ndʐy^{31}nɑ^{55}ʂɚr^{55}lo^{33}"（居那世罗）分别用 "𝄞" 和 "ⸯ" 东巴文记录，前者表意，后者表音（标注音节 "nɑ^{55}"）。在东巴文献中，同一多音节名词用形声表达时，形声表达所记的音节数往往不相同。如下图《崇搬图》23 页 81 节。

该节中的 "ndʐy^{31}nɑ^{55}ʂɚr^{55}lo^{33}"（居那世罗），所用形符相同（即

"$\underline{\text{⎍}}$"），东巴文"𐎟""𐎟""⎍"分别记录"nɑ⁵⁵""ʂər⁵⁵""lo³³"三个音节。

（3）借音表达，即多音节名词中的每一个音节都采用借音的方式来记录。例如《崇搬图》27 页 92 节。

该节中的人名"tsho³¹ ze³³ lɯ⁵⁵ ɣɯ³³"（崇忍利恩，标注部分）分别用"🐘"（音 tsho³¹，象，此处借音注"崇忍利恩"的第一个音节）、"𐎟"（音 ze³³，一种鬼，此处借音注"崇忍利恩"的第二个音节）、"𐎟"（音 lɯ⁵⁵，本义为牛虻，此处借音注"崇忍利恩"的第三个音节）、"卍"（音 ɣɯ³³，本义为"好"，此处借音注第四个音节）记录。

附录：《崇搬图》名词记录相关统计及分析

表1 名词有无文字记录的统计

名称	类别	数量	无记录	不完全记录	完全记录	完全记录比（%）	不完全记录比（%）
名词	单音节	2235	524	—	2123	80.17	—
	双音节	428	54	42	332	77.93	9.62
	多音节	341	4	47	290	84.80	13.74
总计		3004	583	88	2745	80.36	2.58

表 1 显示：《崇搬图》名词的记录水平已经很高，总体记录水平（含完全

记录和不完全记录）已达 83%，值得注意的是双音节和多音节名词的完全记录比分别达到 77.93% 和 84.8%。可见，《崇搬图》中的东巴文正处于原始文字的末期。

表 2　　　　　　　　　　　名词所用记录方式的统计

名称	类　型	象形	指事	会意	借音	形声	转意
	单音节	1329	37	15	651	53	38
名词	双音节	140	1	7	142	75	9
	多音节	69	0	0	152	96	
总计		1538	38	22	945	224	47

从记录方式统计表可以看出：

一　《崇搬图》名词的表达方式中，象形表达占有明显优势。记录单音节名词的象形字约占了单音节名词完全记录的 62.6%。从总量上看，象形也占了完全记录的 56.02%。可见，东巴文的象形性质并未发生根本改变。

二　会意字的数量非常少，仅有 22 个，形体尚不稳定。可见，东巴文的表意体系尚不成熟。在各类记录方式中，借音已具有较高的比例。其中，单音节借音记录占了单音节完全记录的 30.7%。如果加上双音节和多音节的借音字（注：双、多音节名词在统计过程中，不管有几个音节，借几个东巴字，只统计一次，即算一个借音），那将更多。可见，此时的东巴文已经远离图画文字的性质，正在向成熟意音文字发展。

第二节　名词记录比较研究

《崇搬图》与《古事记》中的名词记录存在一些差异，主要表现在记录数量和记录方式两个方面。

一　记录数量的比较及其原因分析

名词记录相对容易，但不同时期的文献，其名词记录水平并不相同。一般来说，越早的文献，其名词记录的水平越低。

（一）相关统计

表1 记录数量比较

经典文献	总量	记录次数	记录比例（%）
《崇搬图》	3023	2539	83.98
《古事记》	2196	1344	61.2

表2 几个名词的记录情况比较

名词	经典文献	总量	记录次数	记录方式	记录比例（%）
天	《崇搬图》	97	81	象形	83.5
	《古事记》	38	25	象形	65.8
地	《崇搬图》	95	75	象形/借音	78.9
	《古事记》	30	22	象形	73.3
马	《崇搬图》	27	24	象形	88.9
	《古事记》	9	6	象形	66.7
石	《崇搬图》	20	19	象形	95
	《古事记》	10	6	象形	60
脚	《崇搬图》	21	17	象形	80.1
	《古事记》	15	6	象形/借音	40

名词	经典文献	总量	记录次数	记录方式	记录比例(%)
刀	《崇搬图》	17	12	象形	70.5
	《古事记》	8	5	象形	62.5
夜	《崇搬图》	27	20	独体会意	74.1
	《古事记》	24	13	独体会意	54.16
上	《崇搬图》	39	27	会意/借音	69.2
	《古事记》	14	4	会意/借音	28.5
金	《崇搬图》	7	7	转义	100
	《古事记》	13	8	转义	61.5

表1显示：《古事记》名词记录次数比为61.2%，远低于《崇搬图》中的记录。

表2显示：《古事记》中个别名词的记录比全部低于《崇搬图》的记录水平。在这些名词中，越具象的名词，其记录比的差异越小，反之则大，例如方位名词"上"的记录。

(二)《古事记》记录比例低的原因

1. 省略多

《古事记》记录水平之所以低并不是因为没有文字记录，而是省略较多。下面是语义相同的两个小节（左边为《古事记》，右边为《崇搬图》）。

左图（10 页 3 节）解读如下：

字形：⌒ ⎕⎕ ⌐ ⼻ ⼺ ⼀⼀ ⼀⼀⼀

标音：^{2}mɯ ^{3}nɛ ^{3}dy ^{2}la ^{2}mʌ ^{2}thu ^{2}sʅ ^{2}thʅ ^{3}dzʅʅ，^{2}mɯ ^{3}ɕʅ ^{3}dy ^{3}ɦɔ ^{3}sy ^{3}sy ^{3}tʂho

^{2}ka ^{2}nɯ ^{2}thu。

字译：天　和　地　也不出　还　这　时　天　影　地影　三样　早　前（助）出

右图（1 页 4 节）解读如下：

字形：⌒ ⼺ ⼻ ⎕⎕⎕ ⼀ ⼁⼁

标音：mɯ^{33} mə^{33} thv^{33} dy^{31} mə^{33} khu^{33} tʂhʅ^7 dzʅʅ^{31}。

字译：天　不　开　地　不　辟　这　时

字形：⌒ ⼺ ⎕⎕ ⼀⼀⼀ ⼀⼀ ⼀⼀

标音：mɯ^{33} o^{31} dy^{31} o^{31} sv^{55} sv^{33} kæ^{33} nɯ^{33} thv^{33}。

字译：天　影　地　影　隐约　先　来　出

名词"mɯ^{33}"（天）和"dy^2"（地）分别出现两次，《古事记》记录一次，《崇搬图》中记录了两次。《古事记》省略了，而《崇搬图》没有。

2. 原始的记录方式

在《古事记》中，一些名词虽已有了文字记录，但在行文中仍常采用较为原始的方式进行记录，而《崇搬图》则使用文字记录，这使得《崇搬图》中名词的文字记录水平高于《古事记》，例如：

左图（《古事记》40 页 80 节）前部分解读如下：

字形：　　　　　　　　　　　　　　　　　　　　　　　　　　　　　　　　

标音：^{2}mɯ^{3}mɯ ^{2}khɔ^{1}chɔ ^{3}dʑi^{2}i ^{3}hɯ,^{3} ʂɔ ^{3}nɛ ^{2}ȵi ^{2}nɯ ^{2}ɥdʐʐ'uˠ ^{2}mʌ ^{1}tha······

字译：下边　　洞深　水流（助）水獭和鱼（助）漂浮　不　得

右图（《崇搬图》36 页 115 节、116 节部分）前部分解读如下：

字形：

标音：mɯ^{33}mɯ^{31}lo^{31}mi^{31}ko^{33}lo^{33}thv^{33}，su^{31}ne^{31}ȵi^{33}nɯ^{33}ndʐər^{33}mə^{33}tha^{55}······

字译：下面　　陷谷　横流　出　獭　和鱼　来　游泳　不　得

两节大意相同。"mɯ^{33}mɯ^{31}"（下面）一词，前者没有文字记录，而是将

"　"（水）书写于该小节的下方以会意。后者摒弃了《古事记》中的表

意方式，"　"已没有写在下方，取而代之的是在"　"一形的上方书写了

一个"　"字。"　"本义为"火"，音为"mi^{31}"，这里借音记录方位名词

"下"。

以上两点是《古事记》名词记录偏低的原因，也是《古事记》中东巴文

相对原始的体现。

二　名词记录方式的一些差异

总体来看，这两部文献的记录方式没有太大的区别，见下表：

表 1　　　　　　　　　　　记录方式比较

记录方式	象形	会意（独体）	形声	转义	借音
《崇搬图》	有	有	有	有	有
《古事记》	有	有	有	有	有

从微观上看，两者名词的记录存在一些差异，主要表现在多音节词的记

录中。

（一）多音节名词的记录差异

《崇搬图》中，多音节名词有象形、形声、借音三种记录方式，《古事记》只有象形和借音两种方式。以下是相同词的记录方式比较。

1. 象形与形声的差异

例如下图中神名 "dʑə³³kə³¹na³³pv³¹"（大力神）的记录。

左图（32页46节）部分解读如下为：

字形：

标音：³zʌɿ²la¹ua²bɛ²tɕhi,²si²ŋɯ³tshɔ²dʑi²tɕhi,²dʑiʌ³kа¹na³pu²tɕhi。

字译：豹 虎 五个 看守 狮子 象 则 看守 桀葛那布 看守

意译：五个豹虎来看守，狮象则来看守，桀葛那布（大力神）来看守。

右图（20页72节）部分解读如下：

字形：

标音：zʐər³¹la³³ua⁵⁵be³³tɕhi³³, dv³³phər³¹si³³ŋɯ³³tɕhi³³,

字译：豹 虎 五兄弟守护 螺 白 狮子 守护

字形：

标音：xæ³³sʅ³¹tsho³¹ze³³tɕhi³³, dʑə³³kə³¹na³³pv³¹tɕhʅ³¹。

字译：金黄 象 守护 玖高那补 守护

意译：虎豹五兄弟来守护，白狮子来守护，金黄象来守护，玖高那补（大力神名）来守护。

左右两版图大意相同，但其中神名 "dʑə³³kə³¹na³³pv³¹"（大力神）的文字记录有所不同。前者用 "𭅀" 记录，表意，为象形记录；后者分别用 "𭅀"

"𐤀"和"𐤁"记录，"𐤂"同样表意，"𐤀"和"𐤁"则分别记录音节"kə³¹"和"nɑ³³"，整个词为形声记录。显然，后者的记录方式是由前者发展而来，是文字制度的进步。又如下图中双音节词"ə³³me³³"（母体或太极）的记录。

 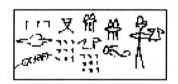

左图（《古事记》15 页 8 节）解读如下：

字形：川 ⟶ ⬡　　　　川 ⥾ 𐤂 ⿻

标音：³sʅ ³sy ³tʂho ²ŋgu ¹ku ²thu，²ŋgu ¹ku ³ɛ²mɛ ²thu。

字译：三　样　早　九　个　出　九　个　太极　出

意译：三样生九个，九个生太极。

右图（《崇搬图》3 页 10 节）解读如下：

字形：川 ⟶ ⬡ ⥿ 川　𐤂 ⿻ 川　𐤂 𐤃 ⿻

标音：sv³³ sy³¹ tʂhu³¹ me³³ ŋgv³³ kv⁵⁵ thv³³，ŋgv³³ kv³³ ə³³ me³³ thv³³。

字译：三　类　迅速的　九　种　出　　九　种　母体　出

意译：由三元化育九宫，由九宫化育母体。

"ə³³me³³"（母体成太极）一词，前者用"𐤂"记录，该字义为"女性"或"母"，此为表意；后者增加了东巴文"⥿"（本义为"呵"），用于记录第一个音节"ə³³"，为形声记录。《崇搬图》的记录方式是《古事记》的发展。

2. 借音与形声的差异

例如下图中方位名词"xo³³gv³³lo³¹"（北方）的文字记录。

左图（《古事记》26 页 38 节）前一部分解读如下：

字形：🦴 ⬭ 🗿

标音：²hɔ²gu³lɔ ³lo ²khɔ²khɯ³ ȵiʌ ²thu。

字译：北方　阳神 门口　（助）到

意译：到了北方男神的门口。

方位名词“²hɔ²gu³lɔ”（北方）分别用东巴文“🦴”和“⬭”记录“²hɔ”和“gu³”两个音节，为借音记录。“🦴”本义为肋骨，“⬭”本义为蛋。

右图（《崇搬图》15 页 58、59 节）前一部分解读如下：

字形：⛰ ⬭ ⊞ 🗿 口

标音：xo³³gv³³lo³¹ gə³³du³¹khu³¹khɯ⁵⁵ȵə³¹thv³³……

字译：北方　　的 男神门 前　又　到

意译：到了北方男神的门口……

方位名词“xo³³gv³³lo³¹”（北方）则分别用“⛰”“⬭”和“⊞”记录。《字谱》：“⛰，北方也，从水省……又作⛰。”此为意符。“⬭”和“⊞”则分别记录“gv³³”和“lo³¹”两个音节，“⊞”本义为犁轭，两者都为意符。整个词为形声记录。

3. 记录音节数的不同

例如多音节词“tɕy⁵⁵tʂ̩³¹”（原先，起初）的文字记录。

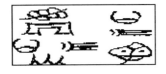 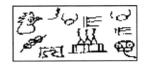

左图（《古事记》38 页 56 节）解读如下：

字形：🔲 ⬭ 🔺 ⬭⊞⬭

标音：¹tɕy³ tʂho³ gʌ² nɯ² khɔ³ go² thu，³mɯ²nɯ¹sa³go²thu，²khɔ¹sa²pɯ²pa²bɛ。

字译：原先　　上（助）声喃喃出　　下（助）气喃喃出　声气　化育 做

意译：原先，上边出了喃喃的声音，下边出了嘘嘘的气息，声与气配合化育。

右图（《崇搬图》26 页 90 节）解读如下：

字形：

标音：tɕy⁵⁵tʂu³¹gə³¹nɯ³³kho³³gə³¹thu³³，mɯ³¹nɯ³³sɑ⁵⁵gə³¹thv³³，kho³³so⁵⁵pɯ³³pɑ³³be³³。

字译：最初　上来　声　升　出　下　来　气升　出　声气　　化育 做

意译：最初期间，上面高空声音震荡着，下面地里有气体蒸蕴着，声和气互相感应着。

"tɕy⁵⁵tʂu³¹"（原先）一词记录不同，前者只用" "（本义为珠，此为借音记录）记录第二个音节"tʂu³¹"，为借音；后者用" "（本义为鸡，此为借音记录）和" "分别记录"tɕy⁵⁵"和"tʂu³¹"两个音节。《崇搬图》的记录更加完整。

4．形声与借音的差异

例如多音节词"ɣɯ³³y³¹ɣɯ³³mɑ⁵⁵"（鸡名）的记录。

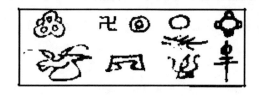

左图（26 页 29 节）解读如下：

字形：

标音：²ɣɯ³y²ɣɯ¹mɑ²gʌ²ku¹ku²ku³dʑi¹mɑ²thʐ¹发ly。

字译：（白鸡名）　　　的　蛋 壳 软蛋皮 后　那 个

意译：那"额玉额玛"最后的一个软皮蛋。

鸡名"^{2}ɣɯ^{3}y^{2}ɣɯ^{1}ma"用"🐛"和"◎"记录，"🐛"表意，"◎"（本义为油，此处借音）记录音节"^{1}ma"，为形声记录。右图则不同。

右图（12 页 47 节）解读如下：

字形：🐚🐛卍◎　　🛏 ○ 🦎 🐛　◇ 🌾

标音：ɣɯ^{33} y^{31} ɣɯ^{33} ma^{55} gə^{33}, kv^{33} mæ^{55} thɯ^{33} dɯ^{33} ly^{33}.

字译：恩余恩麻　　　的　蛋 后 那 一 个

意译："恩余恩麻"（与前文的白鸡名同）生下最后一个蛋。

两节大意基本相同。这里鸡名"ɣɯ^{33} y^{31} ɣɯ^{33} ma^{55}"分别用"🐚""🐛""卍"和"◎"记录。"🐚"，本义为冠珠，记录音节"ɣɯ^{33}"；"🐛"本义为羊，此处借音记录"y^{31}"；"卍"本义为好，此处借音记录"ɣɯ^{33}"；"◎"本义为油，此处借音记录"ma^{55}"。整个词为借音记录。

《古事记》用"🐛◎"记录本是文字发展的一种进步，而《崇搬图》的记录则显示出东巴文正向记录音节方向发展的趋势。

5. 象形字与记音字的不同

左图（《古事记》58 页 115 节）部分解读如下：

字形：🐛　　　　🏔　　　　🏔

标音：^{1}ʂɿ^{3}ma ^{2}mi ^{2}ŋgu ^{3}thu, ^{2}ŋgu ^{3}çi ^{2}tha ^{2}nɯ ^{3}gʌ ^{2}lɛ^{2}tçi……

字译：油松 火 九 把　九 林 底（助）上（助）放

意译：拿九把油松火把到九座树林中向上放着……

"^{1}ʂɿ^{3}ma"（油松）一词用"🐛"记录，为象形字。

右图（《崇搬图》52 页 182 节）部分解读如下：

字形：🐚 ◉ ⋮⋮　　　　🏔 👣 🏔　　　🐚　　　Ⅺ

标音：sv⁵⁵ma³¹ ŋgv³³ thv³¹ pu⁵⁵ ，ŋgv³³ çi³¹ thæ³³ nɯ³³ gə³¹ le³³ tç̓i³³……

字译：明子　　九　把　带　九　森林底　　就　上　又　放

意译：带上九把明子，放在九片森林里……

"sv⁵⁵ma³¹"（明子，与上文油松同）则用"🐚"和"◉"记录，为借音的方式。"🐚"本义为茅草，此处借音记录音节"sv⁵⁵"，"◉"记录后一个音节。

6. 小结

总的来看，《崇搬图》在多音节词的记录中明显优于《古事记》。

从记录方式的种类来看，《崇搬图》与《古事记》基本相同。但值得注意的一点是，《古事记》较少使用形声的记录方式，而《崇搬图》则大量地使用。"崇忍利恩"（纳西族始祖名）是一个多音节词。在《崇搬图》中，该词大都采用形声的记录方式，而《古事记》则全部采用象形的方式。其他多音节人名的记录也是如此。可见，《崇搬图》中的形声记录方式较为发达，这也是该文献中东巴文较为成熟的一个标志。

从相同词的记录比较来看，《崇搬图》的记录要比《古事记》成熟。当《古事记》采用象形的表达方式，《崇搬图》则增加声符，以形声方式进行记录；当《古事记》以形声方式进行记录，《崇搬图》则采用借音方式；同为借音的方式，在多音节名词的记录中，《崇搬图》记录的音节数一般要比《古事记》多。总体上看，《崇搬图》倾向于表音，《古事记》则倾向于表意。

（二）单音节名词的记录差异

在单音节词记录方面，《崇搬图》与《古事记》名词记录方式大体相同。当然，个别名词在行文中的形体表现出了一些差异，兹录如下：

1. 象形与形声的差异

如下图中"sər³³"（肝）的记录：

左图（《古事记》26 页 40 节）部分解读如下：

字形：

标音：²ku ³y²mɯ ¹kɯ ³hɯ, ²ɣɯ²nɯ ³dy ¹kɯ ³hɯ。

字译：头 拿 天 祭 皮 地 祭

字形：

标音：¹tʂhuʌ¹ ²nɯ ²bi ¹kɯ ³hɯ, ¹sʌ ²nɯ²lɛ¹ kɯ ²hɯ。

字译： 肺 太阳祭 肝 月亮 祭

意译：拿头祭天，拿皮祭地，拿肺祭太阳，拿肝祭月亮。

右图（《崇搬图》17 页 62 节）解读如下：

字形：

标音：……kv³³y³¹mɯ³³kɯ⁵⁵xə³¹，ɣɯ³³y³¹dy³¹kɯ⁵⁵xə³¹，

字译： 头 天 变 了 皮 地 变 了

字形：

标音：tʂhər⁵⁵y³¹bi³³kɯ⁵⁵xə³¹，sər³³y³¹le³¹kɯ⁵⁵xə³¹……

字译：肺 日 变 了 肝 月 变 了

意译：……其头变成了天，其皮变成了地，其肺变成了日，其肝变成了月……

两段文字及其诵读的经文基本相同（翻译不同，此不讨论），其中的 "sər³³"（肝）分别作 "" 和 ""。《字谱》："，sər³³。肝也，从肝 ⍷（sər³³ 肝）声。又作。"（按，其中 "sər³³ 肝" 应有误，应是 "柴"）《崇搬图》与字典中的字形同，为形声字；《古事记》为象形字，李霖灿的《字典》收录了 "" 一形。

2. 借音与形声的差异

前文所举的"下"（《崇搬图》26 页 90 节）就是一例，《古事记》用借音的方式，而《崇搬图》用形声的方式。又如下图中"pha^{31}"（卦师或觋）一词的记录。

左图（《古事记》20 页 21 节）部分解读为：

字形：

标音：^{3}py　^{3}pha　^{3}fiɔ　^{2}mʌ　^{3}n̩i，^{2}tʂhu　^{3}tɕy　^{3}mba　^{2}mʌ　^{3}n̩i……

字译：东巴 卦师 伤 不 得　马　野马吼　不 得

意译：东巴不可与卦师相伤，马不可向野马吼斗……

左图（《崇搬图》6 页 24 节）部分解读为：

字形：

标音：py^{31} pha^{31} o^{31} mə^{33} n̩i^{31}，tshv^{33} tɕy^{31} mba^{31} mə^{33} n̩i^{31}。

字译：巫 觋　讹 不 得 驮马瘦马叫 不　得

意译：为巫觋的不宜讹诈，驮马瘦马不宜长鸣。

"pha^{31}"（卦师或觋）一词，《古事记》用"𖿢"（本义为白）记录，为借音记录，《崇搬图》则用"𖾐"记录，从"𖿢""𖾟"（本义为白）声，为形声记录。事实上，《古事记》中的"^{3}pha"（卦师）也用"𖾐"记录。不同的是，《崇搬图》全部采用形声表达，未见单纯的借音。

3. 象形与借音

如下图中名词"lo^{33}"（脖）的记录。

上图（《古事记》59 页 122 节）最后部分解读为：

字形：　　🐦　　🐟　　　🦅　　　　　💠　　🦅

标音：……¹khə ³nɛ ¹lɯ ²ta³ta,²ɤɯ³hɯ ²lɔ ³niʌ ²lʌɪ,¹sʅ ²ly ³t ʂho²lɛ　²thu。

字译：　　射（助）放 一齐　斑鸠　脖（助）中　三颗 快（助）出

意译：——箭便射了出去，正中在斑鸠的下巴上，那三颗种子便很快掉出来了。

该节中的"²lɔ"（脖）与"²ɤɯ³hɯ"（斑鸠🦅）合写成"🦅"，是较为原始的象形手法。《崇搬图》中相同语段中"脖"的记录则不同。

上图（55 页 199 节）部分解读为：

字形：　　🐦　　　🐟　回回 🦅　　回回　　ггг

标音：……khæ³¹ nɯ³¹ lɯ⁵⁵ ta⁵⁵ ta³³，ɤɯ³³ xɯ³¹ lo³³ ȵ̩ə³¹ dər³³，sv⁵⁵ ly³³ t ʂ̩ŋ̩³³ le³³ thv³³。

字译：　　射　与 放榻 齐下　斑鸠　脖 上 中 三颗　这 又 出

意译：……把箭放出了，射中斑鸠的脖子上，得了失落了的三粒谷种子。

"lo³³"（脖）用"回回"记录。"回回"本义为犁轭，此为借音记录。

像多音节名词记录一样，《崇搬图》中单音节名词记录的记录方式也倾向于记音，而《古事记》倾向于记意。即，《崇搬图》的记录比《古事记》要成熟些。

本节从记录比例和记录方式两个方面比较了两本东巴文献的名词记录情况，可以得出以下两个结论：

1.《古事记》的名词记录相对原始，但全文各类名词的记录方式较为稳定。而《崇搬图》则不同，该书中的名词记录要成熟些，但用字不稳定，仍处于变化期。

2. 现存东巴文献彼此之间用字的差异反映出东巴文的发展变化。

第三节　结论

本章系统地描写了《崇搬图》中各类语义特征的名词的文字记录情况，主要包括具象名词和抽象名词。其中，具象名词分别调查分析了普通名词和专用名词的记录情况，抽象名词则调查分析了方位名词、时间名词、材料名词和个别抽象名词的记录。通过这些调查分析，得出了一些统计数据。

表 1　　　　　　　　各类名词的记录次数比

名词类别	具象名词			抽象名词		
名词类别	普通名词	人神专名	地名	方位名词	时间名词	材料名词
比例(%)	83.70	94.02	95.07	67.37	79.64	100

表 2　　　　　　　　各类名词所用记录方式

方式	普通名词		人神专名		地名		方位名词		时间名词		材料名词	
方式	方式	比例(%)	方式	比例(%)	方式	比例(%)	方式	比例(%)	方式	比例(%)	方式	比例(%)
象形	有	81.57	有	36.8	有	14.8	有					
指事							有	7.95	有	7.8		
独体会意							有	22.7	有	24.4	有	90
变形会意									有	27.8	有	

续 表

方式	普通名词		人神专名		地名		方位名词		时间名词		材料名词	
	方式	比例 （%）	方式	比例 （%）	方式	比例 （%）	方式	比例 （%）	方式	比例 （%）	方式	比例 （%）
合体 会意											有	10
形声	有	5.99	有	34.4	有	43.7	有	2.84	有	4.4		
借音	有	12.44	有	28.8	有	41.5	有	66.48	有	35.6		

表1显示：具象名词的记录水平总体高于抽象名词，说明名词文字记录水平与语义特征密切相关。一般来说，语义越抽象，文字记录比例越低。材料名词的文字记录是一个特例。笔者认为，金银之类的材料名词有如此高的记录水平与其在纳西文化中的重要地位密切相关。在《崇搬图》中，此类名词全部采用表意的记录方式，这也表明这些词文字记录的发生时间较早。

表2显示：《崇搬图》中名词的记录方式异常丰富，具备了一般成熟文字所拥有的各种记录方式。不过，这些记录方式在各类名词记录中所占的比例并不相同。比如，具象名词的记录倾向于表意，抽象名词的记录倾向于表音。可见，名词的语义特征影响着名词的记录方式。

本章对《崇搬图》中不同音节数的名词进行了调查和分析，包括单音节名词、双音节名词和多音节名词。调查显示，名词存在完全记录、不完全记录和无记录三种情况。多音节名词的不完全记录（或无记录）是东巴文不成熟的一个表现。当然，在《崇搬图》中，完全记录比已远远超过不完全记录比和无记录比，可见，此时的东巴文正向成熟文字迈进。

在名词文字记录描写的基础上，本章系统地比较了《崇搬图》和《古事记》中名词的记录情况，主要从记录比例和记录方式两个方面比较，从中可以看出：

1. 《崇搬图》中名词的文字记录不仅在总量上远高于《古事记》，而且在个别名词的文字记录上也远高于《古事记》。

2. 《崇搬图》的名词记录方式更加丰富，并呈现出不稳定和表音化的趋势，这正是原始文字向成熟文字过渡的显著特征。

3. 《崇搬图》中名词的文字记录远远成熟于《古事记》。

第二章

动词的记录调查研究

　　动词是表示动作、行为、心理活动或存在、变化、消失的词，存在于大多语句中。在这些句子中，动词往往是表达的核心，关联较多的表达要素。在原始文献中，动词的文字记录有着其自身特点，其文字记录的有无是判断一种原始文字发展阶段的重要依据。

第一节　经典文献中动词的记录调查与分析

　　本节将对《崇搬图》中的动词记录情况进行全面调查和分析，以获取动词记录的相关数据，并全面展现文献中动词的记录情况，进而揭示东巴文的性质及文字发展的一般规律。

一　不同语义类别的动词的记录调查研究

　　根据语义特征，动词可以分为动作、心理、存现、能愿等不同的类型。在这些动词中，有些直观，如动作动词；有些抽象，如心理动词；有些动作性不强，却倾向于表语法，如存现动词、能愿动词和趋向动词。这些动词在文字的记录比和记录方式上都存在着一些差异,这些差异与各类动词的语义特征和语法功能密切相关。

根据当前较为通行的语义分类法和本研究的需要,这里将纳西语中的动词分为动作动词、心理动词、使令动词、存现动词、能愿动词和趋向动词几大类,以下将分别对这几类动词的文字记录情况进行较为系统的调查和分析。

(一) 动作动词的记录调查与分析

在东巴文献中,动词以动作动词为主。初步统计,在《崇搬图》中,动词共使用 2218 次,动作动词使用 1495 次,占总使用次数的 67.4%。动词约 420 个,动作动词约 355 个,占动词总数的 90.48%。从某种程度上讲,动作动词的记录规律直接反映了动词的记录规律。

1. 动作动词记录的相关统计

表 1 　　　　　　　　动作动词的记录个数与次数的统计

动词类别	统计方式	总计	有记录	记录比例(%)
动作动词	次数	1495	1096	73.3
	个数	355	283	79.7

表 2 　　　　　　　　动作动词记录方式的统计

记录方式	记录总数	借音	合体会意	形声	指事	独体会意
记录数量	1096	720	181	46	77	72
比例(%)		65.7	16.5	4.2	7.0	6.7

表 1 显示:动作动词的记录次数比已达到 73.3%,略低于名的记录水平。与名词相比较,动词相对抽象,文字记录有一定的难度。在文字形成的

早期，动词的记录往往要通过多个字符的组合，或者一个字符的各种变形来进行表达，这势必增加其书写难度。因此，在原始文献中，动词的文字记录一般能省则省。可以看到，《崇搬图》中动作动词的记录次数已达到相当高的水平。不仅记录次数高，动作动词的记录数量也很高。《崇搬图》中出现的355个动词，有283个有过记录，占总数的79.7%。表1中的统计说明，《崇搬图》中动作动词的记录已相当成熟，这也从一个侧面说明此时的东巴文已相当成熟。

表2显示：动作动词的记录方式以借音为主。与表意方式相比，借音方式更适合动作动词的记录。其一，借音所用的文字一般字形简单，便于书写。其二，动作动词内涵较为复杂，用表意方式往往捉襟见肘。一般来说，在原始文字早期，动作动词往往采用图画的表达方式，小部分使用类似于文字的会意方式。但随着借音方式的出现，图画方式甚至会意方式开始被这种表达方式所替代，最终成为动作动词记录方式的主体。因此，大量的借音方式在动作动词记录中的使用是一种文字成熟的体现。值得注意的是，动作动词的形声记录已经初现端倪。

当然，除了借音的方式，《崇搬图》中动作动词的记录方式仍存在一些诸如合体会意、指事和独体会意等表意的方式，这说明该文献中动作动词的记录尚存原始文字的特质。

2. 无文字记录的原因

《崇搬图》中，动作动词有399次未得到文字记录，其原因主要有以下几点：

（1）原始的图画方式

所谓原始的图画方式，即采用临时式的、类似图画的形式会意相关的意义，该图画形式中的要素与上下文密切相关，整个形式不可重复使用，尚未符号化为独立文字。

例如动词"dzi³¹"（住），《字谱》作"ʌ"，从人居室，为会意字。但在具体文献中，该词往往采用原始的图画方式，如下图中的记录。

该节（15页57节）部分解读如下：

字形：∩　ᴖᴖ　♨　　　　♣　　　♨　ΛΛΛ　▯

标音：dʑi³³ kæ³³ sɿ³³　nɯ³³ ndʑv³¹，sɿ³³　　tɕy³¹le³³　mi⁵⁵do³³……

字译：屋　前智者　来　住　智者　向　又　询问

意译：屋前有智者居住，就向智者询问……

动词"ndʑv³¹"（住）通过"∩"和"♨"来会意，但这并不是一个成熟的会意字。在这里，"∩"和"♨"分别用来记录名词"dʑi³³"（屋）和"sɿ³³"（智者），并非专用于记录动词"ndʑv³¹"（住）。另外，"♨"有具体所指——"智者"，而非一个类化字符。可见，"∩"和"♨"的组合是临时性的，与前后语境密切相关，为图画表达。

原始的图画方式可以是多个字符要素的组合，也可以是一个字符要素的生动展现。虽然只有一个字符，在具体文献中却往往记录多个词语，表达多个意义。如右下图中"dzi³¹"（飞）的记录。

该节（105页507节）解读如下：

字形：♨　　　ᴖᴖ　▯▯　𝄆

标音：ko³³ dzi³¹ gə³¹ bɯ³³ næ³¹。

字译：鹤　飞　上　去　该

意译：白鹤向上飞去。

动词"dzi³¹"（飞）通过"ko³³"（鹤）张开翅膀来会意。从文字与词的对应关系来看，该形体并非动词"dzi³¹"（飞）的专用文字，而只是"ko³³"

（鹤）一词的专用字，其原因有二：① "🐚" 一形首先记录的是语言中的名词 "ko³³"（鹤）；② "🐚" 是具体的，不可重复记录各种情形下的 "dʑi³¹"（飞）。《字谱》："🕊, dʑi³¹ 又 bi³¹。飞也，从鸟展翅而飞。又读 dɑ³¹，翔也。又作🕊。"据《字谱》，其中所绘之鸟不是一种具体的鸟，而是鸟的通名。

我们认为，一个字形在使用中，除了记录字形义，还蕴含其他的意义，那么这个字形只是字形义的专用字，而非其他意义的专用字。

（2）半图画半文字式

所谓半图画半文字式，即表达中既有图画的形式，也有文字的成分。整个看去，既不是图画，又不是文字。例如动词 "dər³¹"（渡）的记录。

该节（583 节 115 页）解读如下：

字形：🐎 ♯ 🐏 🐚 🌊 🐚

标音：zuɑ³³ gu³¹ y³¹ nɯ³³ dər³¹ bə³¹ tsʅ⁵⁵。

字译：马　后　羊　来　渡　去　说

意译：马的后面绵羊想渡河。

动词 "dər³"（渡）由 "🌊"（水或河）和 "🐏" 来会意，但这并不是一个成熟的文字，而是介于图画和文字之间的一种表达方式。其原因在于 "🐏" 一形记录的是 "y³¹"（羊）一词，而非记录动词的字符，或者说专用字符。另外，"🐏" 与 "🌊" 没有形成固定的搭配，是临时性的。右图（115 页 584 节）中的 "dər³"（渡）画的则是 "🐂"（牦牛）和 "🌊"（水或河）。当然，我们也应该看到，"🌊" 一形在这里并没有记录 "河"或 "水"一词，而是为动词 "dər³"（渡）设立的一个字符。可见，动词 "dər³"（渡）一词已出现了文字记录的萌芽。

在《崇搬图》中，这类记录方式一共使用了 30 次。

（3）附加文字要素的方式

所谓附加文字要素的方式，即在一个文字上附加一些文字要素以表达相关意义。与此同时，该文字仍同时记录原本所记录的词，出现一个形体表达多种意义的现象。附加文字要素的方式是原始文字常用的一种记录方式。例如《崇搬图》中 " $\wp^{55}$ "（说）一词的记录。

右图（63 页 244 节）部分解读如下：

字形： 形 $\stackrel{\textstyle \curlyvee}{77}$ $\smile$ $\smile$

标音：$t\,\eta o^{33}\,ze^{33}\,lw^{55}\,\gamma w^{33}\,le^{33}$ $\wp^{55}\,me^{33}$，$\eta y^{33}\,\eta i^{33}\,\eta y^{33}\,i\vartheta^{55}$ lu^{33}。

字译：崇忍利恩   又 说 道   我 需要我 给 来

意译：崇忍利恩又说道：我需要的快给我吧！

写经者通过在 " 形 " 一形的意符（人）所示的口部附加 " $\jmath$ " 来表达 " $\wp^{55}$ "（说）之义。在东巴文献中，" 形 " 是一个使用频率较高的文字，也是一个成熟的文字，这里记录名词 " $t\,\eta o^{33}\,ze^{33}\,lw^{55}\,\gamma w^{33}$ "（崇忍利恩）。" $\jmath$ " 可表示气流，也可以表示光线，是一个尚未定型的字符，并不是一个成熟的文字。也就是说，动词 " $\wp^{55}$ "（说）并未得到文字记录，类似的又有下面两节中 " $\wp^{55}$ "（说）的记录。

（左图节选自《崇搬图》116 页 589 节，右图节选自《崇搬图》50 页 175 节）

在《崇搬图》中，未被文字记录的 " $\wp^{55}$ "（说）共 33 例，其中有 23 例采用上述的记录方法，占总记录的 69.7%，占该词总量的 38.3%。可见，《崇搬图》中动词的文字记录仍残留着一些原始特质。

为全面地了解这种记录方式及其发展，下面补充列举《崇搬图》中动词

"ʂɤ⁵⁵"（说）一词的其他记录方式。

① 无任何文字记录

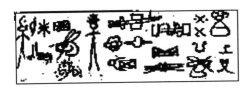

该节（159 节 46 页）部分解读如下：

字形：（符号图形）

标音：tshe⁵⁵xɯ³¹bə³³bə³¹mi⁵⁵　nɯ³³　le³³　ʂɤ⁵⁵me³³：le⁵⁵dʑæ³¹ŋy³³ə³³sɿ³³。

字译：衬红褒白命（人名）（助）又　说（助）獐雄　我　父亲

意译：衬红褒白命说道：我的父亲就像一只雄獐。

这里的"ʂɤ⁵⁵"（说）没有得到任何的记录。

② 成熟文字记录

《字谱》："（符号），ʂɤ⁵⁵又 kɯ³³tʂɿ³¹。言也，从人出言，有作（符号），从人言，上（ʂɤ⁵⁵，哥巴字）声。"可见，在东巴文献中，"ʂɤ⁵⁵"（说）一词已有对应的成熟文字。

下面是《崇搬图》中"ʂɤ⁵⁵"（说）一词的文字记录情况。

该节（37 页 119 节）标注部分解读如下：

字形：（符号图形）

标音：lɯ⁵⁵ɤɯ³³le³³ʂɤ⁵⁵me³³：nɯ³³be³¹sy³¹be³¹dɑ³¹ue³³tsɿ⁵⁵。

字译：利恩　就说道　你　叫什么叫惨了呢

意译：利恩就说："你叫什么呀！叫得这样悲惨。"

东巴文"（符号）"（利恩）的口部仍附着着"线"。不过，该字形下方已经出现哥巴文"上"，此记录动词"ʂɚ⁵⁵"（说），为借音记录。整体看来，记录动词"ʂɚ⁵⁵"（说）的过渡痕迹非常明显。右图中动词"ʂɚ⁵⁵"（说）的记录则没有了"线"，取而代之的是纯粹的借音方式。

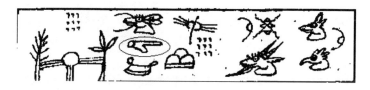

右上图（57 页 207 节）部分解读如下：

字形：　　　　　　　　上　　　　　　　　

标音：tshe⁵⁵xɯ³¹bə³³bə³¹le³³ ʂɚ⁵⁵me³³ : xu³¹kho³³dʑi³¹lo³¹n̩i³³xa⁵⁵……

字译：衬红褒白　　又　说　道　夜　半　水　里　鱼　拿

意译：衬红褒白又说：半夜到水里去抓鱼……

这里的动词"ʂɚ⁵⁵"（说）单独用"上"记录。在《崇搬图》中，动词"ʂɚ⁵⁵"（说）主要借用这一字形，偶尔也借用其他的东巴文，例如：借用"✑"（肉）。

该节（35 页 112 节）部分解读如下：

字形：

标音：……tse⁵⁵ka³³tse⁵⁵ma³¹khv³³khɯ⁵⁵ ʂɚ⁵⁵mə³³iə⁵⁵……

字译：　　火镰　火石　内　放　说　不　曾

意译：……并不说火镰火石放在囊里……

"ʂɚ⁵⁵"（说）借用了东巴文"✑"（本义为"肉"）。

又如借用"下"（高）。

该节（63 页 248 节）部分解读如下：

字形：

标音：tʂʅŋ³¹ze³³lɯ⁵⁵ɣɯ³³le³³ ʂe⁵⁵me³³：mɯ³³dɯ³¹kɯ³¹tshv³³tshv³³……

字译：崇忍利恩　　又　说　道　　天　大　星　闪　闪

意译：崇忍利恩说：上天广阔，星光灿烂……

这里的"ʂe⁵⁵"（说）借用东巴文"Ｆ"（本义为"高"）记录。

如借用数字"ııı"（三）。

该节（31页103节）部分解读如下：

字形：　　ʎ　　　ııı　　　ᘐ　　井

标音：……lɯ⁵⁵ɣɯ³³le³³ ʂe⁵⁵me³³：ə³³phv³³ə⁵⁵gu³¹da³¹……

字译：　　利恩　　又　说　道　　天神　被　患病吗

意译：……利恩说道：天神您得病了吗……

这里的"ʂe⁵⁵"（说）借用东巴文"ııı"记录。《字谱》："ııı，si³¹……"

《字谱》中所提到的"ʎ"一形在《崇搬图》中多次出现，但不记录动

词"ʂe⁵⁵"（说），而是记录语气词"ʂe⁵⁵"，例如下图中ʎ的记录。

上图（118页604节）部分解读如下：

字形：……ƷƷƷ ⌃⌃⌃ ƻƻ ᯥ Ɣ Ɣ

标音：……ʐu³¹mɯ³³xɯ³¹nɯ³³kɯ⁵⁵ se³¹ se⁵⁵。

字译：　　夏天　　雨　来　淋（助）（助）

意译：……夏天雨来淋。

"se⁵⁵"（语气助词）用""记录，为借音记录。在《崇搬图》中，

""记录语气助词共 5 次，体现出该字字形结构的成熟性和使用的广泛性。

以下为动词"ŋo⁵⁵"（说）的记录统计。

表 1　　　　　　　　　　　记录次数统计

调查词	总数	无记录	有记录	记录比例(%)
"ŋo⁵⁵"（说）	60	33	27	45

表 2　　　　　　　　　　成熟文字的记录统计

"ŋo⁵⁵"（说）记录方式	假借	⊥	⟷	Ⴥ	ııı
		24	1	1	1

表 3　　　　　　　　　　无文字记录的统计

"ŋo⁵⁵"记录方式	无文字记录	33	无任何方式	10	所占比例(%)	30.3
			附加式	23	所占比例(%)	69.7

动词"ŋo⁵⁵"（说）的各种记录方式展现出动词从原始记录方式向成熟文字记录方式转变的发展轨迹。

③ 前后文省略

前后文省略，即一个词在一段中重复出现，通常不会被文字全部记录，或忽略其中的一个或几个。忽略后面的，称之为承后省；忽略前面的，则称之为承前省。

该节（22 页 78 节）解读如下：

字形：

标音：tv⁵⁵ndʐy³¹bu³¹mə³³ndʐy³¹mə³³ŋɿ³¹，tv⁵⁵dʐy³¹bu³¹dʐy³¹næ³¹。

字译：拄 有 值班 不 有 不 得 拄 有 值班 有 该

意译：有拄着的，不得不有值班者轮流当值，现代有拄着的，该有轮流值班的了。

动词"tv⁵⁵"（拄）出现两次，前一个得到文字记录，后一个则没有，显然是承前省。下图中动词"bu³¹"（值班）的记录则为承后省。

该节（22 页 79 节）部分解读如下：

字形：

标音：ə³³y³¹mi³³y³¹ bu³¹，mi³³y³¹la³³mbɑ³¹ bu³¹……

字译：阿鱼米鱼 值班 米鱼老爸 值班

意译：阿鱼米鱼来值班，米鱼老爸来值班……

动词"bu³¹"（值班）共出现两次，后一个用东巴文" "记录，前一个省略。" "，本义为"猪"，这里借音记录"bu³¹"（值班）一词。

④ 共用

共用是一种特殊的记录省略，其特殊体现在共用字的书写行款上，如下图中动词"iə⁵⁵"（给）的记录。

该节（66 页 272 节）部分解读如下：

字形：

标音：tʂʅ³¹me³³çi³³lər⁵⁵iə⁵⁵，khɯ³³dv³¹lər⁵⁵mə³³iə⁵⁵。

字译：谷种的 百 种 给　肯笃　种 不 给

意译：给了百样的谷种，但没有给"肯笃"的种子。

动词"iə⁵⁵"（给）共出现两次，只用一个东巴文"🌿"记录。"🌿"，本义为"烟"，此为借音。从图版可以看到，"🌿"处在两句（从上到下）的正下方，指示"🌿"记录两个句子中的"iə⁵⁵"（给）。

⑤ 书写者的忽略

该节部分解读如下：

字形：𑀕

标音：du³¹ə³³pv³³nɯ³³ʂə⁵⁵：mɯ⁵⁵ɡuɑ³¹kɯ³³æ³¹bv³¹……

字译：都欧普　就说 天 高 星 岩 下

意译：都欧普说道：天高星岩下……

这里的"ʂə⁵⁵"（说）没有得到任何的记录。另外，前后文中也未出现"ʂə⁵⁵"（说）一词。又如：

该节（36 页 117 节）部分解读如下：

字形：

标音：$tʂ^{33}nɑ^{31}ʂər^{33}ty^{55}ko^{55}$ ，$ze^{21}tshɿ^{55}ze^{31}nv^{33}xɯ^{33}mə^{33}do^{31}$……

字译：土　黑　七层里　何处毁灭何处埋　去　不　见

意译：在七层黑土之下，不知道毁灭在何处，不知道埋葬在何处去了……

动词"do^{31}"（见）没有被记录。《字谱》："$\overline{\mho\mho}$，do^{31}。见也，从目有所见……"在《崇搬图》中，"do^{31}"（见）共被记录 20 次，全部使用"$\overline{\mho\mho}$"这一字形。

动作动词未被记录，有客观原因，也有主观原因。东巴文的不成熟是动作动词未被记录的主要原因。不同名词的记录，动作动词涉及意义范畴较多，记录起来往往要使用较多的字符，采用更巧妙的构形手法。对于东巴文而言，确有难度。当然，书写者的有意省略或无意遗漏也导致了一些动作动词没有文字记录。

3. 记录方式举例及其分析

（1）合体会意

合体会意，就是通过两个或两个以上的字符共同表达一个不同于其中任何一个字符义的构形手法。这种表达不同于图画，已经能独立地记录语言中的词，同时构形中的各个字符不与其他词发生记录关系。初步统计，《崇搬图》中该手法共使用181次（具体统计看下文）。根据这一表现手法的成熟度，合体会意又可分为两类：成熟的合体会意和图画残存的合体会意。

① 成熟的合体会意

所谓成熟的合体会意，就是构形中的每个字符已经类化，没有其字形所代表的具体意义，与上下文没有直接的联系，同时整个形体已能在不同的行文中重复使用，其字形基本稳定。在《崇搬图》中，成熟的合体会意字有31个，占动词总量的8.73%，共使用125次。

《崇搬图》成熟合体会意字使用统计表

序号	词义	次数	读音	东巴文	序号	词义	次数	读音	东巴文
1	做	54	be^{33}		17	躲	1	næ^{33}	
2	顶	11	tv^{55}		18	倒	1	biə^{31}	
3	挤	7	tʂha^{31}		19	解	1	phər^{31}	
4	击打	6	ty^{33}		20	灸	1	uo^{55}	
5	带	5	pu^{55}		21	磨	1	sɿ^{33}	
6	撒	5	pv^{55}		22	拿	1	pu^{55}	
7	孵	4	bv^{31}		23	烹、煮	1	tɕiə^{55}	
8	吐	4	py^{55}		24	赛	1	lu^{31}	
9	迁	3	mbər^{33}		25	杀	1	sy^{55}	
10	吵闹	2	ɕo^{55}		26	拴	1	Phæ^{33}	
11	射	2	kæ^{31}		27	逃	1	phu^{31}	
12	绝断	2	buɯ^{31}		28	吸	1	thɯ^{33}	
13	煮	2	tɯ^{31}		29	疹生	1	phi^{33} thv^{33}	
14	揭开	1	Phæ^{55}		30	织	1	da^{31}	
15	赶逐	1	dy^{55}		31	漏出	1	i^{33}	
16	缝补	1	tʂhu^{31}						

由上表可知，成熟合体会意使用最多的是"　"（做），共54次。

《字谱》："　，be^{33}。做也，从人锄地，又作　，省人。"以下是经典文献《崇搬图》中的使用：

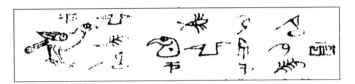

该节（24 页 83 节）部分解读如下：

字形： 𖼒 𖽺 𖽻 ... 𖾫 𖾬 𖾭 𖾮

标音：tsi⁵⁵li³³phər³¹sʅ³³thv³³， tsi⁵⁵li³³phər³¹pɯ³³be³³bə³¹tsʅ⁵⁵， tsi⁵⁵li³³phər³¹。

字译：鹳鸽 白 先 出 鹳鸽 白 来历做 要 着 鹳鸽 白

字形： 𖽼 𖽽 𖽾 𖽿 𖾀 𖾁 𖾂 𖾃 𖾄

标音：mə³³kv⁵⁵， tv³³tshi³³dɯ³³mæ³¹na³¹， phər³¹pɯ³³phər³¹lɯ³³be³³mə³³lo³¹。

字译：不 会 羽条 一 点 黑 白 来历 白 谱气做 不 能

意译：首先出现白色的鹳鸽，白色鹳鸽想要创造白色的来历，但鹳鸽不能尽白，它有一根黑色的羽条，所以不能成为白色的谱气来历。

该节中，"be³³"（做）共出现两处，都是"𖾃"形。显然，该段大意与锄头、地没有关系，因此，这里的"𖾄""𖾅"是符号化了的字符，两者共同会意"做"。

使用少的只有 1 次，例如《崇搬图》中"næ³³"（躲）的记录（见右图）。

该节（83 页 360 节）解读如下：

字形： 𖾆 𖾇 𖾈 𖾉 𖾊 𖾋 𖾌 𖾍 𖾎

标音：khɯ³³ŋi³³mɯ³³kuə³¹i³³， khu³³tho³¹næ³³i³³le³³kho³³mi³³。

字译：肯尼猛国 是 门 后 躲 着 又 打听

意译：肯尼猛国（天狗使者）就躲着大门背后来打听。

动词"næ³³"（躲）用东巴文"𖾏"记录。"𖾏"，由人和一条曲线构成，是一个符号化的文字。

② 图画残存的合体会意

图画残存的合体会意，一种能独立记录语言单位的文字，其构形中的字符不记录其他语言单位，不会出现一形记录多个词语的现象。不过，这类构形尚不成熟，因为构成此类文字的字符形体及其整字结构仍受语境的影响。具体表现在两个方面：字符的具体性和图画式的合文。在《崇搬图》中，图画残存的合体会意字共有 23 个，用于记录动作动词共 55 次。

《崇搬图》图画残存的合体会意字使用统计

序号	词义	次数	读音	举例	序号	词义	次数	读音	举例
1	迁	16	mbər^{33}		12	撞	1	ty^{33}	
2	烧	6	ndʑi^{55}		13	戴	1	thæ^{33}	
3	带	4	Pu^{55}		14	放牧	1	lv^{55}	
4	射	3	kæ^{31}		15	结	1	æ^{31}	
5	吃	2	dzi^{33}		16	砍伐	1	tshər^{55}	
6	削	2	tshe^{55}		17	播种	1	Phv^{55}	
7	下凡	2	za^{31}		18	住	1	ndzv^{31}	
8	拴	2	Phæ^{33}		19	围猎	1	tɕy^{33}	
9	走	2	ndʑi^{33}		20	置	1	nər^{55}	
10	揭开	2	phæ^{55}		21	煮	1	tɕiə^{55}	
11	晒	2	dʑər^{55}		22	耙地	1	kə^{55}	

由表可知，《崇搬图》中，"bər^{33}"（迁）的使用次数最多。《字谱》："趱，bər^{33}。迁徙也，从男女二人相随而下。"

该节（77 页 333 节）部分解读如下：

字形：

标音：dʐy³¹ nɑ⁵⁵ ʂər⁵⁵lo³³ kv³³ nɯ³³ mbər³³……

字译：居那世罗　　　　　顶　来　迁徙

意译：从居那世罗山顶迁下来……

这里的"mbər³³"（迁徙）用"𖿢"来记录。该字形由"𝑐""𝑐"和"丶"组成。"𝑐"名为"tsho³¹ dze³³ lɯ⁵⁵ ɣɯ³³"（崇忍利恩），是纳西族传说中的人类始祖，也是《崇搬图》中的主要人物。《字谱》："字从人，长嘴示象表 tsho³¹ 音，角示牛表 ɣɯ³³ 音。"𝑐"名为"tsh⁵⁵hɯ³¹ bu³³ bə³¹ mi⁵⁵"（衬红褒白命），是"崇忍利恩"之妻。"丶"则表迁徙路线。"𝑐""𝑐"是具体的人物，是本书中迁徙的人物，并未符号化。虽未符号化，但"𝑐""𝑐"并未记录其他的词，而只是作为记录"迁徙"一词的文字的一部分。因此，我们认为"𖿢"已经是一个独立的文字了。因为它的不成熟性，"迁徙"动作的发出者也往往随文而变，如下图中的"𖿢"只是出现"𖿢"（"tsho³¹ dze³³ lɯ⁵⁵ ɣɯ³³"，崇忍利恩）。

在《崇搬图》中，"bər³³"（迁）已存在成熟文字的记录，如上右图。

该节（84 页 367 节）部分解读如下：

字形：

标音：nɯ³¹ mbər³³ tʂ̩³³ tɕhy³³ tɕhy³³，　　no⁵⁵ khɯ³¹　thv³³ lɯ³³ se³¹。

字译：家畜 迁　这　种种　　　　畜神 跟前 到 来 了

意译：种种家畜迁徙到畜神的跟前了。

这里的"mbər³³"（迁）（按：《崇搬图》的标音与《字谱》有出入）用

"♨" 记录。"♨"《字谱》未收，该字形由 "足" 和 "路线" 组成，显然已符号化，是一个成熟文字。反观前文所提的 "♨"，其图画残留显而易见。

"mbər³³"（迁）随文而变的是动作的发出者，下例则是动作的受动者。

左上图（94 页 439 节）解读如下：

字形：

标音：çy³³ by³¹ tʂhv³³tʂhv³³ ndʑi⁵⁵。

字译：香 钙   丛丛   烧

意译：烧起丛丛的香钙。

动词 "ndʑi⁵⁵"（烧）用 "火" 记录。"火" 由 "钙" 和 "从"（火）组成。构形中的 "钙" 是随文而定的字符，很具体。

右上图（52 页 182 节）部分解读如下：

字形：

标音：ŋgv³³çi³¹thæ³³nɯ³³ gə³¹le³³tɕi³³，ŋgv³³tshər³¹ŋgv³³çi³¹ndʑi⁵⁵pu⁵⁵tshi³¹。

字译：九 森林 底   就 上 又 放   九 十 九 森林 烧 过 来

意译：（把明子）放在九片森林里，就把九十九片森林烧了。

动词 "ndʑi⁵⁵"（烧）用 "火" 记录。"火" 由 "木" 和 "火" 组成，这里烧的则是 "木"，同样很具体。

图画残存的另一个体现则是合文的存在。如：动词 "dʑi³³"（走）用 "♨" 记录。

该节（1页2节）解读如下：

字形： 〰 〠 　 〦 ∣ 　 〘 〙 〚 〛 ￨

标音：sər³³ dʑi³³ ndʑi³³ kv⁵⁵ ʐɿ³³ ，lv³³ ŋɡɯ³³ tɑ⁵⁵ kv⁵⁵ ʐɿ³³

字译：木 生 走 会 时 石 裂 说 会 时

意译：树木会走路的时代，石头裂开会说话的时代。

"〰"，从足从路线，会意，是一个较为抽象的文字。不过，在书写中，"〰"与"〠"合为一体，是为合文。之所以合写，在于"走"的动作发出者是"树"，图画表意残存显而易见。在该节中，"〚"（说）与"〙"（石）合写，同样是这种残存的体现。

（2）借音表达

在东巴文献中，动作动词的记录已大量使用借音的手法。

①《崇搬图》动作动词借音记录手法的使用统计

表1 　　　　　　　《崇搬图》动作动词借音记录手法的使用统计

词义	借用次数	词义	借用次数	词义	借用次数
结 lv⁵⁵	1	插	1	拴着	1
取 y³¹	1	层	1	占卜	1
垮	1	剥	1	住	1
开启	1	标	1	认	1
开花	1	崩	1	撒	1
开辟	1	办	1	融化	1
觉	1	迟	1	知	1
解	1	孵	1	治	1
猎着	1	领	1	绕	1
结伴	1	裹	1	杀害	1

续　表

词义	借用次数	词义	借用次数	词义	借用次数
临	1	掛	1	走 te³³	1
结	1	挂	1	坐	1
接近	1	工作	1	遇	1
交媾	1	哽咽	1	游	1
降着	1	耕	1	用	1
祭奠	1	打听	1	巩固	2
击打	1	盖	1	洗	2
击	1	等	1	合	2
结合	1	飞出	1	淋	2
捏	1	翻平	1	呼	2
晴	1	发烧	1	听着	2
呛	1	讹诈	1	波荡	2
齐下	1	堆	1	补	2
栖、住	1	断	1	穿	2
铺	1	订婚	1	搓搓	2
破裂	1	后	1	带领	2
劈	1	割	1	到 pa³³	2
连接	1	睡梦	1	赠	2
扭	1	舀	1	建	2
横流	1	伸	1	长	2
拿、获得	1	偷	1	修	2
拿	1	言语 ta⁵⁵mi³³	1	顶	2

续 表

词义	借用次数	词义	借用次数	词义	借用次数
抹	1	绣	1	震	2
瞄准	1	竖	1	沸腾	2
马骑	1	削	1	冲	2
流荡	1	相接	1	献	2
做工	1	拴	1	震吼	2
跑	1	射	1	吃	2
唱	1	掀开	1	学习	2
打算	1	摇	1	求婚	2
打	1	下凡	1	散	2
搭	1	闻	1	离开	2
搓	1	驮	1	离别	2
传	1	拖	1	披	2
触	1	涂	1	陪	2
出（规范）	1	宿	1	生存	2
化	1	取出	1	死	2
唱歌	1	剔剔	1	咀	2
点燃	1	贪污	1	敬	2
掺杂	1	逃脱	1	撵	2
侵犯	2	安	6	算	6
祀	2	接	6	助	3
结婚	2	祭天	6	评	3
燃	2	杀	6	开口	3

续　表

词义	借用次数	词义	借用次数	词义	借用次数
逃	2	毁灭	7	洒	3
觅	2	守护	7	甩	3
磨	2	值班	7	猎取	3
牧	2	辟	9	念	4
叫	2	成	9	迁	4
扔	2	行走	9	埋葬	4
踏	2	化育	10	变 piə^{55}	4
降	2	找	11	安置	4
结仇	2	住持	12	病	4
交给	2	得	13	跌	4
烧	3	变 kɯ^{55}	14	规范	4
试	3	嫁	14	询问	4
商讨	3	配	15	渡	4
落	3	放置	19	缩	4
放脱	3	生	23	相遇	4
放牧	3	送	27	修建	5
测	3	说	27	喂	5
剪	3	给	45	放	5
捡	3	到 thv^{33}	47	吼	5
做	3	到 tɑ^{55}	4	商量	5
取（名）	3			杜绝	6

初步统计，《崇搬图》中共有 223 个动作动词使用了借音的表达手法，其中"thv³³"（到）的使用次数最多，为 47 次。下面以"thv³³"（到）为例谈谈动作动词的借音表达。

② 借音表达的举例及分析

《崇搬图》中的"thv³³"（到）采用借音表达 47 次，分别借用东巴文"ㄥㄈ"（桶）和"◠"（奶渣），其中"ㄥㄈ"46 次，"◠"1 次。

借用"ㄥㄈ"。《字谱》："ㄥㄈ，thv³¹。桶也，附耳。又作 ♨，有提梁。"如右下图。该节（117 页 598 节）部分解读如下：

字形： ⵑ   Ⅲ̂   ⫴   ⵑ   ▦   ⟘   ⟓

标音： sər³³ dzv³¹ gv³³ khu³³ o³¹ lɯ⁵⁵ thv³³ 。

字译： 桑阻古孔俄   已   到

意译： 到了"桑阻古孔俄"这个地方……

借用"◠"。《字谱》："◠，thv³¹。奶渣也，象其团。"如右下图。

该节（71 页 301 节）部分解读如下：

字形： ⼸   ∼   ⟙   ⦣   ◠   ◯   ▣

标音： lɯ³³ khɯ³³ phər³¹ nɯ³³ dzi³³ thv³³ sʅ³³ ……

字译： 里肯盘尼精   到   了

意译： 到了"里肯盘尼精"这个地方……

这里的"thv³³"（到）借用了东巴文"◠"。

③ 借字的随意性

动作动词记录所用的借字尚不稳定，有一定的随意性，上文所举动词"thv³³"（到）一词的记录就是一例证。又如下图中"be³³"（做）的记录。

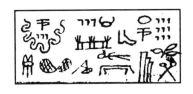

该节（7 页 26 节）部分解读如下：

字形：

标音：……ʐə³¹ xər³¹ sv³³ kho³³ ndzər⁵⁵ le³³ i⁵⁵ khɯ³¹ be³³……

字译：　　草　绿　三　丛　拔　来　巢窝　做

意译：……拔来三丛绿草来做巢窝……

这里的"be³³"（做）借用东巴文"Ｕ"记录。《字谱》："Ｕ bə³³。足底也。又作Ｕ，象脚底有物……"下图则借用"雪"记录。

该节（108 页 528 节）解读如下：

字形：

标音：ə³³ ŋi³³ la³³ ʂər⁵⁵ ŋi³³，sv³³ bv³¹ ə³³ pv³³ nɯ³³，pe³¹ be³³ ə³³ dʐv³³ nɯ³³。

字译：昨天　也　前天　　前辈　祖父　　的　　麻　做　祖母　　的

意译：（想起）昨天和前天的前辈祖父们和织麻布的祖母们。（按：该节中的"祖母"标音字译与《字谱》有所出入，为研究需要，这里采纳《崇搬图》的观点）

这里的动词"be³³"（做）借用了东巴文"雪"（雪）。《字谱》："雪，be³³。雪也，像雪花飞。亦作雪。""be³³"（做）又可借用东巴文"穿"记录，如下图。

该节（59 页 214 节）解读如下：

字形：

标音：ŋy³³ be³³ ŋy³³ ʐv⁵⁵ ʐv⁵⁵，tʂhi³³ be³³　tʂʅ³³ ʐv⁵⁵ nɯ³¹

字译：我　做　我　满意　　这样　做　这样　满意　是

意译：我做的事我很满意，这么做这么满意呀！

这里的"be^{33}"（做）用东巴文"𣲗"记录。

借字的随意性是文字不成熟的表现，这也给东巴文献阅读带来困难。

（3）独体会意

独体会意，即构形像中只有一个字符，其所表达的意义并不等同于该字符义（即形体所象之物），这等同于裘锡圭先生在《文字学概要》中所提到的"象物式的象事字"。在东巴文献中，独体会意字有一定的数量，有些较为成熟，有些仍残留着原始图画的痕迹。

①《崇搬图》独体会意字的使用相关统计

词义	读音	东巴文字形	使用次数	词义	读音	东巴文字形	使用次数
住	ndʐv^{31}	（字形）	11	颤动	ŋy^{55}	（字形）	3
祭	py^{31}	（字形）	9	耕田	khu^{33}	（字形）	2
开	khu^{33}	（字形）	7	起	tɯ^{33}	（字形）	2
飞	ndzi^{31}	（字形）	5	摇动	li^{55}	（字形）	2
死	ş^{33}	（字形）	5	立	çy^{55}	（字形）	2
结	tər^{55}	（字形）	4	看	ly^{55}	（字形）	1
量	lər^{55}	（字形）	3	踢	tshv^{33}	（字形）	1
跳	tsho^{33}	（字形）	3	折断	tçiər^{33}	（字形）	1
绕	xɯ^{55}	（字形）	3				

初步统计，在《崇搬图》中，独体会意字共使用64次，涉及17个词。

② 独体会意的举例及分析

独体会意的两种方式：变形表达和转义表达。

A. 变形表达

所谓变形表达，就是改变字符形体来记录一个非字符义的词，这种改变有倾倒、扭曲等。

东巴文"人"写作"夨"。通过改变"夨"的形体，可以表达各种不同的意义，记录不同的词语，如右图中"tsho³³"（跳）的记录。

该节（6 页 23 节）解读如下：

字形：🦇 🧍 ♐ 🎋 夨 🏛 夨 ♐ 🎋

标音：ndʑi³¹ kv⁵⁵ ndʑi³¹ mə³³ ȵi³¹，tsho³³ kv⁵⁵ tsho³³ mə³³ ȵi³¹。

字译：飞　会　飞　不　得　　跳　会　跳　不　得

意译：虽能飞，但不宜飞；虽能跳，但不宜跳。

动词"tsho³³"（跳）用"夨"记录。"夨"一形由"夨"曲折下肢而成。又如右图中"tɯ³³"（起）的记录。

该节（29 页 97 节）部分解读如下：

字形：🪵　🌾　　　　夨

标音：gə³³ gə³³ sər³³ kv³³ na³³ tɯ³³ me³³……

字译：上面　树　尖　黑　起　的

意译：树尖如黑气飘起来……

这里的动词"tɯ³³"（起）用"夨"记录，为"夨"（人）的变形。又如右下图"çy⁵⁵"（立）的记录。

该节（130 页 695 节）解读如下：

字形：🐘　🏛　👥　🧍　🪵　　　🔨

标音：tʂho³¹　dzi³³　dy³¹　kv³³ çy⁵⁵ gə³³ dɯ³³ uə³³ dʑə³¹。

字译：大象　　　地　　上立的　一　村　有

意译：还有大象立在田头的一个村庄。

这里的动词"çy⁵⁵"（立）用"𝍠"记录，为"𝍠"的变形。

通过"𝍠"（人）的变形表达不同的意义是文字早期常用的手段。这种表达方式形象、具体，可以弥补文字不足的缺陷，但容易导致记录语言单位上的混乱。

B. 转义表达

所谓转义表达，即字符形体不发生变化，直接记录一个非字符义的词。

如右图中动词"khu³³"（开）一词的记录。

该节（10页42节）部分解读如下：

字形：

标音：la³¹ mi⁵⁵ ʂur³³ me³³ xe³¹，dy³¹ khu³³ miə³³ gɯ³¹ le³³ be³³ t ʂər³¹······

字译：劳命　七　姐妹　地　开　技师　　又　做　着

意译：请来劳命七姐妹做开辟大地的技师······

动词"khu³³"（开）用东巴文"口"记录。"口"本义为"门"，《字谱》音为"khu³³"。《字谱》又有"户，phu³³。开也，从门推之。又作户。又作户𝍠，从人开门。"与《崇搬图》中动词"开"的注音不同。笔者认为《崇搬图》中的读音有误，当为"phu³³"。也就是说，"口"记录了两个读音不同的词，为转义记录。又如，在文献中，"𝍠"（法轮）常转义记录"摇动"一词（如左上图16页59节）；"▰▰▰▰"（"lər⁵⁵ ndy³¹"，量杆）转义记录动词"lər⁵⁵"（测量）一词（右图74页318节）。

在东巴文献中，一个字的字形义与它的转义往往存在这样的关系：器具与器具相关的动作。

③ 成熟独体会意字和含图画性质的独体会意字

根据独体会意字发展程度，可以分为成熟独体会意字和含图画性质的独体会意字。在《崇搬图》中，成熟独体会意字记录动作动词 55 次，涉及 14 词；含图画性质的独体会意字记录动作动词 10 次，涉及 4 个词。

A. 成熟的独体会意字

所谓成熟，是指文字能在不同的语言环境下使用而形体不发生变化，在文献中得到广泛的使用，已成为约定俗成的字符。

前文所提文例"大象地上立的一村有"一句中动词"çy^{55}"（立）没有用站立的大象来会意，而是用东巴文"𡗜"记录。"𡗜"像人站立，已广泛使用于各类事物的站立，显然摆脱了随文而变的特点，已是一个符号化了的文字。又如动词"tər^{55}"（结）的记录。

左图（78 页 334 节）部分解读如下：

字形：

标音：t ʂhu^{31} na^{55} tho^{33} lo^{33} xo^{55} miə^{31} tər^{55}……

字译：宝石黑　斗笠　带　眼　结

意译：将黑玉做的斗笠的带眼打结……

右图（45 页 153 节）部分解读如下：

字形：

标音：tɕhy^{31} nɯ^{33} ȵi^{33}　ko^{33} pv^{55}，ȵi^{33}　ne^{31} tɕhy^{31} nɯ^{55} dɯ^{33} tər^{55} be^{33}。

字译：乐从 的　需要　相遇　需要与乐从　就　一双结 做

意译：乐从者幸遇需要者，需要者与乐从者结为一家。

以上两段中有动词"tər⁵⁵"（结）。从文义来看，前者所指较为具体，后者较为抽象。尽管所指不同，但是两者同样使用"ℓ"一形。可见，动词"tər⁵⁵"（结）的记录已不随文而变，"ℓ"成为其固定的记录文字。从字符形态上看，已符号化了。

B. 含图画性质的独体会意

该节（6页22节）部分解读如下：

字形：卐丫卐◎　　䖝　『　🐦　⌒　Ʒ　𝄞

标音：ɤɯ³³y³¹ɤɯ³³ma³¹thɯ³³，ȵua³¹ndʑi³¹ mɯ³³ mə³³ thv³³……

字译：恩余恩麻　　他　　高　飞　天　不　开

意译："恩余恩麻"这种神鸟，它飞得高但不能开天……

动词"ndʑi³¹"（飞）用"🐦"记录。在该节中，这一字形只记录了动词"ndʑi³¹"（飞），并未记录其他的词语，已是一个独立记录语言单位的文字。不过，从形体上，"🐦"并不是一般的鸟，而是一种特定的神鸟——"恩余恩麻"。可见，"🐦"一形与前后文意密切相关，仍残存着原始文字的特性。又如下图中动词"ndʑv³¹"（住）的记录。

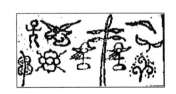

左图（39页125节）解读如下：

字形：🐦　Ʒ　🐦　　　𝍸　🦅　　　🦋

标音：dʑi³³mə³³ndʑv³¹me³³dy³¹，mbər³³lər⁵⁵la³¹　so⁵⁵so³³……

字译：人　不　住　的　地方　苍蝇　　手　搓搓

意译：没有人住的地方，苍蝇闲着搓搓手……

动词 "ndʑv³¹"（住）用东巴文 "𖼐" 记录，为成熟文字；右图中动词 "ndʑv³¹"（住）的记录则不同。

该节（90 页 411 节）部分解读如下：

字形：𖼐　𖼐　　　𖼐　𖼐　　𖼐　𖼐　　　𖼐　𖼐　𖼐　𖼐

标音：ŋ̩y³³ nɯ³³ ŋ̩y³³ o³¹ ne³¹ le³³ dʑv³¹ , ndʑər³¹ khɯ³³ ndʑv³¹ i³³ tshe⁵⁵ ŋ̩ə³¹ gv³³。

字译：自己　福　自己　禄　着　又　住　　树　　下　　住　是　叶　一样

意译：福禄永驻，他们住在大树下，如树叶一样繁荣。

动词 "ndʑv³¹"（住）用东巴文 "𖼐" 记录。与 "𖼐" 比较，"𖼐" 所绘的人是具体的——"藏人" 形象，这里所谈的正是藏人，可见该形体的构形受前后文意影响。"𖼐" 则不同，所绘之人是人的一般形象，没有具体所指，该形体已广泛地使用在东巴文献中，是一个符号化了的文字。

可见，"𖼐" 一形仍残留着浓郁的图画色彩。

（4）指事

指事，即使用抽象的符号，或在一个字符上附加一些抽象化了的线条、点等要素来表达一定的意义。

《崇搬图》中，共有 12 个动作动词采用这种记录方式，共使用 53 次。

① 《崇搬图》中，动作动词所用指事字的相关统计

词义	读音	字形	使用次数	语义范畴
见	[do³¹]	𖼐	20	视觉
看	[ly³¹]	𖼐	9	视觉
吼	[mbɑ³¹]	𖼐	4	言语

词义	读音	字形	使用次数	语义范畴
喊	[lər³¹]		4	言语
分明	[du³³]		4	思维
吠	[lv³¹]		4	言语
照	[bu³³]		2	光
歇（宿）	[xɑ⁵⁵]		2	气息
听	[mi³¹]		1	听觉
晴	[thv³³]		1	光
念经	[py³¹]		1	言语
开启	[pu³³]		1	趋向

上表显示：这些指事字主要记录与言语、视听和光电等相关的动作动词。根据其成熟的程度，可以分为两类：成熟指事字和图画残存的指事字。

② 成熟指事字

《崇搬图》中，有 8 个词使用了成熟指事字，共使用 38 次，如下表：

词义	读音	东巴文代表字形	使用次数
见	[do³¹]		20
看	[ly³¹]		9
照	[bu³³]		2
歇（宿）	[bu³³]		2
喊	[lər³¹]		2

续　表

词义	读音	东巴文代表字形	使用次数
听	[mi^{31}]	ᨠ	1
晴	[thv^{33}]	ᨘ	1
开启	[pu^{33}]	ᨯ	1

成熟指事字具有较为稳定的形体，能独立记录语言中的词语。如右图
"do^{31}"（见）的记录。

该节（44 页 149 节）部分解读如下：

字形：　　ᨠ　　ᨙ　ᨙ　　ᨘ

标音：t ʂɹɑ^{31} nɯ^{33} zv^{31} t ʂɻ^{33} do^{31} lɯ^{33} nɯ^{33} sy^{55}……

字译：男儿 把 仇人 所 见 弓 来 杀

意译：男儿用弓箭把所见到的仇人杀死……

动词"do^{31}"（见）用东巴文"ᨙ"记录。《字谱》："ᨙ，do^{31}。见也，
从目有所见。又作ᨙ，从人……"在《崇搬图》中，这一字形记录动词
"do^{31}"（见）共 20 次，已成为记录该词的专用字，而且形体相当稳定，是成
熟的指事字。

③ 图画残存的指事字

图画残存的指事字虽可独立记录语言中的词语，但形体尚不稳定，往往
随文而变。在《崇搬图》中共发现 5 个词采用这种记录方式，共使用 15 次。
例如文献中"lər^{31}"（叫）的记录。《字谱》："ᨙ，lər^{31}。喊也，从人出喊声。
又作ᨙ，从人省，口出喊声，又作ᨙ。"在
《崇搬图》中，记录该词的字形并不稳定，如
右图。

该节（4页13节）部分解读如下：

字形：

标音：thɯ³³ nɯ³³ pɯ³³ pa³³ be³³，lər³¹ kv⁵⁵ kho³³ ɣɯ³³ sa⁵⁵ ɣɯ³³ thv³³。

字译：它　由　　化育　做　鸣叫会　声　好　气　好　出

意译：有（白天）化育，出现会鸣叫的好声好气。

这里的"lər³¹"（鸣叫）用东巴文"👤"记录。与《字谱》中的字相比，显然要具体。又如下文中的"lər³¹"（鸣叫）。

该节（5页17节）部分解读如下：

字形：

标音：thɯ³³ nɯ³³ pɯ³³ pa³³ be³³，lər³¹ kv⁵⁵ kho³³ ndʐa³³ sa⁵⁵ ndʐa³³ the³¹ nɯ³³ thv³³……

字译：它　由　　化育　做　鸣叫　会　声　坏　气　坏　此　由　出

意译：有（黑光）化育，出现会鸣叫的坏声坏气的东西……

这里的"lər³¹"（鸣叫）使用了东巴文"👤"，这里的"人物"不是一般的"👤"（人），而是"👤"（鬼）。同时"喊叫"，发出声音的"人物"随上下文义发生变化，这正是文字原始性的体现。

④ 图画残存的指事字向成熟指事字的转变

在《崇搬图》中，记录动作动词的这两类指事字表现出明显的转化痕迹。如动词"du³³mby³³"（分明）。

左图（66 页 273 节）部分解读如下：

字形：　　　　🜚　　　　　　　　　　　　

标音：t ʂua³¹ ɣɯ³³ tsho³¹ mbər³³ khɯ³³ mə³³ sv³³ ，bər³³ pv⁵⁵ mə³³ du³³ mby³³……

字译：男儿　好　迁移　　　犬　　没　带　宾客　不　分清

意译：男儿从天国下凡时，没有带着看家狗，宾客分不清楚了……

动作动词"du³³mby³³"用"　"和"　"及之间的"　"会意。在这里，"　"和"　"并不是构字部件，而是一个独立的文字。可见，这里采用原始图画式的记录方式。右图则不同，该节（66 页 274 节）解读如下：

字形：　　　　　　　　　　　　　　　　

标音：mbɯ³¹ ɣɯ³³ tsho³¹ za³¹ æ³¹ mə³³ pu⁵⁵ ，n̠i³³ xɑ⁵⁵ mə³³ du³³ mby³³……

字译：女　　好　迁徙　鸡　不　带　昼夜　不　分明

意译：女的从天国下凡来，没有带上鸡，于是昼夜不分明了……

该节中的动作动词"du³³mby³³"（分明）采用了多重的记录手法。首先是在日月之间加"　"，以示分明，其表达手法与左图如出一辙，是较为原始的记录方式。其次是使用了东巴文"　"（分别）。"　"由"　"和两侧的小圆圈构成，是一个符号化的成熟指事字。原始的记录方式"　"与成熟的指事字"　"并存于同一语境，这生动地展现了指事字的产生过程。

（5）形声表达

① 《崇搬图》中的动作动词形声表达的相关统计

词义	读音	东巴字形	成熟程度	使用数量
藏,塞	[tsʅ⁵⁵]		成熟	2
开	[thv³³]		过渡	1
放置	[tɕi³³]		过渡	1

续　表

词义	读音	东巴字形	成熟程度	使用数量
赶	[xo³¹]		过渡	3
吼（响）	[z̧ər³¹]		成熟	3
	[z̧ər³¹]		过渡	1
祭天	[zv³³]		过渡	1
捡	[sv⁵⁵]		过渡	1
举行	[zɿ³³]		过渡	3
砍	[kho⁵⁵]		过渡	1
砍伐	[tshər⁵⁵]		成熟	3
裂	[ŋgɯ³³]		成熟	1
领	[sv³¹]		过渡	2
迁	[mbər³³]		过渡	2
取出	[thv⁵⁵]		过渡	1
洒	[xu⁵⁵]		过渡	1
商量	[ndzv³¹]		过渡	2
烧天香	[tʂhə⁵⁵pɑ³³be³³]		过渡	1
竖	[tsv³¹]		过渡	1
逃	[phu³¹]		过渡	1
偷	[khv³³]		过渡	2

续　表

词义	读音	东巴字形	成熟程度	使用数量
削	[tshe⁵⁵]		成熟	1
挟	[ʂər⁵⁵]		过渡	1
行走	[ndʑi³³]		成熟	1
	[ndʑi³³]		过渡	1
摇动	[li⁵⁵lo³³]		成熟	1
咬	[tʂɦɑ⁵⁵]		成熟	1
斩	[kho⁵⁵]		过渡	1
找	[ʂɯ³¹]		过渡	1
住	[ndzv³¹]		过渡	2

《崇搬图》中，形声表达并不多，只出现43例，共28个动作动词采用过这种记录方式。这些形声表达中有些已成熟，是真正意义上的形声字，有些则保留着原始意味，我们称之为过渡形声表达。

② 成熟的形声字

在《崇搬图》中，有8个词使用了成熟的形声字，分别是 ŋgɯ³³（裂）、li⁵⁵lo³³（摇动）、dʑi³³（行走）、tshe⁵⁵（削）、tshər⁵⁵（砍伐）、tʂɦɑ⁵⁵（咬）、zˌər³¹（响吼）、tsʅ⁵⁵（藏塞）。成熟形声字共使用13次。

左一（123 页 642 节）解读如下：

字形： [字形符号]

标音：tɕy^{31} nɯ^{33} z̧ər^{31} lɯ^{33} se^{31}。

字译：铃　就　响　来　了

意译：铃声响起来了。

这里的动词"z̧ər^{31}"（响）用东巴文"[符号]"记录。"[符号]"从[符号]，[]（柱）声。同时，该字形也在《崇搬图》中的 123 页 643 节（中图）、106 页 516 节（右图）等处出现，都用于记录"z̧ər^{31}"（响）一词。

③ 过渡形声表达

在《崇搬图》中，用于记录动词的过渡形声表达使用 33 次，共记录 24 个动词。如下图中"kho^{55}"（斩）的记录。

《崇搬图》33 页 109 节

《古事记》39 页 73 节

上图（《崇搬图》33 页 109 节）部分解读如下：

字形： [字形符号]

标音：······bər^{31} suɑ^{55} lɑ^{33} phər^{31} kho^{55}······

字译：　牦牛 公 手 白 斩

意译：······宰了一头白脚公牦牛······

这里的"kho^{55}"（斩）由"[符号]"（牦牛）和"[符号]"（刀）会意，

用""（角）注音，有形有声，是为形声表达。但受动者""（牦牛）是具体的，与文意直接相关。在《古事记》39 页 73 节中（该节与《崇搬图》33 页 109 节大意基本相同），动词"kho^{55}"（斩）的记录并未出现""（角）一形，为图画表意，相对原始。《古事记》与《崇搬图》记录动词"kho^{55}"（斩）的差异展现出东巴文的过渡性。

东巴文形声表达的过渡性主要表现在以下两个方面：意符的不确定性和音符的不稳定性。其选用具有一定的随意性。

A. 意符的不确定性

所谓意符的不确定性是指意符与上下文的关系密切，往往随文而变。

左图一（90 页 408 节）解读如下：

字形：

标音：ndzv^{31} bv^{31} kho^{33} ȿɹ^{55}xo^{31}, mbər^{31}me^{55} xe^{33}pa^{31}tɕi^{55}。

字译：犏牛雄　角　扭　赶　毛驴　　耳　宽　驮

意译：赶着卷角公犏牛，驮着宽耳毛驴。

动词"xo^{31}"（赶）用"　"记录。这一东巴文由"　"（犏牛）、"　"（执鞭的藏人）和"　"（肋骨）组成，"　"（犏牛）与"　"会意"赶"，"　"（肋骨）记音，为形声表达。但是，这并不是一个成熟的形声字，因为"　"（犏牛）与"　"都是具体的，是上下文中的内容，随文得形。另外，这一形体并未得到推广。

中图（63 页 249 节）解读如下：

字形：

标音：ɣɯ^{33}y^{33}　xo^{31}　pu^{55}lɯ^{33}mə^{33}tha^{55}。

字译：牛羊　　赶　　过 来 不 得

意译：（地上）的牛羊不能赶到（天上）去。

这里的"xo³¹"（赶）使用"🐂"（牛）、"🐏"（羊）、"👤"（"崇忍利恩"执鞭）和"🐖"（肋）几个东巴文进行记录。与左图一比较，动作的发出者和受动者都不相同，其原因在于具体语境的不同。又如右图一（94 页445 节），动作的发出者为"👤"，无具体所指，是一般人。

B. 音符的不稳定性

音符的不稳定性是指音符尚未约定俗成。

例如《崇搬图》中动词"ndʑv³¹ŋguə³³"（商量）的记录。

左图（51 页 177 节）部分解读如下：

字形：🀄　　　　　　🔥　　　🈸　🈶🐖　　🌟

标音：xu³¹i³³bɯ³³tʂua³¹le³³ndʑv³¹ŋguə³³, so³¹i³³　　mi³³lv³¹le³³phɯ³³dv³³。

字译：晚上 妻 夫 又 商量　　　早上　　夫妇 又 商讨

意译：晚上他们两口子又商量，早上也要讨论。

这里的动词"ndʑv³¹ŋguə³³"（商量）用"🔥"记录。"🔥"由"👤"（崇忍利恩，传说中的人类祖先）、"👤"（衬红褒白命，传说中的人类祖先）和"🪑"（坐，《字谱》音为 dʑi³¹）组成，前两个字符会意，后一个则记录音节"ndʑv³¹"。右图（60 页 225 节）中动词"ndʑv³¹ŋguə³³"（商量）的记录则不同。该节部分解读如下：

字形：🀄　　　　🔥

标音：xu³¹i³³bɯ³³tʂua³¹le³³ndʑv³¹ŋguə³³……

字译：晚上　妻　夫　又　商量

意译：晚上他们两口子又商量……

动词"ndʐv³¹ŋguə³³"（商量）记录所用意符与上一例相同，但音符不同，这里借用"𐓎"（围墙）记录音节"ndʐv³¹"。"𐓎"，《字谱》音为"dʑi³³"。

④ 小结

《崇搬图》中，动作动词较少使用形声表达；即使使用，也不够成熟（或者说真正意义上的形声字），大多是过渡性的。这些不成熟的形声表达亦图亦字，介于图画表意、形声表达和借音表达之间，这也给此类表达的文字定性带来较大的困难。

这类表达方式最终能否变为成熟的形声字，还不能下定论。比较文献中的相关记录，其中的一部分似乎正朝借音的方向发展，例如动词"phu³¹"（逃）的记录。

该节（48 页 163 节）截取部分（中图和右图）解读如下：

字形：🐟) ⌐ 🐟) ⌐ 人 🏠) ♥ ✕) 🦶

标音：dʑi³¹ mə³³ko⁵⁵me³³ ŋi³³ mə³³ phu³¹，tʂua³¹ mə³³ khə⁵⁵ me³³ u³¹ mə³³ phu³¹。

字译：水　不　涸　的　鱼　不　逃　　主人　不　苛刻　的　奴　不　　逃

意译：水不干涸，鱼儿就不逃跑，主人不苛刻，家奴就不逃跑。

两个动词"phu³¹"（逃）采用了不同的记录方式。前者直接借用了东巴文"🐚"，后者在会意的基础上附加东巴文"🐚"以注音。从文字发展规律来看，"🦶🐚"这一表达应当在"🐚"前。也就是说，加注了音符的图画式的会意文字可以直接向表音文字过渡，变成一个表音字。

4. 动作动词的记录特点

《崇搬图》中动作动词的记录方式较为丰富，也较为复杂。总的来看，主要有以下一些特点。

（1）原始与成熟并存

在各类词性的记录中，动作动词的记录最能体现东巴文的原始性。这类动词所表达的意义一般涉及多个事物，如受事、施事、涉事、方式和原因等。因此，用可视符号来表达动作动词时往往需要描绘多种相关事物，记录符号自然变得复杂。当一种可视符号系统尚不成熟，文字尚未完全符号化时，这种记录方式往往表现出强烈的图画性和原始性。可以说，动作动词的语义特点是其记录表现出原始性的内在原因。

《崇搬图》中有一定数量的动作动词没有被文字记录，并不是这些动词所表达的意义没有被记录，而是采用了类似图画的原始方式。同时，这种原始性也残留在指事字、形声字、合体会意字、独体会意字中。这些尚未成熟的文字在构形中表现出构字部件不稳定、组合不稳定等明显的特点，尤其是构字部件随文而变。

当然，《崇搬图》中部分动作动词已开始使用成熟的东巴文进行记录。比如动作动词"be^{33}"（做），采用了成熟的合体会意字 54 次，字形前后基本稳定。动作动词不仅使用成熟的合体会意字，而且使用成熟的指事字、成熟的独体会意字、成熟的形声字和较为稳定的借音字。这些成熟的东巴文已摆脱了受前后文意的影响，能独立、重复地在各种语境中使用。

《崇搬图》中，动作动词的记录呈现出鲜明的原始与成熟交错出现的特征。

（2）表达方式的随意性

就《崇搬图》中所有动作动词的记录来看，存在合体会意、独体会意、指事、借音和形声多种记录方式。就某一个词的记录而言，同样存在多种记录方式并存的现象，表现出明显的随意性。比如动词"mbər³³"（迁）的记录。

左图（73 页 311 节）部分解读如下：

字形：🏛 ◯ 🐾 ⛩ 🌿 🐍

标音：ʂər⁵⁵lo³³kv³³nɯ³³mbər³³，ʂər⁵⁵lo³³thɯ³³ŋə³¹thv³³，

字译：世罗　顶　来　迁　　世罗　腰　里　到

字形：⛩ 🌿 🐾 🐾 🏛 👣 🐍

标音：ʂər⁵⁵lo³³thɯ⁵⁵nɯ³³mbər³³，ʂər⁵⁵lo³³khɯ³³ŋə³¹thv³³。

字译：世罗　腰　来　迁　　世罗　脚　里　到

意译：由居那世罗神山山顶迁徙，来到居那世罗神山山腰，由山腰迁徙，来到山脚。

该段第一句中的"mbər³³"（迁）用"🐾🐮"记录。"🐾🐮"由"🐾"和"🐮"两部分组成，前者像两人从上而下行走，表意，后者本义为"牦牛"，《字谱》音"bər³¹"，与"mbər³³"（迁）音近，此表音。"🐾🐮"为形声表达。

该段第三句中的"mbər³³"（迁）用"🐮"记录，为借音表达。

右图（84 页 369 节）部分解读为：

字形：🐮 🐮 古 ⚬ 🌾 🐚 🐾 3

标音：dʑi³³mbər³³tʂʐ̩³³tɕhy³³tɕhy³³，xo³¹ khv³¹ thv³³lɯ³³se³¹。

字译：人　迁徙　这　种　种　和　神　跟前　到　来　了

意译：迁徙来的人种来到"和"神的跟前。

这里的"mbər³³"（迁）使用了东巴文"🐚"，从足从路，为成熟的会

意字。

综上，动词"mbər^{33}"（迁）在同一文献中使用三种不同的记录手法，动作动词记录的随意性可想而知。

③ 字形的不稳定性

《崇搬图》中，一词的表达方式前后虽然相同，但字形往往存在较大的差异。如动词"æ^{31}lo^{33}"（求婚）的文字记录。

该节（50 页 175 节）部分解读为：

字形：𤲟 　　　　　　　　　　　　𤲟𤲟 　　　𤲟 　　　𤲟

标音：dʐʅ^{33}la^{31}ə^{33}phv^{33}le^{33} ɕ^{55}me^{33} : æ^{31}lo^{33}æ^{31}tər^{55}nɯ^{33}mə^{33}ːiə^{55}。

字译：知劳欧普　　　又 说 道　　求婚 订婚 你 不 给

意译：知劳欧普说道：你要求完婚，但我不答应。

这里的动词"æ^{31}lo^{33}"（求婚）用东巴文"𤲟𤲟"记录。"𤲟𤲟"本义为"斗"，此借音记录"æ^{31}lo^{33}"（求婚）一词的第一个音节"æ^{31}"。

该节（32 页 104 节）部分解读为：

字形：　　　　　　𤲟 　　　　　　𤲟𤲟 　　　𤲟

标音：……lɯ^{55}ɯ^{33}ua^{55}be^{33}gu^{33} , æ^{31}lo^{33}tər^{55}mə^{33}dʑi^{33}……

字译：　　　利恩 五 兄弟　　求婚 结合 不 有

意译：……利恩五兄弟求偶没有结成伴侣……

这里的动词"æ^{31}lo^{33}"（求婚）用了东巴文"𤲟𤲟"。同样采用了借音的手法，但两者字形却并不完全相同。同是"斗"，前者是一般的人，后者则是具体的人——崇忍利恩。

《崇搬图》中动作动词的文字记录仍处于摇摆不定中，这正是东巴文由原始意音文字向成熟意音文字过渡的外在表现。

（二）心理动词的记录调查与分析

心理动词是描述心理活动的一类词，没有动作动词所具有的直观性，其文字记录有着自身的特点。在《崇搬图》中，心理动词出现的数量不多。

1. 《崇搬图》中心理动词的记录情况统计

心理动词	总数	有记录	无记录
次数	48	36	12
次数比例(%)		75	25
心理动词数	7	6	1
记录比例(%)		85.7	14.3

《崇搬图》中心理动词的记录方式统计

项目	总数	借音	指事
次数	36	25	11
所占比例(%)		69.4	30.6
词数	6	5	1
所占比例(%)		83.3	16.7

《崇搬图》中的心理动词不多，使用次数有限，记录方式较为单纯，不过记录比例却相当高。

2. 无记录的原因分析

《崇搬图》中，心理动词共有 12 次没有得到记录，其原因主要有以下几点：

（1）前后文省略

右图（44 页 144 节）部分解读为：

字形：

标音：……t ʂua^{33} ɤш^{33} ʂə^{55} mə^{33} sʅ^{33}，zo^{33} thш^{31} dʑy^{33} kv^{55} iə^{33}，

字译：　　男　好　话　不　懂　男 辛苦 有 可能 是

字形：

标音：bш^{31} ɤш^{33} ʂə^{55} mə^{33} sʅ^{33}，bш^{33} thш^{31} dʑy^{33} kv^{55}　iə^{33}。

字译：女　好　话　不　懂　　女 辛苦 有 可能　是

意译：做男儿的不懂好话，就会发生不幸的事；做女儿的不懂好话，就可能会发生女方不幸的事。

该段中有两个动词"sʅ^{33}"（懂），只用"✿"（本义为"羊毛"，此借音）记录前一个，后一个的记录当为承前文省。

（2）无对应的文字

右图（52 页 186 节）后半部分解读为：

字形：

标音：t ʂho^{31} ze^{33} lш^{55} ɤш^{33} le^{33} v^{31} me^{33} ŋy^{33} i^{33} dш^{33} lər^{55} pv^{55} lш^{55} ŋy^{33} mə^{33} tha^{55}！

字译：崇忍利恩　　又 想 道 我 是 一种 子撒 呢 我 不 能

意译：崇忍利恩想道：我还不能撒一种种子呀！

心理动词"v^{31}"（想）未被文字记录。《崇搬图》中，"v^{31}"（想）一词共出现 4 次，全部未被记录，当无对应的文字。

（3）错误

已整理出版的东巴文献中有一些错误。这些错误存在于原文、诵读和翻译之中。原文或诵读的错误都会导致文字与语言不对应，出现某些词没有对应文字的现象。如右图中心理动词的记录。

该节（61 页 233 节）部分解读为：

字形：

标音：ɑ³³by³¹æ³¹by³¹kv³³i³³duɯ³³tɕi³³nuɯ³¹，ə⁵⁵mu³³mə³³tɕi⁵⁵sv³³。

字译：鸭圈　鸡圈　头　上一放着　什么　没　在意

意译：将（虎乳）放在鸭圈和鸡圈的上面，（鸡鸭）没有在意。

"ə⁵⁵mu³³mə³³tɕi⁵⁵sv³³"与系列文字"🦅◇古"并不对应。"🦅◇古"的大意为"惊得那战栗"，意义刚好相反。前文提到，将狐狸奶放在鸡圈和鸭圈上，鸡鸭惊恐万分，这里放的是虎乳，应该是没有任何反应。由此推断，诵读正确，书写出现了问题。正因为书写的错误，导致了心理动词"tɕi⁵⁵sv³³"（在意）找不到文字记录。

该节（45 页 156 节）前半部分解读为：

字形：

标音：ȵi³³nuɯ³³tɕhy³¹nuɯ³³duɯ³³tər⁵⁵be³³，ȵi³³tər⁵⁵ɣuɯ³³me³³duɯ³³tho³¹be³³。

字译：需要就乐从就　一　家　做　两　家好的　一　家做

意译：需要者与乐从者皆为一家，两家好作一家了。

动词"tɕhy³"（乐从）没有得到记录，但图版中"🐄"却没有读出来。"🐄"本义为"犏牛"，在前后文中多次假借为"ndʑv³¹"（伴侣）。笔者认为，这里的"tɕhy³¹"是诵读者的误读。

（4）原始的附加记录方式

如下图中心理动词"ndzʑər³¹"（惊）的记录。

该节（76 页 328 节）部分解读为：

字形：

标音： mbæ³³ ndzʑər³¹ dy³¹ khɯ⁵⁵ xə³¹……

字译： 野鸭　惊　地　震　了

意译： 野鸭惊骇震撼了大地……

心理动词"ndzʑər³¹"（惊）通过在野鸭的形体上添加一些颤动的线条来表达，但这并不是成熟的文字，因为这一个构形具有明显的附着性，并不独立成字。另外，该字形不能在文献中重复使用。在东巴文献中，用于记录心理动词"ndzʑər³¹"（惊）的东巴文作""，详见后文分析。

3. 记录方式举例及其分析

与动作动词相比，心理动词相对抽象。因此，这类动词的记录方式不如动作动词丰富。在《崇搬图》中，这类动词只存在借音和指事两种记录方式。

（1）借音

如右上图中心理动词"tɕi⁵⁵ sv³³"（在意）的记录。

该节（59 页 219 节）部分解读为：

字形：

标音： ɣɯ³³ bv³¹ zʮuɑ³³ bv³¹ kv³³ i³³ dɯ³³ tɕi³³ nɯ³³, ə⁵⁵ mu³³ mə³³ tɕi⁵⁵ sv³³。

字译： 牛　圈　马　圈头　又　一　放　着　什么　没　在意（怕）

意译： 在牛圈马圈上一放，没有任何的害怕。

心理动词"tɕi⁵⁵sv³³"（在意）用"✂️⚙️"记录。"✂️"本义为"剪刀"，此记录音节"tɕi⁵⁵"，"⚙️"本义为"羊毛"，此记录第二个音节"sv³³"。

（2）指事

如右图中"ndʐər³¹"（惊）的记录方式。

该节（61 页 230 节）部分解读为：

字形：🦌　🦌　𝄪　👁　✕　✕　　🌿　◆　古　▦▦

标音：ɣɯ³³by³¹ʐuɑ³³by³¹kv³³i³³dɯ³³tɕi³³nɯ³³，ndʐər³¹dɯ³¹tʂŋ³³　lo³³lo³³。

字译：牛圈　　马圈　头　上　一　放　着　惊　得　那　战栗

意译：把（虎乳）放在牛圈马圈上，牛马吓得直战栗。

这里的心理动词"ndʐər³¹"（惊）用东巴文"🐛"记录。"🐛"由虫和六条颤动的线构成，像虫颤之形，此记录牛马之惊，是一个成熟的东巴文。《字谱》："ndʐər³¹。惊也，从虫颤动。"在东巴文献中，该字已被广泛地使用。

4. 心理动词的记录特点

（1）一些字形尚不稳定

《崇搬图》中，记录心理动词的一些东巴文字形尚不稳定，这表现在一词使用多种记录方式。例如，动词"ndʐər³¹"（惊）既可以用原始附加的记录方式，又可以用成熟的记录方式——指事（详见前文分析），又如下文中"ndʐər³¹"（惊）的记录。

该节（47 页 160 节）前一部分解读为：

字形：👁 𝄪　🦌✕ 👁 ▦　　◎　　🐛

标音：khv^{55}i^{33}　bv^{33}y^{31}xɑ^{55}，khv^{31}xɑ^{55}　by^{31}　le^{33}ndʐ̩ər^{31}。

字译：晚上　牧羊　归　内　归　外　就　惊

意译：晚上牧羊归到家里反而向外边惊叫。

这里的动词"ndʐ̩ər^{31}"（惊）用东巴文""记录，从羊从四条颤动的曲线。从文字与语言的对应关系来看，""已是一个独立的文字。但从构字部件来看，该字仍保留着原始文字的特质，即构字部件"羊"与前后文意密切相关，尚未符号化。

从到，再到""呈现出动词"ndʐ̩ər^{31}"（惊）由原始附加的记录方式到成熟文字记录的发展，体现着东巴文的鲜明过渡性。

（2）借音记录所用借字较为稳定

从下表中心理动词记录统计可以看到：《崇搬图》中记录心理动词所用借字较为稳定。

心理动词记录统计表

词义	字音	记录次数	所借字形	借用次数	借字本义
懂（识）	s̩^{33}	3		3	羊毛
惊（悸）	tɕi^{55}	3		3	剪刀
在意（怕）	tɕi^{55}sv^{33}	4		4	羊毛，剪刀
乐从	tɕhy^{31}	3		3	刺
盘算	ts̩^{31}	12		12	束

上表显示，心理动词与文字已形成了稳定的对应关系，没有出现一词借用多字的现象。

心理动词在记录中所表现出来的稳定性说明，抽象词一旦得到文字记录后，往往比具象词的文字记录更显稳定。

（三）使令动词的记录调查与分析

《崇搬图》中使令动词出现较少，但仍表现出一些记录特点。

1. 《崇搬图》部分使令动词使用统计表

读音	文献翻译	出现次数	无记录次数	记录次数	记录方式	记录字形
t ʂər³¹	叫给	4	1	3	借音	骨节 ⌒●
	使	8	0	8	借音	骨节 ⌒●
	准	7	0	7	借音	骨节 ⌒●
kɯ³³	要求	2	1	1	会意	恳求 ⅄
总计		21	2	19		

从意义和读音来看，上表中所列的"叫给""使"和"准"当是同一词语，这是文献整理中汉译所出现的前后不一致的现象，此不讨论。

从统计来看，《崇搬图》中出现的两个使令动词都得到了成熟文字的记录。这两个使令动词全文共出现21次，2次未被记录。

2. 无记录的原因分析

《崇搬图》中使令动词2次未被记录的原因都是承前后文省。例如右图中使令动词"t ʂər³¹"的记录。

该节（49页167节）解读如下：

字形：⌒　⏚　　　●●　⅄

标音：mɯ³³thv³³dɯ³³ɲi³³nə³¹，ly⁵⁵ndʐər⁵⁵ly⁵⁵se³¹thɯ³³t ʂər³¹bə³¹，

字译：天　晴　一　天　里　米　晒　米　收　他　叫给　着

字形： 𝄞𝄞 　　　　　　　　 𝄞 　　　　　　　 𝄞

标音： mɯ³³ ndʐɑ³³ dɯ³³ ȵi³³ ŋə³¹ ， dʑi³¹ sv⁵⁵ khæ³¹ bæ³¹ thɯ³³ tʂər³¹ bə³¹。

字译： 天 阴 一 天 里 　水 引 渠 修 他 叫给 做

意译：遇见晴天叫他晒粮食收粮食，遇见阴天叫他去引水修渠。

本节中，使令动词"tʂər³¹"（叫给）共出现两次，只用东巴文"𝄞"（本义为"骨节"，《字谱》音为"tʂər⁵⁵"，此被借记音）记录其中的一次。显然，另一次承前后文省略。

《崇搬图》中另外一例没有记录的原因也是如此。

3. 记录方式举例及其分析

（1）借音记录

如右图中使令动词"tʂhər³¹"（使）的记录。

该节（117页602节）解读为：

字形：𝄞𝄞 　　 𝄞 𝄞 𝄞 　　　 𝄞 　　　 𝄞 𝄞 𝄞

标音：zu³¹ mɯ³³ xɯ³¹ nɯ³³ mə³³ su³³ lɯ³³ mə³³ tʂhər³¹ gə³³ dɯ³³ khu³³ dʑə³¹。

字译：夏天 　雨 来 不 淋 来 不 使 的 一 门 有

意译：还有一道夏雨淋不到的一门。

这里的"tʂhər³¹"（使）用东巴文"𝄞"记录。"𝄞"本义为"骨节"，此为借音记录。

（2）会意记录

如下图中"kɯ³³"（求）的记录。

该节（82页359节）前一部分解读为：

字形：（图形符号）

标音：kə⁵⁵ khɯ³³ mɯ³³ bv³¹ lv³³，nɯ³¹ ɲi³³ ə³³ sʅ³¹ khə³¹ ŋə³¹ kɯ³³……

字译：紫貂　　天　下　放　男孩 要 父亲　旁边　　求

意译：在天边放着紫貂，向父亲恳请生儿女……

使令动词"kɯ³³"（求）用东巴文"（符号）"记录。"（符号）"像人拱手下跪状，为独体表意。

4. 使令动词的记录特点

（1）　《崇搬图》中，使令动词的用字已相当稳定。例如使令动词"tʂhər³¹"，在全文始终借用"（符号）"记录，没有例外。这再次说明：抽象的词语一旦被文字记录后，往往表现得更加稳定。

（2）从记录方式来看，会意的方式只使用了 1 次，借音的方式使用了 18 次。也就是说，使令动词的文字记录以借音为主，这与使令动词的语义特征密切相关。

（四）趋向动词的记录调查与分析

纳西东巴文中，有两个趋向动词："来"和"去"。因时间或口气不同而有不同的形式。"来"表示过去和现在时，用"tshɯ³¹"；表示将来时，用"lɯ³³""lə³¹"；表示命令口气时，用"lu³³"。"去"表示过去完成动作时，用"khɯ⁵⁵"；表示过去未完成的动作，用"xɯ³³""xə³¹"；表示现在或将来要去的动作，用"bɯ³³""bə³¹"；表示命令时用"fa³³"。（《纳西语简志》）根据《崇搬图》中的实际情况及研究的需要，我们将文中出现的"回""归""下"等词也纳入趋向动词的研究范围。

在《崇搬图》中，这些形式不同的趋向动词的记录已有相对固定的东巴文，并得到大量地记录。

1. 趋向动词相关记录统计

表1　　　　　　　　　　趋向动词所用东巴文统计

趋向动词使用总次数	各类趋向动词	已记录次数(次)	使用东巴文及其次数(次)	使用东巴文及其次数(次)
180	tshɯ³¹(来)	28	【东巴文】,23	【东巴文】,5
	lu³³(来)	18	【东巴文】,18	
	lɯ³³(来)	16	【东巴文】,16	
	khɯ⁵⁵(去)	8	【东巴文】,6	【东巴文】,2
	bɯ³³、bə³¹(去)	15	【东巴文】,15	
	fa³³(去)	10	【东巴文】,10	
	xɯ³³(去)	26	【东巴文】或【东巴文】,26	
	tɕy³¹(回)	2	【东巴文】,2	
	xɑ⁵⁵(归)	3	【东巴文】,3	
	zɑ³¹(下)	4	【东巴文】,4	
合　计		130		
比例(%)		72.2		

表2　　　　趋向动词所用东巴文在《崇搬图》中的使用情况统计

	使用总次数	表趋向动词次数	比例(%)
【东巴文】	47	23	48.9
【东巴文】	25	18	72.0
【东巴文】	10	5	50.0

	使用总次数	表趋向动词次数	比例（%）
🐜	50	16	32.0
🌙	42	15	35.7
🌿	15	10	66.7
▦	79	26	32.9
🐚	43	2	4.7
🐚	27	3	11.1
🐚	19	4	21.1

由上表可知：

一 《崇搬图》中，趋向动词记录次数比例已达到 72.2 %，接近动作动词的记录水平。表意相对抽象的趋向动词能有如此高的记录水平，表明该文献中东巴文的发展已经达到了较高的成熟水平。

二 除了"凸"一形，趋向动词的记录全部采用借音的手法，这符合趋向动词的语义特征。

三 趋向动词记录所用的东巴字已经相当稳定。除趋向动词"tshɯ^{31}"（来）和"khɯ^{55}"（去）使用了两个不同的东巴文，其余都采用固定的东巴文进行记录。这是东巴文成熟的又一标志。在记录趋向动词的东巴文中，有些记录趋向动词的比例已超过了一半，有成为记录某些趋向动词的专用文字的趋势。

2. 无记录的原因分析

（1）承前后文省

像其他各类词性一样，趋向动词在记录中也常出现承前后文省略的现象，例如趋向动词"bɯ^{33}"（去）的记录。

左图（44 页 145 节）解读为：

字形：

标音：tho^{33} dər^{33} mbɯ^{31} dər^{33} dy^{55}，mbu^{33} ȵə^{31} sv^{55} bɯ^{33} næ^{31}。

字译：松胎　栗胎　　撵　坡　边处　去　该

意译：应该撵出松胎栗胎往山坡去。

这里的趋向动词"bɯ^{33}"（去）没有被文字记录。但下一节（上右图，44 页 146 节）中的趋向动词"bɯ^{33}"则用东巴文"𣏾"（本义为"腰带"，这里借用来记音）记录。显然，该节没有文字记录是因为承前后文省略。

（2）书写者的记录与诵读者的诵读不一致

如右图中趋向动词"tshi^{31}"（来）的记录。

右图（74 页 316 节）解读为：

字形：

标音：tshe^{55} xɯ^{31} bə^{33} bə^{31} mi^{55}，t ʂho^{33} za^{31} tshi^{31} dɯ^{33} ȵi^{33}。

字译：衬红褒白命　　　　人类下　来　一　日

意译：衬红褒白命陪你下来的一天。

这里的趋向动词"tshi^{31}"（来）与东巴文"𣏾"不对应。"𣏾"，音"bɯ^{33}"，一般用于记录趋向动词"bɯ^{33}"（去），而非"tshi^{31}"（来）（详见上文分析）。在文献中，"tshi^{31}"（来）一般用"🦴"（肋骨）记录。趋向动词"tshi^{31}"（来）与东巴文"𣏾"的不对应，可能是书写错误，也可能是诵读错误。不管是哪一种情况，都必然导致趋向动词"tshi^{31}"（来）没有对应的记录文字。

3. 记录方式举例及其分析

《崇搬图》中，趋向动词只有两种表达方式：转义表达和借音表达。

（1）转义记录

如下图中趋向动词"khɯ⁵⁵"的记录。

该节（74 页 318 节）可解读为：

字形：（略）

标音：ŋv³³ phər³¹ lər⁵⁵ ndy³¹ pu⁵⁵，mɯ³³ khu⁵⁵ le³³ lər⁵⁵ khɯ⁵⁵。

字译：银 白 量 杆 带　天 体 又 量 去

意译：带着白银做的量杆去量天体。

这里的趋向动词"khɯ⁵⁵"用"凵"记录。"凵"字形义为"足"，此转义记录趋向动词"khɯ⁵⁵"。

（2）借音记录

如下图中趋向动词"xɯ³³"（去）的记录。

左图（36 页 117 节）部分解读为：

字形：（略）

标音：t ʂ̩³³ nɑ³¹ ʂər³³ ty⁵⁵ ko⁵⁵，ze³¹ tshɿ⁵⁵ za³¹ nv³³ xɯ³³ mə³³ do³¹。

字译：土 黑 七 层 里　何处毁灭何处埋葬 去 不 见

意译：在七层黑土之下，不知道毁灭在何处，不知道埋葬在何处去了。

这里的趋向动词"xɯ³³"（去）用"（略）"记录。"（略）"本义为"齿"，这里借音记录"去"。

4. 趋向动词的记录特点

（1）以借音记录为主

与动作动词相比，趋向动词较为抽象，一般不采用表意的记录方式，而是大量地使用借音的手法，这也就使得《崇搬图》中的趋向动词以借音记录为主。

（2）相对稳定的用字

动作动词记录方式多样，表现出明显的不稳定性。相反，趋向动词的文字记录却相对稳定，这主要表现在借字这一方面，上文的用字统计可以看出这一点。

（3）个别的一词借用多字的现象

从整体用字上看，趋向动词的记录确实很稳定，但也存在个别的一词借用多字的现象，例如右图中趋向动词"tshɿ³¹"（来）的记录。

该节（63 页 247 节）部分解读为：

字形：

标音：tʂho³¹ze³³lɯ⁵⁵ɣɯ³³，mbu³¹pv³¹sy³¹pu⁵⁵tshɿ³¹da³¹tsɿ⁵⁵。

字译：崇忍利恩　好　聘礼　什么带　来　了　吧

意译：崇忍利恩好！你到底带来了什么聘礼呀！

这里的"tshɿ³¹"（来）用"🦴"（本义为"肋骨"，此借音记录）记录。

左图（66 页 271 节）部分解读为：

字形：

标音：xua⁵⁵le³¹nɯ³¹tʂha⁵⁵ɣɯ³³，nɯ³¹kho³³tho³¹nɯ³³tshɿ³¹。

字译：猫儿　家畜　掺杂　好　家畜　后首　就　来

意译：猫儿呢，最接近的家畜，它跟着家畜来了。

这里的趋向动词"tshɿ³¹"（来）用"📍"（本义为"吊死鬼"，此借音记录）记录。同一趋向动词"tshɯ³¹"（来）前后分别用了"🦅"和"📍"两个不同的东巴文，

5. 个别趋向动词的使用举例及其分析

（1）"lɯ³³"（来）的记录

《崇搬图》中一般用"🐜"来记录。

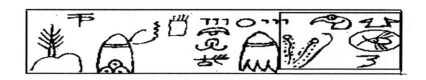

该节（28 页 95 节）部分解读为：

字形：🦅　🦌　🐜 3

标音：lo³³ mi³¹ ko⁵⁵ lv³³ thv33 lɯ³³ se³¹。

字译：陷阱　沸腾　出　来　了

意译：井水横流出来了。

这里的"lɯ³³"（来）用"🐜"（本义为"牛虻"，此为借音）来记录。

（2）"lu³³"（来）的记录

《崇搬图》一般用"✕"（本义为"掰"，此为借音）

来记录。

右图（51 页 179 节）部分解读为：

字形：🌿　🧍　🧍　✕　✕　🏠　'🏛

标音：ndzæ³³ mi⁵⁵ ŋy³³ zv³¹ lu³³ ue³³ tsɿ⁵⁵。

字译：爱　　女　我　嫁　来　才　对

意译：你的爱女一定要嫁给我吧！

这里的"lu³³"（来）用"✕"来记录。

（3）khɯ⁵⁵（去）的记录

除了用"⑴"（足）进行记录，《崇搬图》也用"🐕"（本义为"犬"，此处借音）记录。

该节（30 页 100 节）部分解读为：

字形：⑴ ⑴ ⌢ ⑴ 🐕

标音：du³¹ se³¹ŋɑ³³ndɑ33tv³¹i³³le³³lɯ³¹kɯ⁵⁵。

字译：男神女神 会集场　　是 又 耕 去

意译：耕到男神女神会集的地方。

这里的"去"用"🐕"来记录。

（4）"bɯ³³""bə³¹"（去）的记录

《崇搬图》中一般用"⑴"（本义为"腰带"，此借音表"去"）记录。

右图（44 页 146 节）部分解读为：

字形：⑴⑴ ⑴ ／ ⑴ ⑴ ⑴ ⑴ ⑴

标音：gv³¹ dər³³ bu³¹ dər³³ dy⁵⁵, bi³³ kho⁵⁵ sv⁵⁵ bɯ³³ næ³¹。

字译：熊胎　猪胎　　撺　　林间 处 去 该

意译：应该撺出熊胎猪胎往树林里去。

这里的"bɯ³³"（去）用"⑴"记录。

（5）"fa³³"（去）的记录

《崇搬图》中一般用"⑴"记录。

该节（124 页 654 节）部分解读为：

字形：⑴ ⑴ ⑴ ⑴ ⑴ ⑴ ⑴

标音：gv³³ lv³³ dʑe³³ dzʅər³¹ æ³¹ phər³¹ dʑi³³ le³³ fæ³³。

字译:"古鲁增汁"　　鸡　雄　赠　又　去

意译:"古鲁增汁"也赠送公鸡而去。

这里的"去"则用"🌿"记录。"🌿",本义为"毛",此为借音记录。

(五) 存现动词的记录调查与分析

存现动词表示人或事物的存在或消失。纳西语中有四个存现动词,分别是:1. ndʐy³³表示人或动物的存在;2. dʐy³³表示事物的存在。3. dzɯ³¹表示植物或人体各个部位的存在;4. zi³³表示液体和内含物质的存在(《纳西语简志》)。这四类存现动词的读音十分相近,所以记录所用的东巴字没有严格的分工。根据研究需要,笔者将纳西语中"thv³³"(出)一词的记录情况放于此节一并研究。

1.《崇搬图》中的存现动词使用相关统计表

表1　　　　　　　《崇搬图》中存在动词的记录情况统计

存在动词总量	记录数量	记录数量	记录数量	记录数量	记录数量	记录总量	记录比例(%)
234	10	33	5	21	105	174	74.36

表2　　　　　　　记录存现动词的东巴文使用情况统计

	使用总次数	记录存现动词次数	记录存现动词的比例(%)
	14	10	71.42
	41	33	82.92
	30	5	16.67
	26	21	80.77
	159	105	66.03

由上可知：

一　存现动词相对抽象，但文字记录比例却达到74.36%。这一比例再次说明《崇搬图》中的东巴文已发展到了相当成熟的水平。

二　《崇搬图》中记录存现动词的东巴文已相当稳定。从记录统计来看，记录存现动词的比例在70%以上的东巴文有三个。可见，这些东巴文有固定记录存现动词的趋势。这是该文献中存现动词文字记录成熟的又一标志。

2. 无记录的原因分析

《崇搬图》中，部分存现动词没有得到文字记录。从全文来看，几个存现动词都有对应的文字。这些存现动词之所以未得到记录主要有以下两点原因。

（1）共用或承前后文省

例如右图中存现动词"ndʑy^{31}"（有）的记录。

该节（22页78节）部分解读为：

字形：𦫖 🐎 ⌐　　　𝍝　　　　　　　🖋

标音：tv^{55}ndʑy^{31}bu^{31} mə^{33}ndʑy^{31} mə^{33}ɳi^{31}，tv^{55}ndʑy^{31}bu^{31}ndʑy^{31}næ^{31}。

字译：挂着有　值班　不　有　　不　得　　挂着 有 值班 有　　该

意译：有挂着者，不得不有值班的，挂着有了，该有值班的了。

该段中，存现动词"ndʑy^{31}"（有）共出现四次，只用东巴文"🖋"记录了其中的一次。"🖋"，本义为"芜菁"，此为借音记录。很显然，书写者忽略了其他三个词的记录，为承前后文省。

（2）错误

例如下图中存现动词"dʑə^{31}"（有）的记录。

该节（55 页 200 节）部分（中图）解读为：

字形：（东巴文字形）

标音：$\gamma\mathrm{u}^{33}x\mathrm{u}^{31}\mathrm{lo}^{33}\mathrm{nd}\mathcensured$ $\gamma\mathrm{u}^{33}x\mathrm{u}^{31}\mathrm{lo}^{33}\mathrm{nd}z\mathrm{æ}^{31}\mathrm{me}^{33}$，$\mathrm{py}^{31}\mathrm{ly}^{33}\mathrm{\mathbf{z}u}^{33}\mathrm{mu}^{31}\mathrm{kæ}^{33}\mathrm{nu}^{33}\mathrm{dz}\mathrm{ə}^{31}\cdots\cdots$

字译：斑鸠　脖 斑点 的　 出处　来历 前　就　有

意译：斑鸠脖子有斑点的，其来历从此开始……

存现动词"$\mathrm{dz}\mathrm{ə}^{31}$"（有）显然与东巴文"（东巴文字形）"不对应。本段最后一句（见上右图）"$\mathrm{py}^{31}\mathrm{ly}^{33}\mathrm{\mathbf{z}u}^{33}\mathrm{mu}^{31}\mathrm{kæ}^{33}\mathrm{nu}^{33}\mathrm{dz}\mathrm{ə}^{31}$"中的最后一词"$\mathrm{dz}\mathrm{ə}^{31}$"则用"（东巴文字形）"（本义为"秤砣"，此借用记录音节"$\mathrm{dz}\mathrm{ə}^{31}$"，这一东巴文在文献中常记录该词）记录，两者相对应。可见，"$\mathrm{dz}\mathrm{ə}^{31}$"与东巴文"（东巴文字形）"必有一误。不管哪个错误，最终都导致字词不对应，出现无文字记录的现象。

3. 记录方式举例及其分析

《崇搬图》中，存现动词全部采用借音的手法进行记录。由于存现动词记录所用东巴文不多，现将这些东巴文的使用分别举例如下。

（1）"（东巴文字形）"的记录

如右图中"$\mathrm{dz}\mathrm{ə}^{31}$"（有）的记录。

该节（50 页 173 节）部分解读为：

字形：（东巴文字形）

标音：$\mathrm{pu}^{33}\mathrm{y}^{31}\mathrm{z}\mathrm{ə}^{31}\mathrm{ko}^{55}\mathrm{lv}^{55}$，$\mathrm{pu}^{33}\mathrm{y}^{31}\mathrm{sa}^{31}\mathrm{ta}^{55}\mathrm{dz}\mathrm{ə}^{31}\mathrm{z}\mathrm{ə}^{31}\mathrm{y}^{31}\mathrm{sa}^{31}$ 　$\mathrm{mə}^{33}\mathrm{dz}\mathrm{ə}^{31}$。

字译：蒿 生 草 里 结　蒿生 情况 还　有　草生 情况 不　有

意译：蒿生在草里，只有蒿发展的情况，没有草发展的情况。

这里的"$\mathrm{dz}\mathrm{ə}^{31}$"（有）用"（东巴文字形）"记录。"（东巴文字形）"，本义为"秤砣"，这里借音。

（2）""的记录

本义为"围墙"，这里借音。在《崇搬图》中常表示植物或人体个别部位的存在。如右图中"dzv³¹"的记录。

该节（1页2节）部分解读为：

字形：

标音：sər³ dzv³¹ ndʑi³³ kv⁵⁵ zɿ³³，lv³³ ŋɯɯ³³ ta⁵⁵ kv⁵⁵ zɿ³³。

字译：木　生　走　会　时　石　裂　说　会　时

意译：树木会走路的时代，石头裂开会说话的时代。

这里的"dzv³¹"［按，这里表"存在"，而非"生"的动作。东巴文中"生"一般用"❀"（山柳）记录］用""记录。本义为"围墙"，此为借音记录。

（3）"❸"的记录

如右图中"dʑy³³"（有）的记录。

该节（67页279节）部分解读为：

字形：

标音：t ʂho³¹ mbər³³ t ʂho³³ za³¹ tshɿ³¹ dɯ³³ ȵi³³，mə³³ iə⁵⁵ sy³¹　mə³³ dʑy³³。

字译：人类　迁徙　人类　下　来　一　天　不给　什么　不　有

意译：人类从天国下凡的那一天，如果上天不给东西就什么都没有。

这里的存现动词"dʑy³³"用"❸"记录。本义为"镯"，此为借音记录。

（4）""的记录

如右图中"thv³³"（出）的记录。

该节（25页88节）部分解读如下：

字形：

标音：ə³³ so³³ ə³³ sɿ³³ thv³³，t ʂhuo⁵⁵ lo³³ na³¹ sɿ³³ thv³³……

字译：一早　什么　出　蚂蚁　　黑　先　出

意译：一早，出现了什么？出现的是黑蚂蚁……

这里的两个存现动词"thv^{33}"（出）都用"Ɀ𝒫"记录。"Ɀ𝒫"本义为"桶"，此为借音记录。

（六）能愿动词的记录调查与分析

能愿动词即表示可能、意愿一类的动词。纳西语中，能愿动词包括 kv^{55}（会）、tha^{31}（可以）、lo^{31}（能）、na^{31}（应该）、ndər^{33}（需要）、buɯ^{33}（肯）、by^{33}（敢）、a^{33}（该）、phiə^{31}（愿意、喜欢）[①]。能愿动词的语义比较抽象，使用量大，全面考查能愿动词的记录情况有助于了解东巴文的性质。

1. 能愿动词所用东巴文记录情况统计

东巴文字形	使用总量	所记能愿动词	记录能愿动词次数	记录能愿动词比（%）
	105	kv^{55}	28	26.7
	52	na^{31}	2	3.8
	11		9	81.8
	68	ȵi^{31}	31	45.6
	22		8	36.4
	40	lo^{31}	13	32.5
	42	buɯ^{33}	16	38.1
	11	tha^{31}（da^{31}）	3	27.3
	25		21	84.0
	3		1	33.3

[①]　转引《纳西语简志》，第53页。

由上可知：

这些记录能愿动词的东巴文用于记录能愿动词的次数与该东巴文在文献中的使用总次数的比例各不相同。有些很低，如东巴文"〓"（抖）。这类东巴文只是偶尔用于记录能愿动词，这不是其主要功能。有些则很高，如东巴文"〓"（藏），记录能愿动词的比例高达 81.8%，几乎成为记录能愿动词"nɑe³¹"（该）的专用字。又如"〓"的记录。可见，在能愿动词的记录中，东巴文开始出现分工。

在《崇搬图》中，能愿动词共出现 163 次，被记录 132 次，记录比例已达 81.0%，高出了动词的平均记录水平。能愿动词抽象并具有鲜明的语法特性，其文字记录却达到如此高的水平，这显示出《崇搬图》中东巴文的成熟性。

2. 无记录的原因分析

分析《崇搬图》中能愿动词未记录的原因，主要有以下几点：

（1）书写者省略或诵读者多读

如下图中能愿动词"kv⁵⁵"（会）的记录。

该节（32 页 104 节）部分解读为：

字形：　　　　　　$||\!|$　$\fbox{回}$　　　　　　　　$|\!|\!|$　　$\mathcal{Z}$

标音：nv³¹ i³³ khu³³ nɯ³³ sɿ³³ ʐu³¹ tɑ⁵⁵ mə³³ kv⁵⁵，khɯ³³ nɯ³³ sɿ⁵⁵ thv³³ dʑi³³ mə³³ kv⁵⁵。

　　字译：你 是 口就 三 句 话不 会 足 来 三步走不 会

　　意译：你是还不会口里乱说三句话，脚也不会乱走三步路的好人。

　　该段中的两个能愿动词"kv⁵⁵"（会）都未得到文字记录。由此处"上表"指代不明，或改为"统计"。可知，《崇搬图》中的这一能愿动词已经有了对应的文字"𩵋"。很显然，这一现象的出现是书写者的有意省略或诵读者的随意添加所导致。

（2）共用或承前后文省

从书写者的角度看，这类省略与前一省略有相通之处。不过，在此类省略中，被省略的文字会出现在前后文中，这也是此类省略的一个重要原因，如下图中能愿动词"ȵi³³"（要）的记录。

该节（81 页 354 节）部分（右图）解读为：

字形：🐟🐠◉　　ꓱ◎　▦🐠　卌𝟙𝟙

标音：nɯ³¹ ȵi³³ o³¹ ȵi³³ ŋy³³ mə³³ dzv³³，xɯ³¹ ȵi³³ ndzæ³³ ȵi³³ ŋy³³ tɕy⁵⁵ dzy³¹。

字译：儿　要女要 自己不自由　富　要　裕要　自己可　自由

意译：要儿子要女儿自己没有选择，要富裕自己则可以选择。

从文字的分布来看，第一句中的两个"ȵi³³"只用了一个"🐠"（本义为"鱼"，此处为借音）记录，第二句中的两个"ȵi³³"则用了"🐠"和"𝟙𝟙"记录。第一句中，"🐠"处在"🐟"和"◉"下方中央，为两者所共用。

（3）书写者的错误

如右图中能愿动词"dɑ³¹"（得）的记录。

该节（52 页 187 节）部分解读为：

字形：▦✕　　🐟◕ꓱ〰️　◠⌒◓

标音：ŋgv³³ tshər³¹ ŋgv³³ lər⁵⁵ sy³¹ me³³ phv⁵⁵ dɑ³¹ tsɿ⁵⁵，xu³¹i³³……

字译：九十九　　　　种子如何的　撒　得　了　晚上

意译：要撒九十九样种子，我怎么能撒得了。晚上……

能愿动词"dɑ³¹"（得）与""不对应。""本义为"做"，音为"be³³"。从前后文意来看，当是书写者的错误。

3. 记录方式及其特点

《崇搬图》中，能愿动词全部采用借音的记录手法，这与能愿动词的语义特征相一致。

（1）借音记录

例如，能愿动词"kv⁵⁵"（会）的记录。

该节（41页135节）部分解读为：

字形：

标音：sər³³çi³³sər³³ẓuɑ³³piə⁵⁵lɑ³³piə⁵⁵mə³³kv⁵⁵，xɑ⁵⁵lɑ³³xɑ⁵⁵mə³³kv⁵⁵……

字译：木　人　木　马　变　也　变　不　会　化　也　化　不　会

意译：木人和木马变也不会变，化也不会化……

这里的能愿动词"kv⁵⁵"（会）用"　"（本义为"蒜"）记录。在本节中，另外三个"kv⁵⁵"（会）也都用这一东巴文进行记录。

（2）借字的不稳定性

例如上文"共用或承前后文省"一节所举的"xɯ³¹ȵi³³ndʑæ³³ȵi³³"（富要裕要）中有两个"ȵi³³"，分别使用了"　"和"　"记录。

《崇搬图》中"næ³¹"（该）的记录则分别用"　"和"　"两个东巴文记录。

用东巴文"𝍐"记录，如下图：

左图（105 页 510 节）部分解读为：

字形：𝍐 𝍐 𝍐 𝍐 𝍐 𝍐 𝍐 𝍐 𝍐

标音：dʑi³³ miə³¹ nɑ³¹ kɯ⁵⁵ lɯ³³，ŋi³³ tʂhæ³³ gə³¹ bɯ³³ næ³¹。

字译：水 眼 黑黝黝 鱼 游 上 去 该

意译：水眼黑黝黝，该像鱼儿一样游去。

能愿动词"næ³¹"（该）用东巴文"𝍐"记录。"𝍐"本义为"抖"，《字谱》音为"ŋy⁵⁵"，此为借音记录。

用东巴文"𝍐"记录，如下图：

该节（20 页 71 节）部分解读如下：

字形：𝍐 𝍐 𝍐

标音：tʂhv⁵⁵ dʑy³¹ tɕhi³³ dʑy³¹ næ³¹……

字译：修 有 守护 有 该

意译：有修建者，就该有守护者……

这里的"næ³¹"用"𝍐"记录。"𝍐"本义为"藏"，《字谱》音为"næ³³"，此亦为借音记录。

《崇搬图》中能愿动词"tha³³"（得）的记录则分别用""和""两个东巴文。

用东巴文"⌂"记录，如右图：

该节（75页322节）部分解读为：

字形：𝗜𝗜𝗜𝗜𝗜| 𝓶𝓶 Ꝫ ⌂ 𝓵 𝓶𝓶 𝓮𝓼 𝓭

标音：dy³¹ khu³³ tʂhə⁵⁵ mə³³ tha⁵⁵ mə³³ tʂhə⁵⁵ le³³ tɕy³¹ tshʅ³¹。

字译：地　体　测　　不　得　不　　测　又　回　来

意译：地体不能测只好不测又回来。

能愿动词"tha⁵⁵"（得）用东巴文"⌂"记录。"⌂"本义为"塔"，《字谱》音为"tha⁵⁵"。此为借音记录。

用东巴文"⋉"记录，如下图：

该节（52页186节）部分解读如下：

字形：𝖎𝗂　　　　　𝓮 𝓫 𝓮　　𝓮𝔰　　𝗃 ⋉

标音：tʂho³¹ ze³³ lɯ⁵⁵ ɣɯ³³ le³³ v³¹ me³³，ŋy³³ i³³ dɯ³³ lər⁵⁵ phv⁵⁵ lɯ⁵⁵ ŋy³³ mə³³ tha⁵⁵。

字译：崇忍利恩　　　又想　道　我　是　一种子撒　呢我　不　　能

意译：崇忍利恩又想道：我还不能撒一种种子呢。

这里的"tha⁵⁵"（得）用⋉记录，为哥巴文（按：疑"⌂"简化而来）。

用东巴文"𝓲𝗍𝗍𝗍"记录，如右图：

该节（51页176节）解读为：

字形：〓✕〓　　　　𝄃𝄃 ☜ ✕ ╪ ⟨⟨⟨⟨⟩ ⟨⟩⟩

标音：ŋgv³³ tshər³¹ ŋgv³³　çi³¹ sy³¹　be³³ tsər⁵⁵ dɑ³¹ tsʅ⁵⁵。

字译：九十九　　　森林如何　的　砍伐　得　了

意译：九十九片森林，我怎么可以砍得了呢？

这里的"dɑ³¹"（得）则用"⟨⟨⟨⟨⟩⟩"记录。"⟨⟨⟨⟨⟩⟩"本义为"镰刀"，此为借音记录。

一词借用多字的现象是能愿动词记录不成熟的表现，也是东巴文原始性的表现。

4. 个别能愿动词的记录举例

（1）"lo³¹"的记录

"lo³¹"文献中常作"▰▰"（本义为"犁轭"，此为借音），如右图。

该节（93 页 432 节）解读为：

字形：　⟨ 🐍 ⟩ ▰▰ . 🐛 ⟨ ～ ⟩ ▰▰ .

标音：tʂho³¹ mbər³³ thv³³ mə³³ lo³¹ , le⁵⁵ tɕhi³³ zʅ³³ mə³³ lo³¹。

字译：人类 迁徙 出 不 能 楞启 路开不 能

意译：不能示范人类迁徙的路线，也不能做好楞启曾开辟的路线。

这里的"lo³¹"（能）用"▰▰"记录。

（2）"buɯ³³"（要）的记录

文献中常作"🦵"（本义为"腰带"，此为借音）。例如《崇搬图》42 页 138 节（右图）。

该节部分解读为：

字形：🧍 ✳　　　　🐉 ／ ▦ ▰▰

标音：ŋə³³ se³¹ tv³³ mə³³ dʐy³¹ , ŋə³³tv³³ bu³¹ su³¹ buɯ³³ ue³³ tsʅ⁵⁵。

字译：我何等忠　不　有　我 忠伴侣找　要　想　是

意译：我是何等忠直呀，要找一个忠直的伴侣。

这里的"buɯ³³"（要）用"**刖**"记录。

二　不同音节数动词的记录调查研究①

根据动词音节数的多少，可以分为单音节动词、双音节动词和多音节动词，以单音节动词为主。动词的音节数不同，记录方式也有所不同。

（一）单音节动词记录分析

《崇搬图》中，单音节动词的记录有两种情况：有记录和无记录。实际上，前文已有所涉及，此再举几例。

无记录。例如《崇搬图》2 页 5 节：

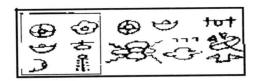

该节标注部分解读为：

字形：⊕　　　　̌　̌　̌　̌　̌̌　古　̌

标音：bi³³ ne³¹ le³¹ lɑ³³ mə³³ thv³³ sɿ³³ thuɯ³³ dʐɿ³¹……

字译：太阳和月亮 也 未　出现 的　这　　时

意译：太阳和月亮还没出现的时候……

单音节动词"thv³³"（出现）未得到文字记录。

有记录。《崇搬图》中的单音节动词大部分得到记录，其记录方式主要是

---

①　本节是在笔者拙著《纳西东巴文献用字研究》中"动词的记录分析及其统计"的基础上修改、扩展而来，主要增加了例子中的字形、读音、字译和意译部分，删除或增加了部分例子，行文进行了修改。

假借，部分采用象形、指事、会意和形声等方式。

假借表达。例如《崇搬图》中"tshv⁵⁵"（修）记录。

该节（19页69节）解读如下：

字形：

标音：ŋv³³ xæ³¹ o³³ tʂhu³¹　nɯ³³, ndʑy³¹ na⁵⁵ ʂər⁵⁵ lo³³　lu⁵⁵ pha³³　tshv⁵⁵ le³³ tɕi³³。

字译：银金 松石宝玉 来　居那世罗　　四面　修 又 置

意译：用黄金白银、绿松石、黑宝玉来修居那世罗山的四面。

单音节动词"tshv⁵⁵"（修）用东巴文"凸"记录。该东巴文本义为"犁铧"，此为借音记录。

象形表达。例如《崇搬图》中"çy⁵⁵"（立）的记录。

该节（130页695节）解读如下：

字形：

标音：tʂho³¹ dzi³³　dy³¹　kv³³ çy⁵⁵ gə³³ dɯ³³ uə³³ dʑə³¹。

字译：大象　　地　上 立 的 一 村 有

意译：还有大象立在田头的一个村庄。

单音节动词"çy⁵⁵"（立）用东巴文"天"记录，像站立之形。

指事表达。例如《崇搬图》46 页 157 节：

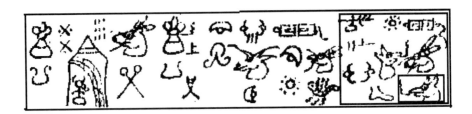

图中标注部分解读为：

字形：

标音：so³¹ i³³ bv³³ khɯ³³　khɯ⁵⁵，by³¹　khɯ⁵⁵　khv³¹ le³³ lv³¹。

字译：早 是 牧 犬　　 放　　 外　　 放　　　 内 又 吠

意译：早上放出牧狗，叫它往外去，反倒朝着室内吠。

单音节动词"lv³¹"（吠）用" "记录。犬的口部绘有细线，为指事记录。

会意表达。在《崇搬图》中，这一记录方式占有一定的比例。例如《崇搬图》中"pu⁵⁵"（带）的记录。

该节（19 页 68 节）后一部分解读如下：

字形：

标音：……o³¹ xər³¹ i³³ by³³ pu⁵⁵，dv³³ phər³¹ i³³ ly³³ pu⁵⁵，ço³³ lo³¹ i³³ kə⁵⁵ pu⁵⁵……

字译：　松石宝玉一点　带 螺 白 一点带 珊瑚 一枝带

意译：……带着一点绿松石和黑宝玉，带着一个白螺，带着一枝珊瑚……

单音节动词"pu⁵⁵"用" "记录，字从人从所带之物，是一个成熟文字。

　　形声表达。例如《崇搬图》48 页 165 节中"sv³¹"（领）的记录。

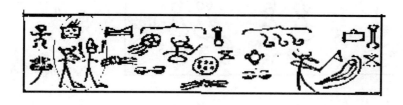

该节部分解读为：

字形：

标音：ŋy³³ nɯ³³ sv³¹ tʂʅ³¹ mu³¹ ue³³ tsʅ⁵⁵，mɯ³³ thv³³ dɯ³³ ɲi³³ ȵə31······

字译：我　就　领　来　　原因　是　天　晴　一　日　里

意译：我亲自领他到这里，遇着晴天······

　　单音节动词"sv³¹"（领）用东巴文"🐾"和"🐚"记录。前者表意，后者记音，为形声记录。

（二）双音节动词记录分析

　　双音节动词记录像双音节名词一样，也存在三种情况：完全记录、不完全记录和无记录，下面分别举例说明。

　　完全记录。例如《崇搬图》69 页 289 节（右图）。

　　该节解读为：

字形：

标音：xuɑ³³ xua³¹ sv⁵⁵ xuɑ³³ xua³¹，dy³¹ dʐy³³ khu⁵⁵ mə³³ gɯ³¹。

字译：欢乐　（又）欢乐　　　地　有　范围　不　巩固

　　双音节动词"xuɑ³³ xua³¹"（欢乐）两个音节分别借"🐦"（本义为"白鹇"）记音，为完全记录。

不完全记录。例如《崇搬图》30 页 100 节。

该节部分（右图）解读为：

字形：　　𝄞　𝄞　⌢　⌁　　　　　⌁

标音：……du³¹　se³¹　ŋɑ³³　ndɑ³³　tv³¹　i³³　le³³　lɯ³¹　kɯ⁵⁵。

字译：　　男神女神　会集场　　　是 又　耕 去

意译：……耕到男神女神会集的地方。

无记录。例如《崇搬图》31 页 103 节。

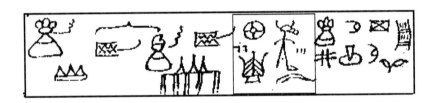

该节标注部分解读如下：

字形：⌐⌐⊕　　　　⌁　　　⌁

标音：ȵi³³　ȵi³³　lɑ³³　mɯ³³　si⁵⁵，tsho³¹　ze³³　lɯ⁵⁵　ɣɯ³³　ɯ³³，əphv³³　le³³　mi⁵⁵　do³³。

字译：二 日 又 天　曙　崇忍利恩　　好　天神　又　问安

双音节动词 “mi⁵⁵do³³”（问安）没有得到记录。

《崇搬图》中多音节动词数量很少，有不完全记录和完全记录两种情况，没有无记录的现象。不完全记录和完全记录与双音节动词相似，此不赘述。

（三）《崇搬图》中不同音节数动词的记录统计分析

表 1　　　　　　　　**《崇搬图》不同音节数的动词记录情况统计**

名称	类别	数量	无记录	不完全记录	完全记录	完全记录比例（%）	不完全记录比例（%）
动词	单音节	2115	504	—	1611	76.1	
	双音节	106	14	21	71	66.9	19.8
	多音节	3	0	2	1	33.3	66.6
总计		2224	535	23	1666	74.91	

表 2　　　　　　　　**《崇搬图》中各类动词所采用记录方法的统计分析**

名称	类型	象形	指事	会意	假借	形声	转意
动词	单音节	71	81	232	1185	40	2
	双音节	4	3	7	75	3	—
	多音节	—	—	—	2	1	—
总计		75	84	239	1262	44	2

表 1 表明：单音节动词、双音节动词和多音节动词，都达到了一定的记录水平。其中，单音节达到 76.1%，双音节和多音节的记录都超过 70%。动词的平均记录水平达到了 74.91%。这表明《崇搬图》中的东巴文已经具备较强的记录语言的能力。

表 2 表明：东巴文中的动词记录方式以假借为主，其次为会意。以假借为主的原因在于动词表意相对抽象，象形、会意、指事等其他记录方式记录动词时，往往捉襟见肘。虽然会意字书写和表达相对较难，但仍占有一定的比例。可见，此时的东巴文仍具有较强的表意性。

第二节　动词记录比较研究

　　《崇搬图》与《古事记》的动词记录存在较大的差异。本节将从记录数量和记录方式的两个方面对这两本文献中动词的记录情况进行比较，以期展现东巴文献中动词记录的发展。

一　量比较及原因分析

（一）相关统计

表 1　动词记录次数比较

经典文献	总量	记录次数	记录比例（%）
《崇搬图》	2208	1607	72.7
《古事记》	1116	278	24.9

表 2　动词记录数量比较

经典文献	动词总量	记录动词量	记录比例（%）
《崇搬图》	399	329	82.5
《古事记》	259	130	50.2

表 3　几类动词记录情况比较

动词	经典文献	总量	记录次数	记录方式	记录比例（%）
thv^{33}（出）	《崇搬图》	133	103	借音	77.4
	《古事记》	76	43	借音	56.6

续　表

动词	经典文献	总量	记录次数	记录方式	记录比例（%）
ndʑi³³（走）	《崇搬图》	14	13	借音	92.9
	《古事记》	7	2	会意	28.6
tɕhi³¹（守）	《崇搬图》	10	7	借音	70
	《古事记》	9	3	借音	33.3
Kv³¹（能）	《崇搬图》	44	35	借音	79.5
	《古事记》	22	1	借音	4.54

表1和表2显示，《古事记》动词的记录次数比和记录数量比都很低，尤其是记录次数比。表3列举的几个代表动词在两本文献中的记录差异总体上一致的，即这些动词在《古事记》中的记录水平全部低于《崇搬图》。

（二）《古事记》记录比例低的原因

1. 一些词尚无记录的文字

表2显示，《崇搬图》有82.5%的动词存在文字记录，《古事记》只有50.2%的动词存在记录。也就说，《古事记》有几乎一半动词尚未采用记录的文字。《古事记》书写时代是否有记录这些动词的文字不得而知，但至少该书没有相应的文字记录。例如"²tʂʌɹ"（洗）。

左图（《古事记》58页107节）标注部分解读为：

字形：

标音：……³tshɔ²zɛ¹ luɯ²ɣɯ² ɣɯ ³phʌɹ ³dʐ ²mʌ ¹sʏ²sɑ,²ŋguʔhɔ³dʑi²nɯ²t ʂhʌɹ²mɯ

字译：　　措哉勒额　　好　白　大 不 干净　九 天 河 来　洗

字形：

标音：³phʌɹ ³dʐ ¹sʏ²sɑ ³guʌ……

字译：白　大 干净（助）

意译：措哉勒额的身体很白但不干净，用九条天河的水来洗了澡，又白又干净了……

其中"²t ʂhʌɹ"（洗）没有文字记录。右图则不同。

右图（《崇搬图》48 页 168 节）解读如下：

字形：

标音：lɯ⁵⁵ɣɯ³³phər³³dɯ³¹mə³³sv⁵⁵sɑ³³，ŋgv³³xo³¹dʑi³¹nɯ³³t ʂhər³³，

字译：　利恩　白　大 不 干净　九 天 河 来 洗

字形：

标音：phər³¹dɯ³¹sv⁵⁵sɑ³³gv³³le³³xə³¹，

字译：白　得 干净 了 又 去

意译：利恩他不大白净，用九河的水洗他，白得净净的。

这里的"t ʂhər³³"用"𝕴"记录。"𝕴"本义为"代"，此为借音记录。

在《古事记》中，未发现文字记录的词主要是一些较为抽象的动作动词、情态动词和趋向动词。例如趋向动词"lu³³"（来）的记录。

左图（《古事记》58 页 115 节）部分解读为：

字形：

标音：……³tʂhoɕ²zeɕ¹luɯ²ɣuɯ²leˑ¹sɤ²mɛ¹ŋy²ŋi¹ŋy¹liʌ¹lo……

字译：　　措哉勒额　　　　说　我　要　我　给　来

意译：……措哉勒额说：我要的，请给我吧……

趋向动词"¹lo"（来）无文字记录。《古事记》中，该词全文共出现19次，都未被文字记录，《崇搬图》则不同，如右上图。

该节（52页183节）部分解读为：

字形：（字形图像）

标音：tʂho³¹ze³³luɯ⁵⁵ɣuɯ³³le³³sɤ⁵⁵me³³：ŋy³³ŋi³³ŋy³³iə⁵⁵lu³³ue³³tsɿ⁵⁵……

字译：崇忍利恩　　　又　说　道　我　要　我　给　来　是吧

意译：崇忍利恩又说道：我需要你的女儿，配给我吧……

这里的趋向动词"lu³³"（来）用"✕"记录。"✕"本义为"掰"，此为借音。《崇搬图》中，该东巴文记录"lu³³"（来）一词共20次。

2. 原始的记录方式

例如下图中动词的记录。

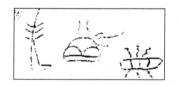

左图（《古事记》58页115节）部分解读为：

字形：（字形图像）

标音：³ndzʌ³dzʅ²ŋdzi¹ku¹zɿ，²lu²ŋguɯ¹ta¹ku²zɿ，²tʂʅ¹luɯ¹ŋy¹ku²zɿ。

字译：树　生　走能（助）石裂　说话能（助）土（助）摇能（助）

意译：树木生脚会走路，石头裂开会说话，土壤也在摇晃着。

该节中，动词"³dzʅ"（生）、"²ŋdzi"（走）和"¹ŋy"（摇动）全部采用图画式的记录方式。其中，"³dzʅ"（生）以树和足的组合会意，"²ŋdzi"（走）以足会意动词，"¹ŋy"（摇动）以几条曲线会意。记录"¹ta"（说）的

字形 " 〰 " 具有明显的附着性，并且该字尚未在文献中独立自由地使用，只能看作一个过渡中的文字。不同于《古事记》，《崇搬图》则使用了一些成熟文字，见上右图。

上右图（《崇搬图》1 页 2、3 节）部分解读为：

字形：🌿 血 〰 𝑅 〰)(回 𝑅 丰 蝶 云 🌾

标音：sər³³ dʑv³¹ ndʑi³³ kv⁵⁵ zʅ³³ lv³³ ŋguɯ³³ ta⁵⁵ kv⁵⁵ zʅ³³ t ʂʅ⁵⁵ lv³³ ȵy⁵⁵ ȵy³³ zʅ³³。

字译：树 生 走 会 时 石 裂 说 会 是 土 石 颤抖 时

意译：树木会走路的时代，石裂会说话的时代，土和石颤动的时代。

本句中，"dʑv³¹"（生）用"血"记录；"ȵy⁵⁵"（颤抖）用"🌾"记录；动词"ndʑi³³"（走）用"〰"记录；动词"ta⁵⁵"（说）用"回"记录。以上这些东巴文在文献中都能独立自由地使用，皆为成熟文字。

又比如动词"¹sʌ"（说）的记录。

"¹sʌ"（说）是东巴文献中使用较多的一个词。在《古事记》中，该词共出现 26 次，只有 3 次采用借音的方式进行记录，其余的全部采用原始的记录方式——口部附着线条。也就是说，成熟文字的记录仅占 11.5%。比较下面两图：

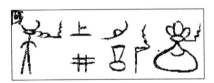

左上图（《古事记》39 页 69 节）部分解读如下：

字形：𝑅 上 井 〰

标音：³tshɔ²zɛ¹luɯ²xu²lɛ ¹ sʌ ²mɛ²ɛ³phu ³ŋgo ¹nu²mʌ ³ŋgo ³da ³ʌ ¹tsʅ……

字译：措哉勒额 说 老翁 病（助）不 病 （助）

意译：措哉勒额说：老翁呀，您病了没有……

这里的"¹sʌ"（说）用"上"记录，为借音。同时，"𝑅"一形仍保留了原始表意的痕迹。

右上图（《古事记》58 页 110 节）则仍使用原始的记录方式。

字形：

标音：²dʐu³la³ɛ²phu²lɛ ¹ʂʌ ²mɛ，³dʑi ³y ²thɔ²kɔ¹lu……

字译：主拉主爱普　说　　　水 生松　 间 绕

意译：主拉主爱普说：水绕在松树间……

这里的"¹ʂʌ"（说）采用了原始的记录方式，即在"主拉主爱普"口部附加了一条波浪线。

在《崇搬图》中，该词共出现 59 次，其中有 28 次采用借音的方式进行记录，占 47.5%，其余为原始的记录方式。

可见，《古事记》中的很多原始记录方式在《崇搬图》中都替换成了成熟的文字。由此，《崇搬图》中动词的记录水平高于《古事记》就在情理之中。

3. 省略多

左上图（《古事记》13 页 4 节）部分解读为：

字形：

标音：²mɯ ³nɛ ³dy ²la ²mʌ ²thu ²sʅ ²thʅ ³dʐʅ，²mɯ ³fiɔ ³dy ³fiɔ ³sɥ ³sy ³tʂho ²ka²nɯ ²thu。

字译：天 和 地 也 不 出 还 这时　天 影 地 影 三 样 早 前（助）出

意译：天和地还没有创造出来的时候，天的影、地的影，天地之影三样先行出现。

本节动词"²thu"（出）共出现 2 次，仅用" "记录一次。

右上图（《崇搬图》1页4节）部分解读为：

字形：（字符图形）

标音：muɯ³³ mə³³ thv³³ dy³¹ mə³³ khu³³ tshɿ³³ dzɿ³¹，muɯ³³ o³¹ dy³¹ o³¹ sv⁵⁵ sv⁵⁵ kæ³³ nuɯ³³ thv³³。

字译：天　不　出　地　不　辟　这　时　天　影　地　影　隐约　先　来　出

意译：天没有开地没辟的时候，先有隐约的似天非天，似地非地的象征。

两段的读音基本相同，该段同样有两个动词"thv³³"（出），不过这里都得到了记录。

省略得多，是相对而言。其实，《崇搬图》中同样存在大量的省略，有些个别的语段甚至比《古事记》还省略得多。但总体而言，《古事记》省略频率和省略数量都要大，这是导致《古事记》记录比例远低于《崇搬图》的主要原因。

《古事记》较低的文字记录与所反映的是该阶段的东巴文相比，尚不成熟。一方面，记录一些动词的东巴文尚未创制或假借；一方面，书写者尚未确立文字是记录语言的系统符号的观念，仍坚持着文字表意的这一特性。

二　记录方式的一些差异

（一）记录方式的相关统计

	独体表意	指事	会意	形声	借音	总量
《崇搬图》	70	65	193	47	1229	1604
比例（%）	4.4	4.1	12.0	2.9	76.6	
《古事记》	7	15	79	3	177	281
比例（%）	2.5	5.3	28.1	1.1	62.9	

比较起来，两本文献存在一些共性。其一，两者都以借音记录为主。动词语义构成复杂，文字记录相对较难，而借音记录则是较好的选择。其二，两本文献所用的表意字占有一定的比例。动词毕竟具有词汇意义，其中的一些较为具体，故亦能用较为形象的表现方式进行记录。其三，形声字比例较小，说明动词记录尚未向形声过渡。其四，两者所用记录方式基本相同。

（二）文字记录同义比较

《崇搬图》与《古事记》用于记录同一词的东巴文存在一些差异，兹录如下：

1. 多音节动词记录的差异

记录音节数不同。多音节动词（含双音节）常借用几个东巴文进行记录。《崇搬图》与《古事记》的差别主要表现在记录音节数的多少不同。例如"化育"一词的记录。

左图（《古事记》16 页 16 节）解读如下：

字形： I　　⏝　　⊟　▲　　2̄

标音： ³lʌɹ ¹ku ²khɔ ²ndzɑ ¹sa ²ndzɑ ²dʐ ¹ku ²thu,

字译：叫唤能声　哑　气哑　一个出

字形：　　　　　　　　　　　　　⏚

标音： ²thɹ ²nɯ ²pɯ ²pa ²bɛ, ²i² gʌ ²ti ¹na ²thɛ ²nɯ ²thu。

字译：他（助）化育　做　（神名）那（助）出

意译：生出一个声气嘶哑的叫唤者，交换着的声气一变，生出"英格鼎那"来。

其中的"²pɯ²pa"（化育）只借用了""（本义龟，此借音）记录音节"²pa"，另一个音节没有记录。

右图（《崇搬图》5 页 17 节）解读如下：

字形：（图形）

标音：lər³¹ kv⁵⁵ kho³³ ndʐa³³ sa⁵⁵ ndʐa³³ the³¹ nɯ³³ thv³³,

字译：鸣 会 声 坏 气 坏 此 由 出

字形：（图形）

标音：thɯ³³ nɯ³³ pɯ³³ pa³³ be³³, i³³ kə³¹ ti³³ na⁵⁵ the³¹ nɯ³³ thv³³。

字译：它 由 化育 做 英格鼎那 此 由 出

意译：出现了会啼叫的怪声怪气的东西，由怪的声气化育出"英格鼎那"。

这里的"pɯ³³pa³³"（化育）借用"（图形）"（本义为"艾草"，此为借音记录）和"（图形）"分别记录"pɯ³³"和"pa³³"，记录完整。

用字不同。在记录多音节词中，两本文献的用字有所不同，例如"ndʐv³¹guə³³"（商量）一词的记录。

该节（《古事记》32 页 43 节）解读如下：

字形：（图形）

标音：²dʑi³ dʑiʌ²laʌ²laʌ³ dy,¹ ku ¹nɯ ¹sʅ³ ndʑɥʌ²ŋguʌ¹ lʌ¹rʌ¹nɯ¹ tʂʰʌ ³ndʑɥ²ŋguʌ……

字译：大地上 能者 智者 商量 量木师 营造师 商量

意译：在广袤的大地上，能者与智者商量，量木师与营造师商量……

两个"³ndʑɥ²ŋguʌ"（商量）记录手法不同，前者采用了附加波浪线的原始方式，后者则采用了借音的手法，即用"（图形）"（本义为"住"）记录第二个音节"³ndʐʅ"，第一音节尚未记录。在《古事记》中，该词记录仅使用了一次借音的手法。下图为《崇搬图》的记录。

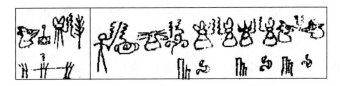

该节（《崇搬图》18页66节）解读如下：

字形：🐾

标音：dʑi^{33} dʑə^{31} la^{33} lər^{33} dy^{31}，kv^{55} nɯ^{33} sər^{33} ndʐv^{31} guə^{33} lər^{55} nɯ^{31} tʂə^{55} ndʐv^{31} guə^{33}，

字译：人 好 平原 地 巧者和智者 商量 测量者和度数者 商量

字形：🐾

标音：ndʑʅ^{31} nɯ^{31} dɯ^{31} ndʐv^{31} guə^{33}，du^{31} nɯ^{33} se^{31} ndʐv^{31} guə^{33}……

字译：宰官 和头目 商量 男神和女神 商量

意译：在善人居住的大地上，灵巧者和智慧者商量，测量者和度数者商量，宰官和头目商量，男神和女神商量……

这些动词"ndʐv^{31}guə^{33}"（商量）同样存在两种记录方式：原始的记录方式和借音的方式。后者借用"🐾"和"🐾"分别记录"ndʐv^{31}"和"guə^{33}"两个音节。与《古事记》的记录相比较，有两点不同：①完整地记录了两个音节；②用字不同，即同是音节"ndʐv^{31}"，却分别使用"🐾"和"🐾"。

2. 相同之字，《古事记》相对原始

总体来看，两本文献所用之字的形体没有太大的区别。在全面比对之后，有些字还是存在细微的差别。例如"得"的记录。

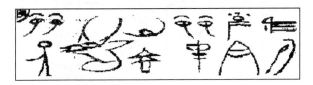

上图（《古事记》48 页 84 节）部分解读如下：

字形：

标音：³i³tɕy ²ɖ̢ʐ³ly ³nɛ，¹lɛ³lɯ ²mbʌ ²mʌ ¹thɑ，¹ly ³n̢iʌ ²ɖ̢ʐ³ly ³nɛ……

字译：右边一 看（助）牛 犁 偏　不　得　中间（助）　一 看（助）

意译：右边一看，牛犁偏不得（不能向右走），向中间一看……

其中的能愿动词"¹thɑ"借用"合"（本义为"塔"，此为借音）记录。

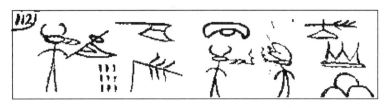

该节（《崇搬图》37 页 119 节）部分解读如下：

字形：

标音：i³¹ tɕy³¹ dɯ³³ ly³¹ nɯ³¹，le⁵⁵ khu³³ mə³³ thɑ⁵⁵，tʂho³¹ ze³³ lɯ⁵⁵ ɣɯ³³ the³³……

字译：右边　一　看 是　　牛　犁　不　得　　崇忍利恩　　　他

意译：往右边瞧瞧，牛耕的田亩没有可耕的地，崇忍利恩他呀……

这里的"thɑ⁵⁵"用"⊠"记录。方国瑜将该字形列于《字谱·纳西表音文字简谱》中"thɑ⁵⁵"下，归为音字。笔者认为，该东巴文是"合"的简写，是该字形发展的结果。

在《崇搬图》中，该字形用于记录能愿动词"thɑ⁵⁵"共 21 次，几乎成为该词的专用文字。

3. 成熟形声字与过渡中的原始会意字的不同

例如，两文献中动词"tshər⁵⁵"（砍伐）的记录。

该节（《古事记》58 页 112 节）部分解读如下：

字形：𖽙　　𖽙𖽙𖽙　　𖽙　　　⟨◯⟩　　　　　　𖽙𖽙

标音：^{3}ḍa ^{2}mɛ ^{2}ŋgu ^{3}çi ^{1}tshʌ ^{1}lo ^{1}tʂʅ , ^{1}khu ^{2}i ^{2}mbɯ ^{3}t sɤ ^{2}lɛ ^{3}ndʐʅ ^{2}ŋguʌ……

字译：能干　　九 林　砍 来（助）　夜　　情女情男　　商量

意译：以你的能干去把九座树林的树木砍了来……

上图（《崇搬图》50 页 175、176 节）部分（右图）解读如下：

字形：　　　𖽙𖽙𖽙　　　𖽙𖽙𖽙 𖽙𖽙𖽙 𖽙𖽙　　𖽙　　　　　𖽙

标音：dæ^{31} me^{33} ŋgv^{33} çi^{31} tshər^{55} lu^{33} tʂʅ^{55} , tsho^{31} ze^{33} lɯ^{55} ɣɯ^{33} le^{33} v^{31} me^{33} ,

字译：贤　的　　九　林　砍伐　来吧　　崇忍利恩　　又 想 道

字形：𖽙𖽙　𖽙　𖽙　　　　𖽙　𖽙　𖽙

标音：dɯ^{33} çi^{31} tshər^{55} lɯ^{55} ŋy^{33} mə^{33} thɑ^{55}。

字译：一　林　砍伐　呢　我　不　能

意译：贤能呢去砍伐九个森林，崇忍利恩又想道：一个森林要砍伐呢，我还不能做好。

该段中出现两个"tshər^{55}"（砍伐），分别用"𖽙"和"𖽙"两个字形记录。前者的构形方式与《古事记》同，构形中仍保留着"崇忍利恩"形象，具有浓郁的图画意味。后者为成熟的形声字，《字谱》："𖽙，tshər^{55}。切也，从线断 𖽙（tshe^{33}、盐）声。"可见，《崇搬图》已开始摆脱原始的表意方式，向成熟的文字过渡。

4. 借音记录与过渡表意字的不同

例如下图中动词"³za"（下）的记录：

该节（60 页 101 节）后半部分解读如下：

字形： 𝌭 𝄇

标音：……¹tshɛ³hɯ²bo³bʌ³mi，²mbɯ ²ɤmɣ ³ndʐɣ ²mʌ dʐ²y，³ndʐɣ³ ʂ̥ ³dy ²la³za。

字译： 天女名 女子 好男子不 有 男子找 地 下来

意译：……天上的仙女蔡荷包玻密已是成年的好女子，却没有丈夫，于是下来找丈夫。

动词"³za"（下来）用不成熟的表意字" 𝄞 "进行记录，《崇搬图》则不同：

该节（44 页 150、151 节）后半部分解读如下：

字形： 𝌭

标音：tshe⁵⁵ xɯ³¹ mbu³³ bə³¹ mi⁵⁵ mbɯ³¹ ɤmɣ³³ bu³¹ mə³³ dʐy³¹，bu³¹ ʂu³¹ dy³¹ lo³¹ za³¹。

字译：衬红褒白命 女儿 好对象没 有 对象找 地里降

意译：衬红褒白命是个好姑娘，却没有对象，她要下凡找对象。

这里的动词"za³¹"借用" 𝌭 "（本义为"星宿"，此为借音）进行记录。

5. 借字的不同

上图（39 页 70 节）部分解读如下：

字形：𝝌　卍　　　　𝍷𝍷𝍷

标音：²zɯ　²ɣɯ　¹ʂʌ　²mʌ　²sʅ，²zɯ　³thʅ　²dʑy　²lɯ　³sɛ，

字译：少年　好　说　不　知　少年　灾　有　来（助）

字形：🐎　　𝍷𝍷𝍷𝍷　　　　　　𝝌

标音：³ŋgo　³tʂho　³lo　²mʌ　²sʅ，³ŋgo　²khua　³thʅ　²lɯ　³sɛ。

字译：马　快　走　不　知　马　蹄　灾　来（助）

意译：好汉子，你的灾难快来了，这好像快马只知道走，马蹄的灾痛跟着就来一样。

动词"²sʅ"（知或识）借用"𝍷𝍷𝍷"记录，而《崇搬图》则不同。

上图（33 页 109 节）部分解读如下：

字形：🔔　𝝅　　　　𝑨　𝑈　　𝝌

标音：lɯ⁵⁵ ɯ³³ ka³³ uə³³ tɕhy³³，du³¹ ə³³ phv³³ ȵiə³¹ le³³ mi⁵⁵ do³³，

字译：利恩　好　的　呀　都神　　上　又　问候

字形：　　　　𝑋　　𝝌　　　𝑈

标音：ə³³ phv³³ le³³ ʂo⁵⁵ me³³："zo³³ ɯ³³ ʂo⁵⁵ mə³³ sʅ³³……"

字译：都神　又　说　道　男儿好话　不　识

意译：好的利恩呀，向都神问候，都神说道：好男儿不会听好话，自然吃苦头……

这里的"sʅ³³"（识）用"🐑"（本义为"羊毛"，此为借音）记录。

一词借用多字的现象在汉语中同样存在，可能是地域方言的原因，也可能是书写者的个人原因。

三　小结

通过比较，可以得出以下几点认识：

1.《崇搬图》动词的文字记录要远成熟于《古事记》。在《古事记》中，诸多的动词仍采用类似于图画的表达形式，而不是自由使用的文字。同时，两者动词记录的比较也说明动词的文字记录更能清楚地显示出一种原始文字的发展阶段。

2. 在东巴文献中，动词记录发展的主流是借音而非形声。动词的原始记录方式发展到成熟的借音方式，经历了一个在原始文字基础上直接加注音符的过程，这一过程中的表达形式与形声字相似，但并非是真正意义上的形声字。

3.《古事记》尚处于东巴文的原始文字发展的初期，而《崇搬图》则处于由原始文字向成熟文字转变的过渡期。

第三节　结论

本章较为系统地描写分析了《崇搬图》中动作动词、心理动词、使令动词、趋向动词、存现动词和能愿动词的文字记录情况，主要包括各类动词的文字记录比、各种表达方式使用比、各类动词未记录的原因、各种记录方式举例及各自的记录特点。可以看出，各类动词的文字记录有同有异。

表1 各类动词的记录次数比

动词类别	动作动词	心理动词	使令动词	趋向动词	存现动词	能愿动词
比例（%）	73.3	75.0	90.5	72.2	74.4	81.0

表2 各类动词所用记录方式

方式	动作动词		心理动词		使令动词		趋向动词		存现动词		能愿动词	
	方式	比例（%）	方式	比例（%）	方式	比例（%）	方式	比例（%）	方式	比例（%）	方式	比例（%）
象形												
指事	有	7.3	有	30.6								
独体会意	有	6.8			有	5	有	4.6				
合体会意	有	17.1										
形声	有	4.3										
借音	有	68.0	有	69.4	有	95	有	95.4	有	100	有	100

由上表可知：

一　各类动词记录的不同与动词的语义特点及文字的发展阶段密切相关。在各类动词的记录中，趋向动词的记录水平最低，其次为动作动词，使令动词记录水平最高。与其他动词相比，趋向动词在语言表达中的地位相对较低，其文字记录的有无似乎并不影响读者对经典的理解。对于原始文字而言，能省则省，这大概是趋向动词的文字记录水平低于其他动词的原因。不同于动作动词，使令动词和能愿动词较为抽象。按一般情理来推理，动作动词的记录水平似乎应该要高，但《崇搬图》中的情况则不同。我们认为，这种现象的出现与《崇搬图》中东巴文的发展阶段相关。在原始文字的早期，动作动词的记录水平也许相对较高，但随着文字的发展和借音方式的广泛使用，抽象动词的记录水平得到了迅猛发展，而动作动词的记录水平却因原始记录方式的存在仍停留在一个相对较低的水平。

动作动词与使令动词和能愿动词的记录差异反映出《崇搬图》时期的东巴文已处于向成熟文字的过渡时期。

二　动词的文字记录方式与动词的语义特征密切相关。在各类动词中，动作动词的记录方式最为丰富，能愿动词的记录方式较为单一。也就是说，越具象的动词，记录方式越丰富，越抽象的动词，记录方式越单一。在各种记录方式选用的比例上，各类动词存在较大的差异。比如，动作动词所使用的表意方式仍占有一定的比例，心理动词、使令动词和趋向动词所用的表意方式则依次减少，存现动词和能愿动词不使用表意的方式，仅采用借音的方式。总体来说，借音方式在各类动词的记录中占有明显的优势。

在描写《崇搬图》中各类动词记录的基础上，本章较为全面地比较了《崇搬图》与《古事记》中动词的文字记录情况，从中可以看出：

一　《崇搬图》中动词的文字记录要远成熟于《古事记》，正处于向成熟文字转变的过渡期。

二　动词记录发展主要表现在以下几个方面：记录比例的提高、各类记录方式所占比例的动态变化和相同词所用记录方式的变化。记录比例的提高不言而喻，此不赘述。各类记录方式所占比例的动态变化表现出一个明显的特点，那就是越成熟的文字借音表达所占比例越大，表意方式所占比例则越小。相同词的记录变化从微观的角度同样再现了上述的这一发展特点。

第三章

形容词的记录调查研究

　　形容词涉及事物的形状、性质和状态，意义相对抽象，其文字记录，尤其是原始文字的记录有着自身的一些特点。详细描写形容词的文字记录及其特点，同样可以从侧面揭示东巴文的性质特点及其发展阶段。

　　本章将系统描写《崇搬图》中各类形容词的记录情况，并与《古事记》中形容词的文字记录进行比较。

第一节　经典文献中形容词的记录调查研究

　　对《崇搬图》中的形容词文字记录情况，我们将从不同语义类别形容词调查分析和不同音节数的形容词的调查分析两个角度展开，主要包括形容词的记录数量、方式和特点等几方面的内容。

一　不同语义类别的形容词的调查与分析

　　形容词的分类方法很多。《新著国语文法》①将形容词分为四类：性质形容词、数量形容词、指示形容词、疑问形容词。张志公先生在《现代汉

---

① 黎锦熙：《新著国语文法》，商务印书馆 1992 年版，第 114 页。

语》① 中将形容词分为三类：表形象（红、小），表性质（好，优秀），表示状态（急、匆忙）。黄伯荣、廖序东在《现代汉语》② 列举了表状态的形容词、表性质的形容词和表数量的形容词。郭伊迪《基于语义角度的形容词分类研究》③ 从语义角度将形容词分为：度量类形容词、主观情绪类形容词、绝对性质类形容词、自然属性类形容词和描绘类形容词五类。冷铁铮在《形容词的概念和分类》④ 中提到：日语形容词分为客观形容词和主观形容词，客观形容词主要包含属性形容词，主观形容词主要包括感情形容词和评价形容词。不同的语言、不同的角度、不同的时期，形容词有着不同的分类。

借鉴已有形容词分类的成果，同时根据东巴文献的实际情况，我们将形容词分为两大类：客观形容词和主观形容词。客观和主观是相对的，没有绝对的主观，也没有绝对的客观。主客观的分类方法有利于探索形容词的抽象程度对东巴文的选用和记录比例的影响。

根据形容词的语义特征，又将主观形容词细分为评价类形容词和人情类形容词两类，客观形容词分为空间形状类形容词、区别形容词、颜色光影类形容词、时间类形容词、速度类形容词、味觉形容词、温度类形容词和数量类形容词等类。本章将分别考察这些形容词的文字记录情况。

（一）空间形状形容词记录的调查与分析

空间形状形容词是用于形容事物占有空间及其自身外部形态特征的一类词，如粗、细等。空间形状形容词所提示的事物特征较为具体，往往具有较强的可视性。因此，这类形容词的文字记录比例往往较高，记录方式倾向于表意。

---

① 《现代汉语》，人民教育出版社 1982 年版，第 12 页。
② 黄伯荣、廖序东：《现代汉语》，高等教育出版社 2002 年版，第 16 页。
③ 郭伊迪：《基于语义角度的形容词分类研究》，硕士学位论文，黑龙江大学，2012 年。
④ 期刊《日语学习与研究》1986 年第 4 期，第 11—15 页。

1. 空间形状形容词记录的相关统计

表1　　　　　　　　　《崇搬图》空间形状形容词记录次数统计

项目	总使用次数	有记录次数	无记录次数	记录比例(%)
次数	89	54	35	59.55

表2　　　　　　　　　《崇搬图》空间形状形容词记录方式统计

项目	总量	借音	转义	独体会意(抽象字)	备注
次数	54	26	26	2	
所占比例(%)		47.16	49.06	3.77	

按：笔者将"ʂɿɑ³¹"（高）所用东巴文"厂"处理为转义字。对于该字的形体结构类型，学界有争议。李霖灿的《字典》："像墙上高架板之形，么些人之木屋中，高处有长木架，以承物。"即为物的象形。《字谱》："高也，从丨为标，＝示其高度。"从原始文字的特点来看，笔者赞成李说。

表3　　　　　　　　《崇搬图》空间形状形容词的个数及其相关统计

词义	读音	总次数	记录次数	词义	读音	总次数	记录次数
平	guɯ³¹	1	1	细	tshv³¹	6	4
粗	by³³	2	2	高	ʂɿɑ³¹	13	12
直直	tv³³tv³³	2	2	大	dɯ³³	40	19
小	tɕi⁵⁵	3	3	深	xo⁵⁵	1	1
绕	xɯ³³	2	2	斜	ŋgə⁵⁵	1	0
宽	pɑ³¹	4	2	竖	tsɯ³¹	3	0
低	xy³¹	2	2	横	le³³ndər³¹	2	0
直	tv³³	5	5				

表 1 显示：空间形状形容词记录次数比已经过半。

表 3 显示：《崇搬图》中的 15 个空间形状形容词已记录了 12 个，占 73.33%；在已有文字记录的 12 个词中，一些词的记录次数比已经达到了 100%，如形容词"tv^{33}"（直）。

从记录方式上看，空间形状形容词的记录仍以文字初期的表达形式——转义和独体会意为主。值得注意的是，成熟记录方式——借音已占 47.16%。

以上这些数据充分表明此时的东巴文已相当成熟。

2. 无文字记录的原因分析

《崇搬图》中空间形状形容词无记录的原因主要有以下几种：

（1）图画表意

所谓图画表意，即空间形状形容词与所形容的词用同一形体进行记录。例如形容词"tsv^{31}"（竖）和"$dər^{31}$"（横）的记录。

该节（42 页 139 节）部分解读如下：

字形： 🌿　　🌿　　🧍　　⊕　　🐛　　🧍　　✳

标音：$zi^{33} me^{33} miə^{31} tsv^{31} dv^{33} tsh\eta^{33} zi^{33}$, $o^{31} me^{33} miə^{31} dər^{31} dv^{31} tsh\eta^{33} o^{31}$。

字译：美 呀　眼 竖 都青 美　善良呀 眼 横 都青 善良

意译：一个竖眼的很漂亮，一个横眼的很善良。

形容词"tsv^{31}"（竖）和"$dər^{31}$"（横）分别以"🐛"和"🐛"会意。"🐛"一形蕴含"$miə^{31}$"（眼）和"tsv^{31}"（竖）两个意义。如果说该形专门用于记录"$miə^{31}$"（眼）一词尚可理解，但说专门记录形容词"tsv^{31}"（竖）则不可理解。因为该形体只能具体地表示眼竖，并不能记录其他的竖立。因此，我们认为该形只能作为记录名词"$miə^{31}$"（眼）的东巴文，

"tsv³¹"（竖）尚未被文字记录，仅为图画记录。形容词"dər³¹"（横）的记录亦是如此。在《崇搬图》中，有些"tsv³¹"（竖）和"dər³¹"（横）则无任何记录。

（2）无任何记录

如《崇搬图》中"tsv³¹"（竖）的记录。

该节（43页140节）部分解读如下：

字形：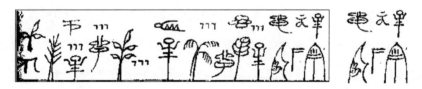

标音：zi³³ me³³ miə³¹ tsv³¹ dv³³ tsh̩³³ nɯ³¹ khv³³ mə³³ n̩i³¹……

字译：美 呀 眼 竖 都青 你 偷 不 得

意译：希望你不要找竖眼睛漂亮的家伙……

形容词"tsv³¹"（竖）没有得到任何记录，只能靠前后文意来理解。

（3）共用或承前后文省

如《崇搬图》中"ʂɯɑ³¹"（高）一词的记录。

该节（21页75节）后部分解读如下：

字形：

标音：æ³¹ ʂɯɑ³¹ sv³³ æ³¹ tv⁵⁵，æ³¹ ʂɯɑ³¹ sv³³ æ³¹ nɯ³³，ndʑy³¹ nɑ³¹ sv³³ ndʑy³¹ tv⁵⁵。

字译：岩 高 三 岩 挂 岩 高 三 岩 上 山 黑 三 山 挂

意译：挂着三座高岩，在高岩之上，挂着三座黑山。

该段中出现两个形容词"ʂɯɑ³¹"（高），只用东巴文"厂"记录了其中的一个。显然，另一个为追求书写简便而承前后文省略了记录，或者说两个形容词 "ʂɯɑ³¹"（高）共用了一个 "ᒥ"。又如《崇搬图》的 73 节与 77 节中 "dɯ³¹"（大）的记录。

左图（73 节）标注部分与右图（77 节）大意相同，现解读如下：

字形：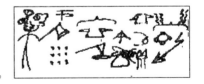

标音：dy³¹ dɯ³¹ mə³³ n̩y⁵⁵ n̩y³³。

字译：地　大　不　颤动

意译：大地也不颤动了。

左图中的形容词 "dɯ³³"（大）用 "◇" 记录，而右图中的 "dɯ³"（大）则无文字记录。在文献中，两词所处的语境相隔不远，亦可视为一种承前文省。

3. 记录方式举例及其分析

（1）转义表达

转义表达，即一个字形不是记录字形义，而是记录表示该字形所象事物某些特征的词。这一记录方式的使用让一个字形同时记录了两个意义相关但不同的词。由于转义方式所记录的词的读音不同于字形义的读音，故这一方式有别于词义引申。在原始文字中，转义表达可以弥补文字不足的缺陷。在《崇搬图》中，记录空间形状形容词常采用转义的方式，例如《崇搬图》中形容词 "dɯ³³"（大）的记录。

右图（10 页 41 节）部分解读如下：

字形：

标音：……mɯ³³ dɯ³³　ŋɡæ³³ lɑ³³ ŋɡo³³ lo³³。

字译：　　天　　大　　干罗哥罗

意译：……天体"干罗哥罗"般的震吼。

形容词"dɯ³³"（大）用"◓"记录。关于"◓"，李霖灿在《字典》
中认为："像人大腹便便之形，因而作'大字'解。"又方国瑜《字谱》："大
也，有谓◈ka³³dɯ³¹'肥胖'演变，又谓一种树果。"虽有争议，但"◓"
为一种具体事物是确定的。也就是说，该形本为一种具体事物，此处记录了
与该事物某些特征相关的词。

（2）独体会意

例如《崇搬图》形容词"xɯ³³"（绕）的记录。

该节（57页205节）开始部分解读如下：

字形：👹　　　✳　　　◓　　　🧍　　　🎣　　　🐛

标音：lɯ⁵⁵ɤɯ³³tv³³ʐʅ³³ndʑi³³，ə³³phv³³xɯ³³ʐʅ³³ndʑi³³……

字译：利恩　　直　路　走　　欧普　绕　路　走

意译：利恩走直路，欧普走弯路……

形容词"xɯ³³"（绕）用"🎣"记录。"🎣"一形以卷曲线条会意弯曲之
义。从形体上看，该字较为抽象，类似于裘锡圭先生在《文字学概要》中所
说的抽象字。

（3）借音记录

例如形容词"tshv³¹"（细）一词的记录。在《崇搬图》中，该词共出现
6次，记录了4次，都采用借音的手法，并全部借用同一个东巴文"👹"（仄

鬼）。如《崇搬图》34 页 110 节中"tshv^{31}"（细）的记录。

该节部分解读如下：

字形：

标音：sa^{55}dv^{31}ma^{31}nɯ^{33}ma^{33}，dv^{31}ko^{31}sa^{55}le^{33}khɯ^{55}，tʂɿ^{55}tshv^{31}khɯ^{31}by^{33}tse^{31}。

字译：气囊 油 来抹 囊 内气又 放 锥细 线 粗 用

意译：囊上抹着油，囊里放满了气，用细的锥粗的线缝好。

形容词"tshv^{31}"（细）用"　"记录。在这一节中，空间形状形容词"by^{33}"（粗）用"　"（面粉）记录，亦为借音的手法。

4. 空间形状形容词的记录特点

《崇搬图》中空间形状形容词的记录表现出以下特点：

（1）合文

形容词与形容词所指对象之间存在密切的关系，因此记录这两个词的东巴文往往以合文的形式出现。在各类词的记录中，记录空间形状形容词的东巴文在这方面表现得尤为突出。例如《崇搬图》中"ʂɿa^{31}"（高）一词的记录。

该节（37 页 119 节）部分解读如下：

字形：A　　Ｆ　　　　）　　

标音：ndʐy^{31}i^{33}ʂɿa^{31}lə^{33}xə^{31}，lo^{31}i^{33}xo^{55}le^{33}xə^{31}。

字译：山　是高　着了　谷是深　着了

意译：山越来越高了，川谷越来越深了。

这里的"▙"（高）书写于"▲"（山）中，为合文。合文虽不同于图画表达，但仍保留着强烈的表意特征，是原始造字思维的残留。

（2）意义相反的形容词所用记录方式大多不同

以下是几组意义相反的形容词所用记录方式统计表

项目	正			反		
	义	形	方　式	义	形	方式
1	大	✧	表意字	小	✂（剪刀）	表音字
2	高	▙	表意字	低	⨇（红）	表音字
3	曲	᧒	表意字	直	✳（千）	表音字
4	粗	⁖（面粉）	表音字	细	⚲（鬼）	表音字

可以看到：4组意义相反的形容词有3组采用不同的记录方式，只有1组同为借音的方式。

从逻辑上讲，意义相反的形容词用文字记录应该有相通之处，但东巴文的事实却并非如此。这一点值得我们深思。

（3）用字的稳定性与不确定性

整体来看，《崇搬图》中空间形状形容词的用字相对稳定。比如，"$t\mathfrak{c}i^{55}$"（小）一词共记录了3次，全部采用东巴文"✂"（剪）；"tv^{33}"（直）共记录5次，全部采用东巴文"✳"（千）；"$tshv^{31}$"（细）一词共记录4次，全部采用东巴文"⚲"（鬼）。

不过，《崇搬图》中也存在同一空间形状形容词采用不同文字记录的现象，表现出原始文字特有的用字不确定性。《崇搬图》中，"dɯ³³"（大）是一个使用量较大的词，基本上采用东巴文"✧"记录，但有特例，例如下图中的记录。

该节最后部分解读如下：

字形：　　　　　 ∭　　　🐦　　🛫　　　⌒　　⊕

标音：xu³¹ kho³³ mi³³ tshe⁵⁵ æ³¹ sv⁵⁵ dɯ³³ me³³ mɯ³³ ŋ.ə³¹ bu³³ le³³ dʑə³¹。

字译：夜　半　火焰　　鸡冠　大　的　天　上　照　又　有

意译：到了夜半，像鸡冠一样大的火焰照亮天空。

这里的"dɯ³³"（大）用"🛫"记录。"🛫"，本义为"见"，《字谱》："do³¹。见也，从目有所见。""🛫"音与"dɯ³³"（大）近，故借用。

同样是"dɯ³³"（大），一个采用表意的方式，一个采用表音的方式，东巴文献用字的随意性可想而知。

空间形状形容词用字的不确定性也表现为所用东巴文形体的不确定性，如《崇搬图》中"xy³¹"（低）的记录。

该节（7页25节）部分解读如下：

字形：　　（字符图形）

标音：……ndʑi³¹ xy³¹　dy³¹ le³³ khu³³，dy³¹ khu³³ mə³³ tʂɿ⁵⁵ tʂɿ⁵⁵。

字译：　飞　低　　地　又　开辟　地　开辟　不　平稳

意译：……它低飞就开辟了大地，但是大地并不平稳。

这里的"xy³¹"（低）用"（字符）"，为借音记录。"（字符）"，本义为"口红"，从（字符）、（字符）声。下面的记录则不同。

该节（6页22节）部分解读如下：

字形：　　（字符图形）

标音：……xy³¹　ndʑi³¹　dy³¹ mə33　khu³³，dy³¹ndʑy³³khu⁵⁵mə³³ gɯ³¹。

字译：　低　飞　地　不　开辟　地　有　开辟　不　平

意译：……飞的低也不能开辟大地，开辟了大地也不平。

这里的"xy³¹"（低）用"（字符）"记录，亦为借音记录。"（字符）"一形《字谱》未列，从"（字符）"，"（字符）"声。"（字符）"义为"呵气"，像口出气。从形体上看，"（字符）"当是"（字符）"的异体。

（二）颜色光影形容词的记录调查与分析

颜色光影形容词主要形容事物的颜色、明暗、光泽等特点。根据所指对象的不同，我们将其分为颜色形容词和光影形容词。

本节将重点对《崇搬图》中颜色形容词的文字记录进行调查分析，对其他颜色光影形容词只做简要举例说明。

1. 颜色形容词记录的相关统计

表1   颜色形容词记录次数统计

项目	总使用次数	有记录次数	无记录次数	记录比例(%)
次数	175	114	61	65.14

表2   颜色形容词记录方式统计

项目	借音	转义	形声	总计
次数	59	22	33	114
比例(%)	51.75	19.3	29.95	

表3   《崇搬图》中颜色形容词的个数及其相关统计

词义	总次数	记录次数	词义	总次数	记录次数
紫	1	1	金	8	6
青青	1	0	绿	12	6
黑黝黝	1	1	黄	11	4
金黄	2	2	黑	55	39
红	7	5	白	77	54

表1显示，颜色形容词的文字记录比已经过半。在原始文字中，颜色形容词往往采用原始的描绘方式或者不记录。《崇搬图》中有如此高的记录比，说明这一时期的东巴文已相当成熟。

表2显示，文字早期常使用的转义方式有22例，占记录方式总数的19.3%。转义方式的大量存在表明这一时期的东巴文依然没有摆脱原始文字的特质。值得注意的是，借音方式的使用59次，占51.75%，形声记录有33例，占28.9%，两种记录方式双双超过转义方式，这说明颜色形容词的文字记录正在向成熟文字过渡。

表 3 显示，除了"青青"一词，其他的颜色词都存在记录的文字，这是颜色词记录成熟的又一表现，也是东巴文成熟的又一标志。

2. 无文字记录的原因分析

（1）本体会意

本体会意，即一些事物具有某些众所周知的典型颜色，行文中如果同时出现表该事物和该事物颜色的词，颜色词的记录往往省略。例如《崇搬图》中颜色形容词"tshv³³ tshv³³"（青青）的记录。该词在该文献中只出现了一次，用于形容草的颜色，未发现记录的文字，见右图。

该节（63 页 249 节）解读如下：

字形：

标音：dy³¹ dɯ³¹ zə³¹ tshv³³ tshv³³，ɣɯ³³ y³¹ xo³¹ pu⁵⁵ lɯ³³ mə³³ thɑ⁵⁵。

字译：地　大　草　青青　　牛　羊　赶　过来　不　得

意译：地大草青青，虽然有牛羊，但是不能赶过来（天国）。

颜色形容词"tshv³³ tshv³³"（青青）没有得到文字记录。不过，"tshv³³ tshv³³"（青青）一词所形容的"zə³¹"（草）出现在"　　　"中。青青之色是草的显著属性，草的形象在无形中提示了"青青"之色。"tshv³³ tshv³³"（青青）因为"草"的存在而忽略不计。

（2）共用或前后文省略

例如下图中"xæ³¹"（金）一词的记录。

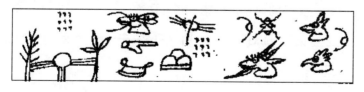

该节（35 页 112 节）后半部分解读如下：

字形：

标音：xæ³¹tʂʅ⁵⁵tho³³xæ³¹khɯ³³ȵi³³xæ³¹æ³³tsv³¹kv³¹khɯ⁵⁵ʂø⁵⁵mə³³iə⁵⁵。

字译：金　山羊儿　金　哈巴狗　金　鸡雏　内　放　说　不　曾

意译：再也不说金黄色的小山羊、金黄色的哈巴狗、金黄色的小公鸡放在囊内。

该段中"xæ³¹"（金）一词共出现3次，只用了一个东巴文""（金黄色），显然有共用或承前后文省之意。

（3）颜色对比会意

在东巴文献中，两个相对或相反的颜色形容词出现在同一语境中，往往只记录其中一个颜色形容词，另一个则忽略不计。例如《古事记》中颜色形容词"³phʌɭ"（白）的记录（按：在《崇搬图》中未找到一个具有说服力的例子，为说明这种现象，故于此处补充《古事记》中的事例）。

该节（《古事记》57页102节）开始部分解读如下（按：《古事记》与《崇搬图》的记音不同）：

字形：

标音：³phʌɭ　¹nɑ　²lɯ　²kə　¹tʂø，³si²kha　²ȵi³dʑy　³bɑ。

字译：白　黑　地　前　接　梅花　两　次　开

意译：在黑白两地交界的地方，梅花一年开两次。

该句中的颜色形容词"³phʌɭ"（白）用"字形"记录，相对的颜色形容词"¹nɑ"（黑）未得到文字记录。

3. 记录方式举例及其分析

《崇搬图》中的颜色形容词有三种记录方式：转义、借音和形声。

（1）转义记录

例如下图中颜色形容词"ʂ̩³¹"（黄）的记录。

该节（31 页 102 节）部分解读如下：

字形：⊞⊞　　ꓭ　　　ꞁꞁꞁ　ꞁꞁ　　　⊠　　　　⊞⊞

标音：dər³³lə³³dər³³mə³³n̠i³¹，bu³¹ʂ̩³¹la³¹gv³³la³¹tshe⁵⁵kho³¹n̠ə³¹dər³³。

字译：猎着但 猎着不 对 猪 黄手肢 手 节 处 上 拴着

意译：猎猪也猎着了，可是猎着有些不对，把神的野黄猪拴上了它的前蹄。

颜色形容词"ʂ̩³¹"（黄）用"⊠"记录。"⊠"，本义为"金领扣"，《字谱》："hæ³¹ẕ̩³³。金领扣也。"又"hæ31。金也，像领扣，其质金，故为金字"。又"ʂ̩³¹。黄也，本金字，金为黄色也。"可见，东巴文"⊠"所表示的"ʂ̩³¹"（黄）是"金领口"的"转义"。

（2）借音记录

例如"xy³¹"（红）一词的记录。

右图（78 页 338 节）部分解读如下：

字形：　　　　　ꞁꞁꞁ

标音：dʑe³³ xy³¹ dʑe³³ ba³¹ sv³³ pə³¹ le³³ so⁵⁵ so³³。

字译：麦 红 麦 穗 三 根 又 搓搓

意译：搓搓三根红麦穗。

这里的"xy³¹"（红）用"〰"记录。"〰"，《字谱》："……口红也，从口 ꟿ（hy³¹，红）声。又叫 nv⁵⁵hy³¹，多话，顶嘴。"可见，"xy³¹"（红）

其实有本字"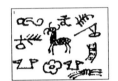"，这里借用了以""为声旁的形声字。

（3）形声记录

如《崇搬图》颜色形容词"nɑ³¹"（黑）的记录。

右图（25 页 88 节）部分解读如下：

字形：ꆚꆚ ꆚꆚ ꆚ   ꆚ ꆚ

标音：ə³³so³³   ə³³tsʅ³³thv³³, t ʂhuo⁵⁵lo³³nɑ³¹sʅ³³thv³³。

字译：一早   什么 出   蚂蚁 黑 先 出

意译：一早，出现了什么？出现的是黑蚂蚁。

这里的"nɑ³¹"（黑）用"ꆚ"记录。"ꆚ"由"●"和"ꆚ"两部分组成。前者表示由"木炭"转义而来的"黑"，为意符，后者为藏文，此为表音，整体可以看作一个形声字。木仕华亦认为："ꆚ字在东巴文中的变体有ꆚ，其中'ꆚ'表示读音，为声符，表意的为形符，组成形声字。"[1]

在外来字上加自身文字中的义符构成形声字，是东巴文的一大特色。"象形状形符与外来借字字符结合，其中形符表意，而外来借字表示读音，组成形声字。这一规律对东巴文中其他藏文字母与东巴文形符组成形声字也同样适用"。[2]

4. 颜色形容词的记录特点

颜色形容词"nɑ³¹"（黑）是《崇搬图》中使用频率较高的一个形容词，其文字记录情况较为复杂。本节将以该词的文字记录为例探讨颜色形容词的记录特点。

（1）原始性

在《崇搬图》中，颜色形容词的文字记录已基本成熟。不过，我们仍可

---

① 木仕华《纳西东巴文与藏文的关系》，载《民族语文》2001 年第 5 期，第 63—69 页。

② 同上。

以发现其中的一些原始痕迹，这主要表现在颜色的涂抹和合文的使用两个方面。

① 颜色的涂抹

（《崇搬图》24 页 84 节）

（《古事记》32 页 53 节）

《崇搬图》24 页 84 节部分解读如下：

字形：

标音：ə^{33} so^{33} tʂ̩ŋ^{33} thv^{33} ɣɯ^{33}，le^{33} kæ^{31} nɑ^{31} thv^{33} ɣɯ^{33}……

字译：一早　所有　出　好　乌鸦　黑　出　好

意译：一早，所有出现的都好，出现的黑乌鸦也好……

这里的"le^{33}kæ^{31}"（乌鸦）用"　"记录，"nɑ^{31}"（黑）用"　"记录。用于记录"乌鸦黑"的"　"已是一个成熟的文字，同时，"乌鸦"一词使用了"　"一形，像描涂了黑色的乌鸦，仍保留着强烈的图画性质。在古汉字中，也存在类似涂黑，例如金文中的"象"作"　"。但这种涂黑与东巴文的涂黑有着本质不同，东巴文的涂黑表达了一定的意义，金文中的涂黑一般不具备这种功能。也许读者会认为语言中的"nɑ^{31}"已由"　"记录了，"　"仅表示乌鸦。静态看，这种观点是正确的，但从历时的角度看，"　"则是原始图画的残留。《古事记》32 页 53 节的"le^{33}kæ^{31}"（乌鸦）则未涂黑，其中的一黑点用于记录语言中的"黑"，并不是乌鸦形体的一部分。

关于东巴文颜色表意，学界有不同观点。王元鹿先生有："使用黑色字素是纳西东巴文字脱胎于图画时代较近的反映。因为黑色字素是一个原始图画中色彩使用的孑遗。"[1] 木仕华先生则认为："黑色字素说，自有它的道理，但东巴文在具体使用中色彩并无别义功能，更没有与之相应对立的其他色彩字素并存，有的东巴经中往往在字符上涂抹有红、蓝、绿、黄诸色，但仅有装饰作用，着色十分随意，没有别义功能。"[2]

从文献具体使用功能来看，两位学者都有一定的道理。但从文献使用比较来看，这里的"涂黑"确实具有一定的表意功能。

② 合文

在《崇搬图》中，记录颜色词的东巴文与记录颜色词所指之物的东巴文往往杂糅在一起，形成合文，例如上文所举的"🐦"，就是"乌鸦"和"黑"的合文。在《崇搬图》中，存在着大量的此类合文，又如，

该节（36 页 117 节）部分解读如下：

字形：🌿 ▲   📦 ⋮

标音：luɯ⁵⁵ ɣɯ³³ khua³¹ tʂɳ³³ tɕhy³³，tʂɿ³³ na³¹ ʂər³³ ty⁵⁵ ko⁵⁵……

字译：利恩　坏　这　种　土　黑　七　层　里

意译：坏利恩在七层黑土之下……

这里的"tʂɿ³³ na³¹"（土黑）用"📦"记录（按：《字谱》认为该字形表"土"而不是表"黑土"。笔者则不认同，从文献和相关类似的东巴文可以推定该字形为"黑土"），为"土"和"黑"的合文。又如，下文中（35

---

① 王元鹿：《汉古文字与纳西东巴文比较研究》，华东师范大学出版社 1988 年版，第 89 页。

② 木仕华《纳西东巴文与藏文的关系》，载《民族语文》2001 年第 5 期，第 63—69 页。

页 113 节）的 ""（石黑）（右二）和（67 页 275 节）中的 ""（鸡黑）（左一）。

在《崇搬图》中，不仅 "黑" 这种残留图画痕迹的东巴文常构成合文，而且一些表示颜色词的成熟东巴文也常构成合文，例如《崇搬图》45 页 156 节。

该节部分解读如下：

字形：🕺　　　　　　　🦢　　　　　　⌒　　🕳　🏳

标音：tsho^{31}ze^{33}lɯ^{55}ɣɯ^{33}zo^{33}，ko^{33}phər^{31}ndv^{33}ko^{55}tsɿ^{55}，mɯ^{33}ŋə^{31}thv^{33}le^{33}xə^{31}。

字译：崇忍利恩若　　　　鹤　白　翅　里　藏　　天　上　到　又　去

意译：崇忍利恩若藏在白鹤翅膀里飞到天国去。

这里的 "ko^{33}phər^{31}"（鹤白）由 "🦢" 和 "ㄓ" 两部分构成，"ㄓ" 书写于 "🦢" 的肚子上，为合文。在文献中，"ㄓ" 已是一个被广泛使用的成熟东巴文。

（2）过渡性与用字的不稳定性

① 原始与成熟并存

《崇搬图》中颜色词的记录存在这样的现象，即一个颜色词的记录同时采用原始的表达方式和成熟的表达方式。前文中，"le^{33}kæ^{31}na^{31}"（乌鸦黑）用 "🐦拘" 和 "🐦" 记录，乌鸦涂黑和东巴文 "🐦" 同时出现，前者原始，后者成熟，过渡性显而易见。又如《崇搬图》21 页 74 节。

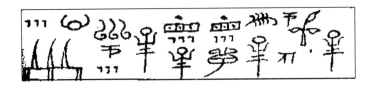

该节部分解读如下：

字形：　　🔲 ● ᛉ ᛉ ᛉ ♀　　🔲 ● ᛉ ᛉ ᛉ ⅋

标音：……ʨɿ⁵⁵nɑ³¹sv⁵⁵tʂhər³³tv⁵⁵，ʨɿ⁵⁵nɑ³¹sv⁵⁵tʂhər³³nɯ³³……

字译：　　土　黑　三　撮　拄着　土　黑　三　撮　来

意译：……（三滴甘露上），用三撮黑土拄着它，三撮黑土上……

"ʨɿ⁵⁵nɑ³¹"（土黑）在使用合文"🔲"

的同时，在其上方增加了东巴文" ● "

（黑）。又如《崇搬图》图中的"石黑"的记

录（33 页 107 节）。

该节部分解读如下：

字形： ⅋　　 Ψ ᛉ ᚴ ᚴ ᚴ ᚴ ᚴ

标音：dzər³¹i³³kv³³phər³¹thv³³，lv³³nɑ³¹khu³³z̩ər³¹thv³³……

字译：树　是头　白　出　石　黑　口　吼　出

意译：将要发现树木白了头，黑石将要震吼……

"lv³³nɑ³¹"（石黑）在使用合文" ᚴᚴ "（石中有黑点）的同时，增加

了东巴文" ᚴ "（形声字，从 ● ᚴ 声），两者共同记录了形容词"nɑ³¹"

（黑）。

② 假借、形声的并存与过渡

黑，《字谱》："ᚴ，nɑ³¹。黑也，借藏文 ᚴ。"又" ● ，nɑ³¹。黑也，

本炭字，炭为黑色也……"未列"ᚴ"一形。ᚴ，从 ● ᚴ 声，为形声

字。在《崇搬图》中，" ● "出现18次，"ᚴ"出现21次，"ᚴ"仅出现

1 次。"●"与"🐾"的使用上文已举例，下面是"🎋"在《崇搬图》中的使用。

该节（78 页 334 节）部分解读如下：

字形：🐚 🎋 🐛　🔴🔴 🐾　　　　　🦌

标音：tʂhu³¹ naŋ⁵⁵ tho³³ lo³³ xo⁵⁵ miə³¹ tər⁵⁵，da³¹ phu⁵⁵ no³³ le³³ tʂha³¹……

字译：宝玉 黑 斗笠 带 眼 结　阴 处 乳 又 挤

意译：把黑玉做的斗笠带子结盘扣，在阴凉的地要挤牛奶……

这里的"naŋ⁵⁵"（黑）用"🎋"记录，为借音记录。

"🐾"和"🎋"两个字形，一个为借音，一个为形声，同时在《崇搬图》中使用，出现形声与借音并存的现象。从文字的发展规律来看，"🐾"应当在"🎋"之后。因此，两者的并存也是东巴文从借音向形声转变的一个力证。

③ 转义、借音的并存与过渡

《崇搬图》中的"黑"有"●"和"🎋"两种记录方式。"●"是由"炭"转义而来的一个字，"🎋"为借音。可见，转义和借音的方式并存于《崇搬图》。从文字发展规律来看，"●"应当在前，"🎋"在后。两者的并存折射出东巴文从转义记录向借音记录过渡的现象。转义是原始文字常用的一种表达方式。转义虽然简便，但会出现一形表多义的现象，容易产生用字混乱。为解决这一问题，文字分化也就成为必要，而借音正是其中的首选。

形容词"xy³¹"（红）的记录同样反映出这一过渡。在《崇搬图》，

"xy³¹"（红）中常借用"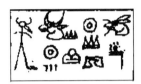"（口红）记录（为借音记录，详见前文分析）。在该文献中，"xy³¹"（红）的记录也使用了另一个字形，见下图。

该节（70 页 279 节）解读如下：

字形：𝑋

标音：tʂho³¹ze³¹lɯ⁵⁵ɣɯ³³ɣɯ³³，ɣɯ³³xy³¹ma³¹sv⁵⁵lv³³，ma³¹mi³³gə³¹le³³tsv⁵⁵。

字译：崇忍利恩　　　好　牛　红 酥 三 饼　酥 火 上 又 烧

意译：崇忍利恩好，用三饼红牛酥油，燃着油火来祭天。

这里的"xy³¹"（红）用"▲▲▲"记录。"▲▲▲"与本句中"▲▲▲"（火）的字形相同。事实上，"▲▲▲"一形的"红"义源自于"火"，为转义。《字谱》："▲▲▲，mi³³。火也，像火焰"，又"▲▲▲，hy³¹。红也，本火字，火为红色也"。可见，记录形容词"xy³¹"（红）的转义字"▲▲▲"与借音字"◁◁◁◁"（口红）并存于《崇搬图》中。

笔者认为，"◁◁◁◁"借音表"红"在于分化转义字"▲▲▲"的双重职能。

5. 光影词的记录调查与分析

光影词的记录主要采用两种方式：指事和借音。在《崇搬图》中，凡表光亮的词全部采用指事的方式，而表阴暗的则采用借音的方式。

（1）个别光影词的调查与分析

① "mbu³³"（亮）的记录

"mbu³³"（亮）在《崇搬图》中共出现 4 次，全部得到记录，都采用指事的记录方式。如右图中"mbu³³"（亮）的记录。

右图（77 页 329 节）部分解读如下：

字形： 𐤃𐤃𐤃 [东巴文字符]   [东巴文字符] [东巴文字符] [东巴文字符] [东巴文字符]

标音： sv⁵⁵ tiə³³ i³¹ ȵə³¹ xu⁵⁵，   le³¹ tshe⁵⁵ mi³³ mbu³³ xə³¹。

字译： 三 滴 右边 洒   月亮 斜 火 亮 了

意译： 又把三滴圣水右边洒，月亮已斜而更亮了。

这里的"mbu³³"（亮）用"[东巴文字符]"记录。"[东巴文字符]"中间的圆点像一个物体，周围的线条以示发散的光，是一个较为抽象的东巴文。其他几个"mbu³³"（亮）也都采用这一字形。

② "sv⁵⁵ sv⁵⁵"（隐约）的记录

"sv⁵⁵ sv⁵⁵"（隐约）一词在《崇搬图》中共出现6次，全部得到记录，都采用借音的方式，如下图。

该节（2页7节）部分解读如下：

字形： [东巴文字符] [东巴文字符]   [东巴文字符] [东巴文字符] [东巴文字符] [东巴文字符]

标音： ndʑy³¹ o³¹ ne³¹ lo³¹ o³¹ sv⁵⁵ sv³³ kæ³³ nɯ³³ thv³³。

字译： 山 影 和 川影 隐约 先 来 出

意译： 隐隐约约的似山似川的象征先出现了。

这里的"sv⁵⁵ sv⁵⁵"（隐约）分别借用"[东巴文字符]"（本义为"三"）和"[东巴文字符]"（本义为"锡"）记录。

（2）光影形容词的记录特点

虽然《崇搬图》中的光影形容词的记录比例相对较高，用字也较为稳定，但仍残留着一些原始痕迹。如"bi³³ zi³³ mbæ³³ zæ³³"（闪闪烁烁）一词的记录（见右图）。

该节（13页52节）部分解读如下：

字形: ◯　　　　　　　　　　　　　　　　

标音: kv³³y³¹æ³¹bə³¹tʂʅ⁵⁵， æ³¹nɯ³³bi³³zi³³mbæ³³zæ³³be³³le³³thv³³。

字译: 蛋 拿 岩 边 扔　 岩 把　闪闪烁烁　 的 又 孵出

意译: 把蛋撞着岩崖，放出闪闪烁烁的光芒，就孵化出来了。

"bi³³zi³³mbæ³³zæ³³"（闪闪烁烁）一词用东巴文" "记录。但同时，在该形体的左下方有" "一形，由岩崖和两侧附加的几条颤动的线条构成，像岩崖闪烁之貌，这是该词原始的记录方式。

可见，《崇搬图》中光影形容词的记录存在成熟记录方式与原始记录方式并存的局面，这是东巴文原始性和过渡性的表现。

（三）人情形容词的记录调查与分析

根据本书研究的需要，这里将形容性格、气质、能力、情态、心情和感受之类的词归为人情形容词。与前两类形容词相比，这些词与人情相联系，意义相对抽象。

1. 人情形容词记录的相关统计

表 1　　　　　　　　　　　人情形容词记录次数统计

项目	总使用次数	有记录次数	无记录次数	记录比例（%）
次数	86	57	29	66. 27

表 2　　　　　　　　　　　人情形容词记录方式统计

项目	借音	转义
次数	41	16
所占比例（%）	73. 68	26. 31

表3　　　　　　　　《崇搬图》中人情形容词的个数及其相关统计

词义	总次数	记录次数	记录方式	词义	总次数	记录方式	记录次数
爱(女)	13	13	借音	满意	2	借音	2
才干	17	7	借音	善良	5	借音	3
乏困	2	2	借音	贤能	28	转义	15
好胜	1	1	转义	惺松	2	借音	2
狠	2	0	借音	慄慄	5	借音	5
欢	1	1	借音	忠直	3	借音	1
苛刻	2	2	借音	累	3	借音	3

虽然人情形容词较为抽象，但仍具有较高的记录比例。表1显示，人情形容词记录次数比已达到63.33%；表3显示，该类形容词只有"狠"一词未发现文字记录；从单个词来看，一些词的记录比达到了百分之百，如爱（女）、累等。

人情形容词以借音记录为主。表2显示，借音记录次数占总记录次数的73.68%；表3显示，采用借音方式记录的词占总词数的85.71%（只有两个词采用转义的方式）。

统计表明，《崇搬图》中人情形容词的文字记录已相当成熟。

2. 无文字记录的原因分析

在《崇搬图》中，人情形容词未被记录共计33次，其原因主要有以下几点：

（1）承前后文省或共用

一段话中，重复出现的词往往只记录其中的一个或部分，如右图中"tv^{33}"（忠直）的记录。

该节（42页138节）部分解读如下：

字形：

标音：ŋə³³se³¹tv³³mə³³dʑy³¹ˏŋə³³　tv³³　bu³¹　su³¹bɯ⁵⁵ue³³tsʅ⁵⁵。

字译：我 何等 忠直 不 有 我　忠直 伴侣　找要　想　是

意译：我是何等忠直呀，要找一个忠直的伴侣。

本段中"tv³³"（忠直）一词出现两次，用"❋"记录了其中的一次。"❋"本义为"千"，此为借音记录。从行款来看，"❋"处在"🐲"和"🐲"两个形体之间，故应当为两者共用一字。在《崇搬图》中，共用和承前后文省是人情形容词未记录的主要原因。

（2）确无记录

《崇搬图》中，"thæ⁵⁵"（狠）（按：《古事记》翻译为"触"，笔者采用《崇搬图》之说）全文出现两处，但都未得到记录。

该节（56页203节）部分（见右图）解读如下：

字形：

标音：xu³¹kho³³xu³³mə³³kho³³，ə³³phv³³i⁵⁵mu³³i⁵⁵sʅ³³sʅ³³，

字译：夜 半 夜 不 半　欧普 睡 梦　睡　惺忪

字形：　　❋

标音：khɯ³³tv⁵⁵khɯ³³tʂhu³³nɯ³³，bə³³u³¹nɯ³³thæ⁵⁵dɯ³¹nɯ³³tshv³³。

字译：脚 缩 脚 伸 着　奴仆 心 狠 大 来 踢

意译：三更半夜，欧普睡梦之间惺忪着，他缩脚伸脚，狠心地要把奴仆一脚踢死。

这里的人情形容词"thæ⁵⁵"（狠）没有得到文字记录。

3. 记录方式举例及其分析

人情形容词以借音记录为主，个别采用转义的方式。

（1）借音记录

例如下图中“nʣæ^{31}”（爱）的记录。

该节（53 页 190 节）部分解读如下：

字形：

标音：dʐʅ^{33}lɑ^{31}ə^{33}phv^{33}le^{33} ʂə^{55}me^{33}：nv^{33}ȵi^{33}nv^{31}mə^{33}iə^{55}，nʣæ^{31}mi^{55}nv^{31}mə^{33}ʐv^{31}。

字译：知劳欧普　又 说 道　你 要　你 不 给　爱　女 你 不 嫁

意译：知劳欧普又说：你求我的姑娘不能许配给你，我的爱女不能嫁给你。

其中的形容词“nʣæ^{31}”（爱女之爱）用“卄”记录。《字谱》：“卄，ʣæ^{33}。富也，丰也，仓满出气也”，此为借音记录。

（2）转义表达

例如下图中人情形容词“dæ^{31}”（贤能）的记录。

右图（52 页 186 节）部分解读如下：

字形：

标音：tʂho^{31}ze^{33}lɯ^{55}ɣɯ^{33}nv^{31}，khə^{55}lɑ^{33}nv^{31}khə^{55}iə^{33}，dæ^{31}lɑ^{33}nv^{31}dæ^{31}iə^{33}。

字译：崇忍利恩　你 才干　也 你　才干是　贤能也 你 贤能 是

意译：崇忍利恩你呀，算你有才干，算你贤能。

人情形容词"dæ³¹"（贤能）用"▶"（旗）记录。《字谱》："▼，the³³。旗也。又作▶，▶。又作▶，读 dæ³¹，能干也。军将亦称 dæ³¹，用旗指挥战争者为能干也。"也就是，"▶"用于记录"dæ³¹"一词为转义表达。转义表达是文字早期常用的一种记录方式。

4. 人情形容词的记录特点

从相关统计来看，人情形容词的文字记录已相当成熟。首先是记录方式已相当稳定，比如，"dæ³¹"（贤能）全部采用转义表达。其次是用字很稳定，比如，"ndzæ³¹"（爱）全部借用"艹"，"khə⁵⁵"（人才）全部借用"𤭖"，"o³¹"（善良）全部借用"𤫉"。

不过，人情形容词在文字的记录中仍表现出原始性和过渡性，具体有以下两点：

（1）异写的存在

例如右图中"dæ³¹"（贤能）的记录。

该节（52 页 185 节）部分解读如下：

字形：𤿺卍𤿻　　　𤭖𤭖×𤭖𤭖⺁　𤿺×𤭖𥄬吕

吕

标音：tʂo³¹ze³³lɯ⁵⁵ɤɯ³³nv³¹，khə⁵⁵la³³nv³¹khə⁵⁵iə³³，dæ³¹la³³nv³¹dæ³¹iə³³ue³³tsʅ⁵⁵。

字译：崇忍利恩　　你　才干 也 你 才干 是 贤能 也 你 贤能 是 就 吧

意译：崇忍利恩你呀，你是很有才干很有贤能的人。

本段中有两个"dæ³¹"（贤能），分别用"𤿻"和"𤿺"记录。"𤿺"，《字谱》："dæ³¹。将也，能干也，从人服胄执旗。又读 dæ³¹，意为能干。""𤿻"像人执矛，《字谱》未收该形。又《字谱》："𤿻……勇士也，从人执矛插铁冠",与"🐦"形似,但本段中的"🐦"并不表示勇士,而是表"能干"之意,故两者并不相关。因此,"🐦"应当看作"🐦"的变体,或者说,两者为异体字。在同一小节中,记录同一词使用一字的两个异体应当是书写者有意避免用字重复,也可能是在炫耀自己对东巴文的驾驭能力。

(2)合体

例如下图中"dæ³¹"(贤能)与"t ʂho³¹ ze³³ lɯ⁵⁵ ɤɯ³³"(崇忍利恩)的记录。

该节(56页202节)部分(右图)解读如下:

字形:𐎧   🦋❌🦋   ⊿   🌱

标音:t ʂho³¹ ze³³ lɯ⁵⁵ ɤɯ³³ nv³¹,khə⁵⁵ la³³ nv³¹ khə⁵⁵ iə³³,dæ³¹ la³³ nv³¹ dæ³¹ iə³³。

字译:崇忍利恩   你 才干 也 你 才干是   贤能也 你 贤能是

意译:崇忍利恩你呀,你是很有才干很有贤能的人。

该句中,记录"dæ³¹"(贤能)一词的"⊿"和记录"t ʂho³¹ ze³³ lɯ⁵⁵ ɤɯ³³"(崇忍利恩)一词的"𐎧"合为一体,像"崇忍利恩"执旗状。这一合体与上文所列举的记录"dæ³¹"(贤能)一词的东巴文"🐦"不同。"🐦"一形中的人物为服胄之人,与上下文没有任何关系,是一个符号化了的附件。可见,"🐦"是一个成熟的文字。而"🦌⊿"则不同,"𐎧"是具体的人物,记录了前文中"t ʂho³¹ ze³³ lɯ⁵⁵ ɤɯ³³"(崇忍利恩)一词。也就是说,这一字形记录了语言中的两个词。

很显然,合文"🦌"仍残留着原始图画的痕迹。

(四)数量形容词的记录调查与分析

《崇搬图》中表数量的形容词不多,现列举如下:

1. 数量形容词记录的相关统计

词义	读音	记录数量	无记录数量	用字
足	lv^{31}	0	2	
满	sər^{55}	0	2	
满（时间）	gv^{33}	1	1	饮
丛丛	tsv^{33}tsv^{33}	2	0	鬼
繁多	dzv^{33}	5	1	增
层层	ty^{55}ty^{55}	1	0	击
合　计		9	6	
记录比（%）		60		

2. 无文字记录的原因分析

《崇搬图》中，数量形容词未被记录的原因主要有以下两点：

（1）图画表达

数量形容词未被文字记录的一个重要原因就是仍采用原始的图画表达方式，例如右图中"dzv^{33}"（繁多）的记录。

该节（97 页 457 节）部分解读如下：

字形：

标音：ʐə̱^{31}iə^{31}dzv^{33}lə^{33}xə^{31}，khɯ^{33}dv^{31}lər^{55}iə^{31}dzv^{33}le^{33}xə^{31}。

字译：草 样　繁多来　了　肯笃　种子 样 繁多来 了

意译：像草一样的繁荣，像"肯笃"种子一样的繁多。

在该节中，形容词"dzv^{33}"（繁多）出现两次，前者采用原始的图画表达方式""进行记录，后者用成熟文字""记录。""一形由草、地和点构成，点描绘于草的周围，表示草多。这种记录方式与语言环境密切相关，形体随文而变；再者，一形记录多词，难以切分；这些正是原始表达方式的特点。

（2）确无记录

如下图中"ʂər⁵⁵"（满）的记录。

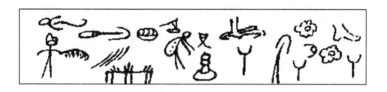

该节（14 页 54 节）部分解读如下：

字形：🐛🧍 〰️ 🥖 🥄　　　　　　 〰️

标音：ə³³me³³no³¹ dzv³¹ tɕhy³³no³¹ sɿ³³le³³mə³³y³¹，fv³³sɿ³³le³³y³¹tshɿ³¹，

字译：阿母　羽　生　族　羽　也又　不生　毛　也又生　来

字形：　　　　　🪶

标音：fv³³tshe⁵⁵z̩ə³¹piə³³xə³¹，z̩ə³¹y³¹dy³¹ ʂər⁵⁵xə³¹……

字译：毛　去　草　变　了　草生地　满　了

意译：阿母是长羽毛的族，他就是不生羽，反倒长出了毛，毛就变成了草，草长满了大地……

这里的形容词"ʂər⁵⁵"（满）没有任何的记录。下图中的"ʂər⁵⁵"（满）则采用原始的记录方式：

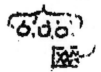

该节（14 页 53 节）部分（右图）解读如下：

字形：

标音：kɯ³¹ dʑv³¹ mɯ³³ ʂ̩r⁵⁵ xə³¹。

字译：星　生　天　满　了

意译：星星长满了天。

这里的"ʂ̩r⁵⁵"（满）通过"　　"会意，即在星星的周围描绘了很多点以示"多"意，与上文中的"　　"相似。相对而言，14 页 54 节中的"ʂ̩r⁵⁵"（满）既无成熟文字记录，也无原始图画记录。

3. 记录方式举例及其分析

《崇搬图》中，数量形容词存在以下两种记录方式。

（1）指事记录

如右图中"dʑv³³"（繁多）的记录。

该节（94 页 442 节）解读如下：

字形：　　　　　　

标音：z̩ə³¹ iə³¹ dʑv³³ le³³ xə³¹。

字译：草　样　繁多　又　来

意译：像草一样地繁荣起来。

数量形容词"dʑv³³"（繁多）用"　　"记录。《崇搬图》中，"dʑv³³"（繁多）一词共出现 6 次，记录了 5 次，全部使用该字形。可见，"　　"已具有稳定的字形，并与形容词"dʑv³³"（繁多）形成了对应关系，是一个较为成熟的文字。《字谱》："　　dʐ̩³³。增也，从蕨，点示增多。"但"　　"的构形仍保留着原始文字的特质。

（2）借音

如右图中"tshv³³ tshv³³"（丛丛）的记录。

该节（92 页 420 节）解读如下：

字形：

标音：by³¹ du³¹ tshv³³ tshv³³ ndʑi⁵⁵。

字译：钙偶　　　丛丛　　烧

意译：烧着丛丛钙偶。

这里的"tshv³³ tshv³³"（丛丛）用""记录。""，《字谱》："tshɿ³¹。鬼也，从死人立。迷信以为人死后变鬼。"此为借音记录。

4. 数量形容词的记录特点

过渡性是《崇搬图》中数量形容词记录的最大特点，例如下图中形容词"dʑv³³"（繁多）的记录：

该节（97 页 456 节）部分（右图）解读如下：

字形：　　　

标音：muɯ³³ bv³¹ ndʑv³¹ me³³ i³³，kuɯ³¹ iə³¹ dʑv³³ lə³³ xə³¹。

字译：天　下　住　的　是　星　样　繁多　又　去

意译：居住在天下，如星星一样的繁多。

用于形容天空繁星的形容词"dʑv³³"（繁多）用东巴文""记录，这是一个成熟文字。同时，字形""描绘了一幅天宇之下繁星点点的画面，其中同样蕴含了形容词"dʑv³³"（繁多）所表之义，仍保留着原始表达方式的风貌。同一语境中，一个词同时了采用成熟文字与原始图画两种记录方式，这正是原始文字向成熟文字过渡的生动展现。

（五）味觉形容词的记录调查与分析

在《崇搬图》中，味觉形容词只有"khɑ³³"（苦）和"tɕhi³¹"（甜）。

1. 味觉形容词的相关记录统计

词义及读音	使用次数	记录次数	记录比例(%)	记录方式
苦 tha³³	3	0	0	图画过渡
甜 tɕi³¹	4	4	100	借音

2. "tha³³"（苦）的记录举例与分析

《字谱》："⌒, kha³³。苦也，有物出口外，● 亦示味苦。"《崇搬图》

中，"tha³³"（苦）的记录较为复杂，渗透着原始文字的特质。例如右图中"kha³³"（苦）的记录。

该节（28 页 94 节）部分解读如下：

字形：

标音：du³¹　se³¹ khu³³ kha³³ thv³³，bi³³ le³¹ miə³³ ŋgu³¹ thv³³。

字译：男神女神口　苦　出　　日　月　眼　病　出

意译：男神和女神觉得口很苦，日月的眼睛也病了。

在本段中，形容词"kha³³"（苦）只出现一次，但图版中男神和女神的头部分别出现了两个《字谱》中所列的类似字形"≼"。如果将"⅋"看作"男神"和"≼"（口苦）的合文，"⅋"看作"女神"和"≼"（口苦）的合文，这里就应该读为"男神口苦和女神口苦"，但这里并非如此。如果书写者仅仅在男神或女神的口部书写"≼"，那就难以表达"男神和女神觉得口很苦"之义。可见，如果不使用成熟文字进行记录，就必须采用图版中的表达方式。

事实上，这里的"≼"并不只是记录形容词"kha³³"（苦），而是记录"khu³³"（口）和"kha³³"（苦）两个词。从构形来看，"≼"不是记录这两个词的合文。虽说"◿"是记录名词"khu³³"（口）的专用字，但"▮"（黑点）却不是记录"苦"的专用字，因为"▮"既可以表示黑色，也可以表示炭、坏等意义。可见，"◪"一形不能拆卸，是一个整体，这里同时记录了两个词，是一种较为原始的记录方式。

形容词"khɑ³³"（苦）的记录残留着原始文字的特点。

在《崇搬图》中，"khɑ³³"（苦）一词共出现 3 次，全部采用这种方式记录。

3. tɕhi³¹（甜）的记录举例与分析

《字谱》："◿，tɕhi³¹。甜也，有物体含口中，◢（tɕhi³¹、刺）亦声。"在《崇搬图》中，tɕhi³¹（甜）一词出现 4 次，全部借"◢"记录，未发现《字谱》所列的字形。以下是该文献中形容词"tɕhi³¹"（甜）的记录。

该节（39 页 123 节）解读如下：

字形：⚘ｊ　　　　　　　　　　　　⋉‖▮◢◠

标音：khɯ³³ɳi³³le³³ʂə⁵⁵me³³：ŋy³³lv³¹ɣɯ³³mə³³lv³¹，tɕi⁵⁵i³³no³³tɕi³¹iə⁵⁵，

字译：哈巴狗　就说道　　我吠好　的吠　小时　奶　甜　喂

字形：✿　🐚　🐦　◠　🐚　🐚　‖　◢

标音：dɯ³¹ɳə³¹no³³mə³³iə⁵⁵，dzi³³khɯ³³no³³ɳi⁵⁵tɕi³¹……

字译：大　了　奶　不喂　人　狗　奶汁甜

意译：哈巴狗说道：我之所以吠，因为在小时候，喂我甜牛奶，现在长大了，不得喝甜奶，人呀，狗呀都想喝甜奶汁。

两个"tɕhi³¹"（甜）都用东巴文"◢"记录。《字谱》："tɕhi³¹。刺也。又

作 ✳，从竹有刺。"此为借音记录。

"kha³"（苦）和"tɕhi³¹"（甜）是一对语义相对的形容词。在《崇搬图》中，两者在记录数量和记录方式上却存在较大的差异。可见，两者记录的发生和发展并不在同一层面，这是东巴文内在发展不平衡性的体现。

（六）几对意义相关形容词的记录调查与分析

正如前文所讲，意义相关或相对的形容词在文字的记录数量和记录方式中往往表现出较大的差异。为此，下面将再次列举《崇搬图》中的几对此类形容词的文字记录情况，以便更加全面地考察形容词的记录特点。

1. "好"与"坏"的记录调查与比较

（1）"好"的记录调查与分析

① "好"记录的统计

词义	读音	使用次数	记录次数	记录比例(%)	字形	记录方式
好	ɣɯ³³	66	55	83. 33	卍	借音
	ka³³	3	3	100	一	借音
	ɯ³³	8	5	62.5	🐛	转义
总计		77	63	81.82		

② "ɣɯ³³" "ka³³" 和 "ɯ³³" 使用上的相通性

《崇搬图》中翻译为"好"的词有三个，分别读为"ɣɯ³³" "ka³³" 和 "ɯ³³"。

"卍，读音为 ɯ³³……ɯ³³ 按丽江话标音当记为 ɣɯ³³"（木仕华《纳西东巴文中的 卍 字》，《民族语文》1999 年第 2 期），可见，"ɯ³³" 与 "ɣɯ³³" 只是方言读音上的差异。

在文献使用中，三者的意义是相通的。

左图（33 页 109 节）部分解读如下：

字形：🦌 𠀇　　🂈　🜂　🐗 又

标音：lɯ⁵⁵ɯ³³ka³³uə³³tɕhy³³，du³¹ə³³phv³³ȵiə³¹le³³mi⁵⁵do³³。

字译：利恩　好 的 呀　都神　上 又 问候

意译：好的利恩呀，向都神问候。

形容词"ka³³"（好）修饰人（利恩），用"𠀇"记录。

右图（119 页 618 节）解读如下：

字形：🐾 🌸　　✓ 🜊　ⸯ 🚪 🏛

标音：z̦o³³ɯ³³phi³³thv³³lɯ³³mə³³t ʂər³¹gə³³dɯ³³khu³³dʐə³¹。

字译：男儿好 疹 生 来 不 准 的 一 门 有

意译：不使好男儿出疹的有一道门。

与上例相同，这里的"ɯ³³"也是修饰人，用"🐾"记录。与"ka³³"和"ɯ³³"一样，形容词"ɣɯ³³"也可修饰人，例如右图中"ɣɯ³³"的使用。

该节（64 页 256 节）部分解读如下：

字形：🜚 卍🌸 ⸯ 🌸　🜚　ⸯ 🌙 🌸

标音：t ʂɹa³¹ɣɯ³³dɯ³³tshv³³dɯ³³，mbɯ³¹ɣɯ³³tshv³³mə³³dɯ³³。

字译：男 好 一 套 得　女 好 套 不 得

意译：男的服饰已准备了一套，而女的服饰还没有准备。

这里的"ɣɯ³³"修饰"男"。

在具体使用上,"ɣɯ³³""kɑ³³"和"ɯ³³"是相通的,因此我们将其列于一处集中进行分析。

③ 无记录分析

在《崇搬图》中,"好"一词未记录的原因主要有以下几点:

A. 省略

承前省或承后省是导致"好"一词未记录的主要原因,下列两节的不同记录就能准确反映这一点。

左图(64页256节)的分析详见上文。右图(65页259节)的诵读大意与左图基本相同,现解读如下:

字形: 🐾🀫 ❀ ⸗ ❀ ⸗ 卍 ⸗ 🌀 ❀

标音: t ʂɿɑ³¹ ɣɯ³³ dɯ³³ tshv³³ dɯ³³, mbɯ³¹ ɣɯ³³ tshv³³ mə³³ dɯ³³。

字译: 男   好   一   套   得   女   好   套   不   得

意译: 男的服饰已准备了一套,而女的服饰还没有准备。

比较两段文字与语言的对应,256节是"男好"的 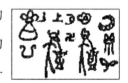 "ɣɯ³³"(好)没有得到记录,而259节则是"女好"的

"ɣɯ³³"(好)没有得到记录,其他完全相同。显然,一个是承前省,一个是承后省。这些省略在相近的小节交替出现,这应该是书写者追求书写变化的一种手段。

B. 共用

右图(44页144节)部分解读为:

字形: 🐾 上 🌙❀   🐾

标音: ……t ʂɿɑ³³ ɣɯ³³ ʂə⁵⁵ mə³³ sɿ³³, zo³³ thɯ³¹ dʑy³³ kv⁵⁵ ıə³³,

字译：　　男　　好　话　不　懂　男　辛苦　有　可能　是

字形：　　　　　　　

标音：bɯ³¹ ɤɯ³³ ʂə⁵⁵ mə³³ sʅ³³ , bɯ³³ thɯ³¹ dʑy³³ kv⁵⁵ 　iə³³。

字译：女　好　话　不　懂　　女　辛苦　有　可能　是

意译：……做男儿的不懂好话，男方就会发生不幸的事；做女儿的不懂好话，女方就会发生不幸的事。

"ɤɯ³³"（好）一词共出现两次，用"ʑ"记录其中的一次。从图版的布局来看，"ʑ"处于男女之间，当为共用。实际上，共用与省略的道理是一样的。

C. 诵读者的主观添加或删减

出现未记录的情况，也不能排除诵经者违背书写者的原意而主观添加一些词语。比较《古事记》与《崇搬图》语义相同的片段，可以发现这一点：

左图（《崇搬图》25 页 86 节）部分解读如下：

字形：

标音：ə³³ so³¹ 　　tʂʅŋ³³ thv³³ ɤɯ³³ , phe³³ le³¹ phər³¹ thv³³ ɤɯ³³……

字译：一早　　　所　出现　好　蝴蝶　白　出　好

意译：一早，所有出现的都好，白蝴蝶出现也好……

右图（《古事记》33 页 54 节）部分解读如下：

字形：

标音：²ɛ² so　　　²tʂʅŋ ²ɤɯ ²thu, ³pe³ ³ɛ ³phʌɹ ¹sʅ ²thu……

字译：原先　　这　好　出　蝴蝶　白　先出

意译：原先，好的出现了，白蝴蝶先出来……

比较两节，两者的第一句基本相同，都有"ɣɯ³³"（好）一词；第二句不同，一句是"出好"，一句是"先出"。如果《崇搬图》的诵读者在第二句中也读为"先出"，就不会有"ɣɯ³³"一词，也就不存在未记录的情况。值得注意的是，两部书的诵读者都是和方东巴。可见，诵经者的诵读有一定的随意性。当这种随意性导致诵读的经文与原文相违背的时候，就可能导致一些词语没有文字记录。

④ 有记录分析

"好"是一个相对抽象的词。在《崇搬图》中，该词的记录比例已达81.82%，超过形容词的平均记录水平。相关统计显示，"好"的记录用字已经相当稳定，文字与语言形成了稳定的对应关系。可见，这类词的记录已相当成熟。

在《崇搬图》中，"好"一词的记录使用了"卍""ᴨ"和"𖼐"三个字形。三个字的用例前文已举，此不赘述。下面仅就这三个字形做一补充说明。

"卍"，《字谱》："ɣɯ³³。好也，字源难解。有作卐、卍。"《字典》："此字有宗教渊源，因其意而作好也。"两本重要字典都未明确解读该字。"它作为神秘的宗教符号被佛教、婆罗门教、毗湿奴教、耆那教、藏族苯教、纳西族东巴教赋予极其博杂的意义""我们对纳西族东巴文中卍字的诸方面相关文化略做分析后，显然可知东巴文中的卍字的最早源头为古印度 swastika，后随佛教东传，卍与苯教的卐（雍仲）一齐为纳西先民吸收入其文字体系中……"[1]"卍"到底是什么呢？"再看一下么些文，那么更有理由相信卍的形状是太阳的象征符号"。[2]

---

[1] 木仕华：《纳西东巴文中的卍字》，《民族语文》1999 年第 2 期，第 58—64 页。
[2] 芮传明、余太山：《中西文饰比较》，上海古籍出版社 1995 年版，第 108 页。

学者对"卐"的探究较为深入，总结起来，即"卐"源于外族，是某种事物。不过，作为文字出现在东巴文中，其本意已基本泯灭，可以看作一个记音的符号，即表音字。

"🐟"，《字谱》："ɣɯ³³。宝物也。又作🐟，与 lo³¹bv³³t ʂ̩³¹ 🐚常混用。"又"🐚，lo³¹bv³³t ʂ̩³¹。冠珠也，从珠镶边……"《字典》："宝物也，八宝之一。画宝物之形，在北地一带阴历新年时，以麦面粉印此字之模纹于人之衣上以取吉祥。"（"按：［lo³¹bv³³］即藏语中的'宝贝'"。[1]）由此可见，"🐟"的本义并未模糊，这里用来记录"好"，意义存在联系，可以看作转义记录。

"ᆩ"（或"ᆩ"等形），《字谱》："ᆩ，ka³³。好也，善也，借藏文ᆩ。""东巴文中所借用第 1 个藏文字母 ᆩ ［ka］在纳西语言中可读作 ka³³'好，善良'"。[2] 可见，"ᆩ"是来自外族的一个借字，在东巴文中用于记音。

比较起来，三个字来源有着相似之处，即都与外族文化的传播和宗教信仰密切相关。因为这种密切关系，所以在文献使用中，彼此往往交替使用，又如右图"ɣɯ³³"的记录。

该节（4 页 13 节）部分解读如下：

字形：𝄞 𝄢 🐛🐚𝄪 𝄐 𝄐 𝄐卐 ▤🐚卐

标音：thɯ³³ nɯ³³ pɯ³³ pa³³ be³³，lər³¹ kv⁵⁵ kho³³ ɣɯ³³ sa⁵⁵ ɣɯ³³ thv³³。

字译：它　由　化育　做　鸣　会　声　好　气　好　出

意译：由白天化育，出现会啼的好声好气的东西。

"kho³³ɣɯ³³"（声好）的"ɣɯ³³"用"卐"记录，而"sa⁵⁵ɣɯ³³"的

---

① 木仕华：《纳西东巴文与藏文的关系》，《民族语文》2001 年第 5 期，第 63—69 页。

② 王元鹿：《汉古文字与纳西东巴文比较研究》，华东师范大学出版社 1988 年版，第 89 页。

"ɣɯ³³" 却用 "🜨" 记录。如此使用是当时书写者有意避免用字的重复。

"🜨" 与 "🜨" 在同一节中也常交替使用，如上文所举的 33 页 109 节。

（2）"kuɑ³¹"（坏）的记录调查与分析

《崇搬图》中，"kuɑ³¹"（坏）使用 3 次，1 次未被记录。

① 无记录举例与分析

如下图中 "kuɑ³¹"（坏）的记录。

该节部分解读如下：

字形：🜨　　　　　　　　🜨　　🜨

标音：lɯ³³ ɯ³³ kuɑ³¹ tʂhɯ³³ tɕhy³³，dv³³ y³¹ mə³³ kv⁵⁵ ə³³ phv³³ dzʅ³¹。

字译：利恩　坏　这　种　　犁抬　不　会都神　打

意译：利恩这坏家伙，抬着犁架打到了都神。

形容词 "kuɑ³¹"（坏）无对应文字。右图

是《古事记》中相似的片段（38 页 67 节）：

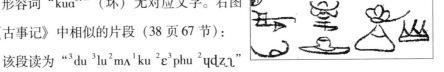

该段读为 "³du ³lu ²mʌ ¹ku ²ɛ³ phu ²ɥdzʅ"

（与《崇搬图》中的第二句 "dv³³ y³¹ mə³³ kv⁵⁵ ə³³ phv³³ dzʅ³¹" 相同），并无第一句 "lɯ³³ ɯ³³ kuɑ³¹ tʂhɯ³³ tɕhy³³"（利恩这坏家伙）这句话，这也就让人怀疑原经文是否有 "利恩这坏家伙" 这一内容，不排除诵读者的发挥。如果《崇搬图》的诵读者正确，"kuɑ³¹"（坏）无对应文字就是书写者省略的原因；如果《崇搬图》的诵读者不正确，"kuɑ³¹"（坏）无对应文字就是诵读者主观添加的原因。

② 有记录举例与分析

如下图中 "kuɑ³¹"（坏）的记录。

该节（34 页 111 节）部分解读为：

字形：𓀀卐𓀀 ▲

标音：lɯ³³ɯ³³kuɑ³¹t ʂɯ³³tɕhy³³。

字译：利恩 坏 这 种

意译：坏东西利恩。

形容词"kuɑ³¹"（坏）用"▲"记录。《字谱》："▲，khu³¹。坏也，恶也，箭头省写。"《字典》："以黑三角形示不吉之意。"这里为转义记录。关于黑色，"黑色字素的使用反映了纳西族传统心理中存在着一种褒白贬黑的意义"[1]。确实，"▲"或黑在东巴文的构字中广泛使用，一般表示贬义。如《字谱》："🐟，kho³³dʐɑ³³。恶语也，从口出黑声，示恶。"又如"👁，nv⁵⁵me³³khuɑ³¹。恶意也，从心从恶👉"，亦用了"▲"。实际上，"▲"一形在《崇搬图》中不仅记录"kuɑ³¹"一词，也记录"ndʐɑ³³"（恶、不好）一词，如下图。

该节（5 页 17 节）部分解读如下：

字形：𓀀 𓀀𓀀 𓀀𓀀𓀀 𓀀 𓀀 𓀀 ▲ 𓀀 𓀀𓀀𓀀

标音：thɯ³³nɯ³³pɯ³³pɑ³³be³³，lər³¹kv⁵⁵kho³³ndʐɑ³³sɑ⁵⁵ndʐɑ³³the³¹nɯ³³thv³³。

字译：它 由 化育 做 鸣会声坏 气 坏 此 由 出

---

① 王元鹿：《汉古文字与纳西东巴文字比较研究》，华东师范大学出版社 1988 年版，第 95 页。

意译：由黑光化育，出现了会啼的怪声怪气的东西。

这里的"ndʑɑ³³"用"▲"记录。可见，"▲"是一个历史悠久，使用广泛的具有宗教含义的东巴文。

通过分析可以看出，"好"与"kuɑ³¹"（坏）的记录都具有深刻的文化内涵和悠久的历史。不同的是，"好"的文字记录多样而富有变化，这些不同的字形也间接地反映出东巴文的发展过程。

2. 含干净、圣洁、清澈及相反义类的形容词记录调查与比较

（1）《崇搬图》中相关词的记录统计

词义	读音	使用次数	记录次数	记录比例（%）	字形	记录方式	类别
纯洁	tse³¹	6	2	33.3	𥹉	借音	表音
白净	sv⁵⁵sɑ³³	3	3	100	𝌆	借音	
清澈	su³¹	3	3	100	⚑	借音	
合计		12	8	66.7			
浊	dəɹ³¹	2	2	100	𝕏	指事	表意
污秽	tʂhə⁵⁵	16	5	31.3	⬯	独体表意	
合　计		18	7	38.9			
总　计		30	15	50			

由上表可知：

① 此类词的记录比并不高，只有50%。

② 洁净类形容词的记录都采用借音的方式，而污浊类形容词则采用表意的方式。从记录比例来看，采用借音方式的洁净类形容词的文字记录比例要高于采用表意方式的污浊类形容词。两者记录方式的差异固然与词义相关，但同时也体现出东巴文内部发展的不平衡性。

（2）无记录分析

统计显示，只有"纯洁"和"污秽"两个词出现未记录的情况。分析起来，主要有以下两种情况：

① 共用或承前后省略

如右图中"tʂhə⁵⁵"（秽）的记录。

该节（28 页 94 节）部分解读如下：

字形：🐟 🌀 ⛲　　　　● ◕　　　　　◦◦◦🌀 ✕　　　▨

标音：mɯ³³ tʂhə⁵⁵ dy³¹ tʂhə⁵⁵ xə³¹，bi³³ tʂhə⁵⁵ le³¹ tʂhə⁵⁵ xə³¹，kɯ³¹ tʂhə⁵⁵ ʐɑ³¹ tʂhə⁵⁵ xə³¹……

字译：天　秽　地　秽　了　日　秽　月　秽　了　星　秽　宿　秽　了

意译：天地日月星辰变得污秽了……

该节中，形容词"tʂhə⁵⁵"（秽）共出现 6 次，只用东巴文"🌀"记录其中两次。左起第一个"🌀"处于日月天与地之间，很难分清到底是记录哪一个秽，可以看作东巴文的共用。如果按正常语序来看，第二个"🌀"记录了"星秽"的"tʂhə⁵⁵"，而"宿秽"的"tʂhə⁵⁵"则没有记录，为承前省。

② 确无记录

在此类无记录的情况中，前后文未重复出现该词，也不存在任何文字记录，如下图中"tse³¹"（纯洁）的记录。

该节（3 页 12 节）部分解读如下：

字形：⭕ ✕ ⊦　◨ ✕　　　⛏

标音： tse³¹ kv⁵⁵ mu³³ phər³¹ lv⁵⁵ lɑ³³ the³³ nɯ³³ thv³³。

字译：纯洁的 天 白 光明 此 由 出

意译：出现了纯洁的光明的白天。

"tse³¹"（纯洁）一词未见文字记录，前后文中也未出现该词。

（3）记录方式

① 借音

《崇搬图》中，"tse³¹"（纯洁，净）采用借音
记录，如右图。

该节（75 页 323 节）部分解读如下：

字形：

标音：t ʂho³¹ ze³³ lɯ⁵⁵ ɤɯ³³ nɯ³³，tse³¹ dʑi³¹ sv⁵⁵ thiə⁵⁵ u⁵⁵。

字译：崇忍利恩 把 净 水 三 滴 掬

意译：崇忍利恩掬起三滴圣水。

这里的"tse³¹"（净）借用东巴文"𐊀"记录。《字谱》1314："𐊀，tse³¹。'争'鬼也，从人叉头。"此为借音记录。

② 独体表意

如右图中"t ʂhə⁵⁵"（秽）的记录。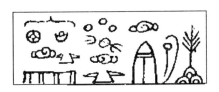

该节（32 页 105 节）部分解读如下：

字形：

标音：mɯ³³ t ʂhə⁵⁵ dy³¹ t ʂhə⁵⁵ thv³³，bi³³ t ʂhə⁵⁵ le³¹ t ʂhə⁵⁵ thv³³。

字译：天 秽 地 秽 出 日 秽 月 秽 出现

意译：天地出现了污秽，日月出现了污秽。

这里的"t ʂhə⁵⁵"（秽）用"☁"记录。"☁"，《字谱》："☁ t ʂhə⁵⁵。秽气也，像汽缭绕。又作☁、☁、☁、☁、☁。"方国瑜的汉语解读为秽气，似乎为名词。但从该词的使用来看，应该为形容词。《字典》113：

"〜〜"，与 🦋 同皆不洁之意也，此气常加于一切事物之上，示事物为其蒙秽之意。"该东巴文通过气流来会意污秽之义，是为独体会意。

③ 指事

例如《崇搬图》中"dər^{31}"（浊）一词的记录，见右图。

该节（69 页 290 节）部分解读如下：

字形：𓏭𓏭𓏭 𓂝 𓏭𓏭𓏭𓄿 🦆 🦆 𓃀 𓂝

标音：se^{55} dʑi^{31} se^{55} sv^{55} ɠɔ^{33}，dʑi^{33} dər^{31} dʑi^{31} mə^{33} su^{31}。

字译：溪　水　浪　潺潺　　水　浊　水　不　清

意译：山溪水，浪潺湲，浊水流不清。

形容词"dər^{31}"（浊）用"𓄿"记录。字形以折线示水流，点示污浊，是一个较为抽象的文字。在《崇搬图》中，该字形共出现 2 次，《字谱》未收录。

3. 性别区别词的记录调查与分析

性别区别词是语言中普遍存在的一类形容词。这类词虽不抽象，但用文字来记录却有一定的难度。《崇搬图》中性别区别词的记录存在一些特点。

（1）《崇搬图》中性别区别词记录统计

词义	读音	使用次数	记录次数	记录比例（%）	字形	记录方式
雄	ɣuɑ^{55}	6	3	50	𓌳	借音
	phər^{31}	2	1	50	𓊝	借音
	dv^{33}	6	0			
合　计			14	4	28.57	
雌	me^{33}	6	5	83.33	𓂔	独体会意

上表显示：

"雄"一词的记录比只有28.57%，而"雌"一词则有83.33%，记录水平很不平衡。

（2）无记录的原因

① 形体表意

如下图中"æ^{31}phər^{31}"（雄鸡）中的"phər^{31}"（雄）的记录。

该节（79页342节）部分解读如下：

字形：⌂元●∴   ∮   🖾   ⌣⌣   𝍩   ⊕   Ɏ

标音：na^{31} mo^{33} mbe^{33} to^{55} tɯ^{33}，æ^{31} phər^{31} tɕy^{31} kho^{33} tshv^{31} nɯ^{33} tv^{55}。

字译：纳模本堕底   鸡 雄 啼 声 细 来 顶

意译：在"纳模本堕底"这个地方，就用善于啼叫的雄鸡来顶它。

区别词"phər^{31}"（雄）无文字记录。《字谱》："🖾，æ^{31}me^{33}。母鸡也，萎其冠……"言外之意，鸡的雌雄可由鸡冠做出判断。本节中的"🖾"一形凸显头上的冠子，像雄鸡之形。可见，形体表意是"phər^{31}"（雄）未记录的原因。

显然，形体会意的方式不利于记录词语，因为在缺乏比较的情况下，读者往往难以辨别鸡冠的大小。从文字的发展角度来看，这类记录方式最终将被其他的记录方式所替代。事实也是如此，《崇搬图》中"phər^{31}"（雄）一词已出现借音记录（详见后文分析）。

② 承前省

例如《崇搬图》60页227节中的"母"（"me^{33}"）的记录。

该节（60 页 227 节）部分解读如下：

字形：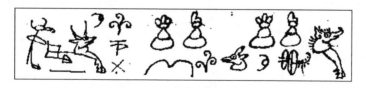

标音：la^{33}me^{33}sv^{55}u^{55}nv^{31}sv^{55}u^{55}，la^{55}me^{33}sv^{33}lər^{31}nv^{31}sv^{55}lər^{31}，

字译：虎　母　三 呼 你 三　呼　 虎 母　三　叫 你 三　叫

字形：

标音：khu^{33}nɯ^{33}e^{55}u^{55}la^{33}u^{55}　　sv^{33}ʐ̩u^{31}ʂ̍^{55}。

字译：嘴　就 阿乌啦乌　三　句 说

意译：母老虎叫了三声，他也学着叫三声，母老虎吼了三声，他也吼了三声，嘴里还吼着"阿乌啦乌"的三声。

该节中，"me^{33}"（母）出现两次，用""记录了其中的一个，另一个承前文省。

③ 书写者与诵读者不一致

比较《崇搬图》和《么些经典译注九种》的相关记录，可以发现这一点。

该节（30 页 100 节）部分解读如下：

字形：

标音：……mu^{31}ʂua^{55}mie^{55}gv^{31}na^{31}me^{33}lɯ^{31}mə^{33}kv^{55}me^{33}……

字译：　 牛 雄 眼 眶 黑 的 耕 不会 的

意译：……不会用黑眼眶的公牛耕田……

以下是《么些经典译注九种》中的与上节意义相近的章节。

《么些经典译注九种》39 页（序，23 页，发音人仍请和才先生担任，和先生是鲁甸乡阿时主下村的人）

该节部分解读如下：

字形：　　𗄘世　　◯　　𗀉　　𗀘

标音：……lɛ⁵⁵ rɯ³¹ mʌ³³ ku⁵⁵ mɛ³³……

字译：　　牛 犁田 不 会 的

意译：……不会用牛犁田……

比较《崇搬图》与《九种》，文字所反映的内容基本相同，"牛"字的周围都无相关修饰的字形。但两者诵读的内容有所不同，前者有"雄""黑眼眶"等修饰语，而后者无。两本经书的书写者在书写这段文字时，各自心里是否有这两个修饰语，已经无从考证。但单从诵读来看，读经者的理解已经产生分歧。这种分歧产生的客观原因在于东巴文的性质，主观原因在于书写者与诵读者的不同理解。也正因为这种分歧，使得一些词语找不到对应的文字。

（3）文字记录方式举例

在《崇搬图》中，性别区别词采用借音和转义两种记录方式。

① 转义记录

例如性别区别词"mɛ³³"（雌）的记录，见右图。

该节（93 页 433 节）解读如下：

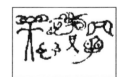

字形：

标音：zo³³tɕi⁵⁵le³³bv³³guɑ³¹，tʂho³¹me³³xe³³pɑ³¹tɕi⁵⁵。

字译：男季　民家　是　　象　母　耳　宽驮

意译：老三是民家，骑着宽耳的大象。

这里的"me³³"（母）用"𝅘"记录，该字是东巴文献中广泛使用的一个字。在《崇搬图》中，"𝅘"共使用 84 次。《字谱》："me³³。雌也，母也，像雌阴。"《字典》："像女性性器之形"。可见，"𝅘"用以记录"me³³"（雌）为转义。《崇搬图》中，"me³³"（雌）一词全部用"𝅘"记录。

② 借音记录

《崇搬图》中，除了"me³³"（雌），其他性别区别词全部采用借音的方式。

"ʂuɑ⁵⁵"（雄）的记录。

据和力民先生讲，"ʂuɑ⁵⁵"源于汉语"上"。因动物交配，雄性往往在上，故"ʂuɑ⁵⁵"常用于表示性别。右图是该词的相关记录。

该节（95 页 447 节）解读如下：

字形：

标音：zo³³ly⁵⁵nɑ³¹ɕi³³guɑ³¹，mu³¹ʂuɑ⁵⁵miə³³nɑ³¹kho⁵⁵。

字译：男次　纳西　是　牛　雄　眼　黑　斩

意译：老二是纳西，他斩了一头黑眼的公牛。

这里的"ʂuɑ⁵⁵"（雄）用东巴文"ㄏ"记录。"ㄏ"本义为"高"，此为借音记录。

"phər³¹"（雄）的记录。

据东巴文研究所的和丽峰介绍：纳西语中，"phər³¹"只表示鸡的性别。当然，"phər³¹"修饰"鸡"时，也可以表示"白"。右图是该词的文字记录情况。

该节（124 页 654 节）解读如下：

字形： ⫶⫶⫶⤬⫱⫸   ⫷⫸ ⊦   ⫶⫷   ⫶⫶⫶

标音： gv^{33} lv^{33} dze^{33} dz_er^{31} ， $æ^{31}$ $phər^{31}$ dzi^{33} le^{33} $fæ^{33}$ 。

字译： 古鲁增汁   鸡 雄   赠   又   去

意译："古鲁增汁"也赠送公鸡而去。

这里的" $phər^{31}$ "（雄）用" ⊦ "记录。《字谱》：" $phər^{31}$ 。解（结）也，从线解开。"在东巴文献中， " ⊦ "大多数借音表示"白"，此处表示" $phər^{31}$ "（雄），亦为借音记录。

（4）" dv^{33} "（或" phv^{33} "）（雄）的记录分析

《崇搬图》中，" dv^{33} "（或" phv^{33} "）（雄）一词出现六次，都无文字记录。在《崇搬图》中，这种现象较为少见。

实际上，" dv^{33} "（或" phv^{33} "）（雄）一词在《字谱》中有对应的文字。《字谱》：" ⫟⫸ phv^{33} 。雄也，公也，像雄阴。又 ⌣ 、 ⌣ 。"在《崇搬图》中，" ⫟⫸ "多次出现，但却未用于记录区别词" dv^{33} "（或" phv^{33} "）（雄）。

以下是东巴文" ⫟⫸ "的使用情况。

在《崇搬图》中，该字形共使用 23 次，借音记录人名、（木）本、聘礼、动词"落"等，这其中有些是字，有些是构字部件。

作为构字部件，如《崇搬图》33 页 109 节。

其中" ⫟⫸ "（右图）读为" du^{31} $ə^{33}$ phv^{33} "（都神，传说中的男神），这里" ⫟⫸ "记录了音节" phv^{33} "，为声符。

作为字，记录一个音节。如《崇搬图》63 页 250 节中的" mbu^{31} phv^{33} "（聘礼）一词的记录。

该节部分（右图）解读为：

字形：　　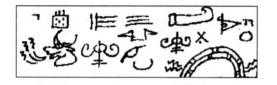

标音：　　mbu³¹ phv³³ duɯ³³ thv³³ ʐ̩ua³¹。

字译：　　　聘礼　一　宗　送

这里的""记录"mbu³¹ phv³³"（聘礼）一词的第二个音节"phv³³"。

借音记录一个词，如《崇搬图》16 页 61 节的"phv⁵⁵"（落）的记录。

该节部分解读如下：

字形：　　

标音：　　xər³³ thv³³ tʂhe⁵⁵ phv⁵⁵。

字译：　　风　吹　叶　落

这里的"　"借音记录动词"phv⁵⁵"（落）。

可见，"　"已是一个很成熟的形体，并得到广泛的使用。但是，在《崇搬图》中，该形唯独没有像"　"一样记录性别区别词。有意思的是，在汉字体系中，汉字"男"和"女"的使用也存在同样的现象，即汉字"女"在汉字中广泛地作为偏旁，而"男"却没有。

（七）其他一些形容词的记录调查与分析

除了前文所述的各类形容词，《崇搬图》中还有一些不能归入上述类型的词。这些形容词在使用数量和记录方式等方面存在一些特点，有一定的研究价值。在此，我们将这些形容词的记录情况列于下文，以供参考。

1. "zi^{33}"（美）的记录调查与分析

《崇搬图》中，"zi^{33}"（美）共使用8次，记录了4次，全部采用转义的记录方式，如右下图。

该节（43页140节）部分解读如下：

字形：

标音：zi^{33} gə^{33} miə^{31} tsv^{31} dv^{33} tʂɳ^{33}……

字译：美 的 眼 竖 都青

意译：竖眼睛"都青"很美丽……

这里的"zi^{33}"（美）用"＂记录。《字谱》178："＂ba^{31}。花也，象花冠。又作＂、＂、＂。"又《字谱》1190"＂zi^{33}又lə^{31}，美也，从脸从花，又作＂，从花＂（zi^{33}，草）声。"《崇搬图》没有使用《字谱》所列的两个字形，而是直接使用"＂"（花）一形，是为转义。

《崇搬图》中，"zi^{33}"（美）未记录的主要原因是承前后文省略，如下左图。

该节（43页141节）解读如下：

字形：

标音：tʂho^{31} ze^{33} lɯ^{55} ɤɯ^{33} le^{33} v^{31} me^{33} nɯ^{33} nɯ^{33} zi^{33} me^{33} gv^{33} nɯ^{33} zi^{33} mə^{33} gv^{33}，pha^{33}，

字译：崇忍利恩　　就 想 道　心　的 美 呀　身 的　美 不 及　　面

字形：　　 [图]　　　　　　　　[图]　[图]　　[图]　　[图]

标音：nɯ³³ zi³³ me³³ miə³¹ nɯ³³ zi³³ mə³³ gv³³ ，miə³¹ tsv³¹ zi³³ me³³ dv³¹ tʂhi³³ khv³³ pu⁵⁵ tsʅ³¹。

字译：的 美 呀 眼　的　美 不　及　眼 竖 美 的　都青　偷　过 来

意译：崇忍利恩心想：心的美不如身的美，面的美不如眼的美，就把竖眼漂亮的"都青"带回来。

该段中，"zi³³"（美）出现五次，只用"[图]"记录了其中的两次。如果诵读无误，那么其他三次未被文字记录当为承前后文省。

如果与《古事记》大意相同的小节进行比较，是否为承前后文省又值得探讨。

上右图（《古事记》49 页 95 节）与左图大意相同，诵经者解读如下：

字形：[图]　　　　　　　　　　　[图]

标音：²tʂhɯ²zɛllɯ²ɤɯ ²ɤɯ,³miʌ ³lʌʅ ²ndu²tshi ²lɛ²mʌ ²khu，

字译：措哉勒额　　　好　眼　横　翅尖（助）不 偷

字形：[图] [图]　　　　　[图]

标音：²zi ²mɛ ³miʌ ³tsʅ ²ndu²tshi ²khu¹po³tshʅ。

字译：美（助）眼 竖　翅尖　　偷 带 来

意译：措哉勒额却不偷那横眼睛的，而是把竖眼睛的偷来了。

在该句中，"zi³³"（美）只出现一次，得到东巴文"[图]"的记录。

《崇搬图》与《古事记》的大意相同，前者出现的文字比后者多，前者所诵读的经文也比后者丰富。可见，不同的诵读者面对不同的版本，各自有不同的发挥。因此，我们不能排除诵读者的主观添加而导致《崇搬图》中的形容词"zi³³"（美）无对应的文字。

2. "福、禄、富、裕"的记录调查与分析

(1) "nɯ^{31}"（福）与"o^{31}"（禄）的记录

在《崇搬图》中，"nɯ^{31}"（福）共出现 4 次，

全部得到记录，都为转义表达，例如右图中的记录。

该节（90 页 411 节）部分解读如下：

字形：（图形符号）

标音：ŋ̩y^{33} nɯ^{33} ŋ̩y^{33} o^{31} ne^{31} le^{33} dʐv^{31}……

字译：自己福 自己禄 着 有 住

意译：自己的福禄永驻……

这里的"nɯ^{33}"（福）用"（图形）"记录。《字谱》："（图形）bv^{33} 又 y^{31}。羊也，绵羊也，歧角。"又"（图形）nɯ^{31}。福也，羊多为福。又作（图形），从羊从绿松石"。同一字形记录两个不同的词，前者为象形，后者则为转义。《崇搬图》中的其他 3 例同样用"（图形）"记录。

"o^{31}"（禄）的记录

《崇搬图》，"o^{31}"（禄）一词共出现 4 次，全部得到文字记录，为转义表达。

"o^{31}"（禄）文字记录的具体事例，请参考前例，即用"（图形）"（绿松石）记录。

《字谱》未列"o^{31}"（禄）一词。在《崇搬图》中，"nɯ^{31}"（福）和"o^{31}"（禄）总是成对出现，即有"nɯ^{31}"（福）的地方，就有"o^{31}"（禄）。

《字谱》中虽未列"o^{31}"（禄）一词，但在"nɯ^{31}"（福）一词所列的字形"（图形）"中含有"（图形）"一形。其中的原因值得探讨。

(2) "xɯ^{31}"（富）和"ndʑæ^{33}"（裕）的记录

《崇搬图》中，"xɯ^{31}"（富）一词出现 3 次，全部得到记录；"ndʑæ^{33}"（裕）共出现 4 次，也全部得到记录。

"xɯ³¹"（富）的记录，如右图。

该节（92 页 422 节）部分解读如下：

字形：

标音：xɯ³¹ ne³¹ ndʐæ³³ le³³ xə³¹，gv³³ dzv³¹ tʂɿ³³ mə³³ tv⁵⁵。

字译：富　与　裕　又　来　古宗　　土　不　杜

意译：享受着富与裕了，藏人不杜绝土神。

这里的"xɯ³¹"（富）用"▨"记录。《字谱》："hɯ³³。齿也。又作

▨、▨、▨。"此为借音记录。又《字谱》："▨，hɯ³¹ 又 çi³³ hɯ³¹。富

也，富户也，从人坐 ▨（hɯ³³？牙）声。"与《崇搬图》中的用字不同，此

为形声字。

这里的"ndʐæ³³"（裕）用"▦"记录。《字谱》："dʐæ³³。富也，丰

也，仓满出气也。"因文字构形中出现较为抽象的点和线，我们将其归入指

事字。

"ndʐæ³³"（裕）除了采用指事记录，偶尔也使用借

音的方式，如《崇搬图》127 页 674 节（右图）。

该节解读如下：

字形：▦　▦　▦ ▦ ▮　　　▦

标音：ndʐæ³¹ uə³³ ua⁵⁵ uə³³ y³¹ kæ³³ thv³³ lɯ³³ se³¹。

字译：富裕　村　五　村祖前　到　来　了

意译：那里有五个最富裕的村庄，我们的祖先早已送到了。

这里的"ndʐæ³¹"（裕）用"▦"记录。《字谱》："▦，dʐæ³¹，秤锤。"

此为借音记录。

3.　"tʂhər³³"（热）和"lv³¹"（暖）的记录调查与分析

"tʂhər³³"（热）和"lv³¹"（暖）是与温度相关的两个形容词。在《崇搬

图》中，表冷、凉之类的温度形容词未出现，故此不讨论。

（1）"tshər³³"（热）的记录

《字谱》1165："⛰ tshər³³。热也，从火有焰为热。"《崇搬图》中未见该字形。

《崇搬图》中，"tshər³³"（热）共出现两次，在同一小节（左下图）中。

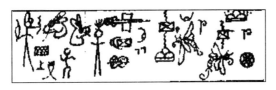

该节（47页162节）部分（右图）解读如下：

字形：

标音：lv³³ mə³³ tshər³³ me³³ mbæ³³ mə³³ bər³³，lv³³ tshər³³ mbæ³³ bər³³ mu³¹。

字译：石 不 热 的 蜂 不 散 石 热 蜂 散 了

意译：蜂巢之石不热，蜂不散；石头热了，蜂就散了。

这里的"tshər³³"（热）用"🗝"记录。《字谱》："⟶，tshər⁵⁵。切也，从镰切绳。又作'中'，从绳⊠（tshe³³盐）声……"即"🗝"为记录"切"的形声字，此为借音记录。

值得注意的是，图版中"🗝"位于"🛌"之上，形成合文，"🗝"中的"线"似石头上冒出的热气。在第二次记录中，"🛌"的上方画了很多细点，以表示石热。可见，"tshər³³"（热）的记录仍残留着原始文字的特质。

（2）"lv³¹"（暖）的记录

《字谱》和《字典》均未列该词。在《崇搬图》中，形容词"lv³¹"（暖）全部采用借音的记录手法，如下图。

该节（97 页 456 节）部分（右图）解读如下：

字形：（字形图案）

标音：ȵi^{33} me^{33} mɯ^{33} nɯ^{33} tv^{33} dy^{31} ȵə^{31} le^{33} lv^{31} tshɿ^{31}。

字译：太阳　　天　来　出 地面　　又 暖　来

意译：太阳高悬天际，大地又暖和了。

这里的"lv^{31}"用"（字形）"记录。《字谱》："lv^{33}。石也，像垒石。又作（字形）、（字形）。"此为借音记录。

有意思的是，在《崇搬图》中，"lv^{31}"（暖）的记录和"tshər^{33}"（热）的记录都与石头相关。再者，在东巴文字体系中，"（字形）"被大量地作为构字部件，尤其值得注意的是以下几个字：

《字典》1716："（字形）……烧石除秽也，多巴法仪之一种，瓢内放一炙热之石块上置艾蒿以水浇之生大烟雾。"

《字典》171："（字形）……烧石，么些巫师多巴法仪之一种。"

《字谱》1107："（字形），……焚尸……"下有石。

《字谱》2228："（字形）……驱鬼火石……"

在这些仪式中，石头成为必不可少的物件。在仪式的过程中，石头都变得温热了。

可见，形容词"lv^{31}"（暖）借用"（字形）"进行记录，其中蕴含着深厚的文化意蕴。

4. "tʂhu^{31}"（快）"tshæ^{33}tshæ^{31}"（快快）与"xo^{31}"（迟）的记录
　　调查与分析

这是几个与时间、速度相关的形容词。

（1）tʂhu^{31}（快）与"tshæ^{33}tshæ^{31}"（快快）的记录

《崇搬图》中，"tʂhu^{31}"（快）共出现 8 次，记录了 7 次，1 次未被记录。

在下图中，形容词"tʂhu³¹"（快）未被记录。

该节（33 页 109 节）部分解读如下：

字形：

标音：gu³³ tʂhu³¹ lu³¹ mə³³ sʅ³³……

字译：马 快 路 不 识

意译：（好像）快马不认识路……

形容词"tʂhu³¹"（快）无文字记录。

在《崇搬图》中，已被文字记录了的形容词
"tʂhu³¹"（快）全部采用借音的记录方式，其中 7 次借
用"✦"（珠），1 次借用"本"（钻）。

借用"✦"（珠），如右图。

该节（101 页 487 节）部分解读如下：

字形：

标音：gu³¹ khuɑ³³ thv⁵⁵ tʂhu³¹ dy⁵⁵ i³³ gv³³ dy³¹ le³³ tshʅ³¹。

字译：马 蹄 踏 快 赶 江曲 地 又 来

意译：骑着快马来到丽江。

这里的"tʂhu³¹"（快）用"✦"记录。"✦"，《字
谱》："tʂhu³¹。珠也，象珠成串。又作～。"此为借
音记录。

《崇搬图》还有一个表示快的词"tshæ³³ tshæ³¹"，其记录如右上图。

该节（33 页 109 节）部分解读如下：

字形：本　　本　　○　　巤　　～　　～　　月　　～　　～

标音：tshæ³³ tshæ³¹ ma³¹ t ʂ̩ər⁵⁵ thv³³ bə³³ khu³³ khɯ⁵⁵ nɯ³³ dʑə³¹。

字译：快　快　油　捏　出　普弥门　前　就　有

意译：快快地把酥油捏成团，普弥族的门前就有。

这里的"tshæ³³ tshæ³¹"（快）用"夲"记录。"夲"本义为"钻子"，此为借音记录。

（2）"xo³¹"（迟）的记录

《崇搬图》中，"xo³¹"（迟）共出现 10 次，1 次未记录。

该节（33 页 109 节）部分解读如下：

字形：🌾　　　　🐦　　下　　　　　　　🪶

标音：ndʐər³¹ kv³³ xuɑ⁵⁵ phər³¹ zv⁵⁵，zv⁵⁵　be³³ nɯ³¹ xo³¹ se³¹，

字译：树　上　鹇　白　做工　做工　的　你　迟　了

字形：🧍　　　　　　　　3

标音：tho³³ t ʂɹ⁵⁵ y³¹ phər³¹ lv⁵⁵，lv⁵⁵ be³³ nɯ³¹ xo³¹ se³¹……

字译：松　间　羊　白　放　放　的　你　迟　了

意译：白鹇树上做工，做工嫌迟了；松林里放白羊，放牧也嫌迟了……

形容词"xo³¹"（迟）出现两次，一个用"🪶"记录。《字谱》："🪶，ho³¹。肋也，像肋骨……"为借音记录。一个无文字记录，当为承前后文省略。

二 不同音节数的形容词的调查与分析①

《崇搬图》中的形容词有单音节、双音节和多音节之分。其中，单音节形容词相对较多，并且记录比例相对较高。双音节和多音节形容词，像动词和名词一样，也有无记录、不完全记录和完全记录三种情况。形容词的记录方式以借音记录为主。

（一）单音节形容词记录分析

单音节形容词记录存在两种情况：有记录和无记录。

1. 无记录

如《崇搬图》20 页 73 节。

该节前部分解读如下：

字形：

标音：$ʂər^{55} lo^{33} kv^{33} nɯ^{33} mɯ^{33} tɕhi^{33} xə^{31}$，$mɯ^{33} dɯ^{31} mə^{33} i^{55} uə^{31}$ ……

字译：世罗　头　将　天　顶　了　　天　大　不　震　吼

意译：世罗头将天顶了，天大不震吼……

单音节形容词"$dɯ^{31}$"（大）没有文字记录。

2. 有记录

如《崇搬图》101 页 487 节。

---

① 本节是在笔者拙著《纳西东巴文献用字研究》中"形容词的记录分析及其统计"的基础上修改、扩展而来，主要增加了示例中的字形、标音、字译和意译部分，删除或增加了部分示例，行文进行了修改。

该节前部分解读如下：

字形：（略图）

标音：gu³¹ khuɑ³³ thv⁵⁵ tʂhu³¹ dy⁵⁵ i³³ gv³³ dy³¹ le³³ tshɻ³¹……

字译：马　蹄　　踏　快　赶　江曲　地　又　来

意译：骑着快马来到江曲这个地方。

单音节形容词"tʂhu³¹"（快）用"🐚"（本义为"珠"，此为借音）记录。除了借音，形容词也可以用象形、指事、形声和会意几种表达方式进行记录，此不复述。在《崇搬图》中，绝大部分单音节形容词得到了文字记录。

（二）双音节形容词记录分析

双音节形容词，在《崇搬图》中，共有 48 个双音节形容词，其中 32 个为叠音词，以叠音词为主。分析这些双音节形容词，也存在三种记录情况，即完全记录、不完全记录和无记录，其中以完全记录居多。

1. 双音节形容词完全记录

例如下图双音节形容词"lo⁵⁵lo⁵⁵"（溜溜）的记录。

该节（《崇搬图》49 页 169 节）解读如下：

字形：（略图）

标音：xo³¹ dɯ³¹ mə³³ lo⁵⁵ lo⁵⁵，ŋgv³³ lv⁵⁵ ma³¹ nɯ³³ ma³³ xo³¹ dɯ³¹ lo⁵⁵ lo³³ guə³¹。

字译：滑大　不　溜溜　　九　饼　油　就　摸　滑　大　溜溜　了

意译：不滑溜，就抹上九饼酥油，就滑滑溜溜了。

双音节形容词"lo⁵⁵ lo⁵⁵"（溜溜）使用了两个""（本义"犁轭"，此借音）进行记录。东巴文献中，常常有大量的省略，或承前省或承后省，而像这类叠音词能得到完整记录，在原始文字中确实难得。可见，《崇搬图》中的东巴文已发展到了较为成熟的阶段。《崇搬图》中，双音节形容词完全记录全部采用借音的手法。

2. 双音节形容词不完全记录

例如右图中"lər⁵⁵ lər³³"（茵茵）的记录。

该节（39 页 126 节）解读如下：

字形：

标音：mu³¹ mə³³ ndʐʅ³¹ me³³ dy31，z̦o³¹ tshʅ⁵⁵ xər³¹ lər⁵⁵ lər³³。

字译：牛　没　有　的　地方　草　叶　绿茵茵

意译：没有牛的地方，嫩草绿茵茵。

双音节形容词"lər⁵⁵ lər³³"（茵茵）只用了东巴文"▓▓▓"（本义为"纸"，此为借音）记录了其中的一个音节"lər⁵⁵"。《崇搬图》中，双音节形容词不完全记录数量很少，总共不到 10 例，也都采用借音的方式进行记录。

3. 双音节形容词无记录

例如右图"青青"（tshv³³ tshv³³）的记录。

该节（63 页 249 节）解读如下：

字形：

标音：dy³¹ dɯ³¹ z̦ə³¹ tshv³³ tshv³³ ɣɯ³³ y³³ xo³¹ pu⁵⁵ lɯ³³ mə³³ tha⁵⁵。

字译：地　大　草　青青　　牛羊　赶　过　来　不　得

意译：地大草青青，牛羊赶过来不得。

"青青"（tshv^{33} tshv^{33}）没有得到记录。在《崇搬图》中，我们只发现一例双音节形容词无记录。

（三）多音节形容词记录分析

在《崇搬图》中，我们只发现一例多音节形容词，且为完全记录，即下图中多音节形容词"bi^{33} zi^{33} mbæ^{33} zæ^{33}"（闪闪烁烁）的记录。

该节（13页52节）解读如下：

字形：⬭　🖉　　　　📓　　🖋　　　　　🖋

标音：kv^{33} y^{31} æ^{31} bə^{31} tshη^{55}，æ^{31} nɯ^{33} bi^{33} zi^{33} mbæ^{33} zæ^{33} be^{33} le^{33} thv^{33}。

字译：蛋 拿 岩边 扔　岩 把　闪闪烁烁　的 又　孵出

多音节形容词"bi^{33} zi^{33} mbæ^{33} zæ^{33}"用东巴文"🖋"记录，为完全记录。

三　形容词记录统计及分析

表1　　　　　　　　《崇搬图》中各类形容词的记录统计

名称	类别	数量	无记录	不完全记录	完全记录	完全记录比例(%)	不完全记录比例(%)
形容词	单音节	607	202	0	405	66.7	—
	双音节	47	1	7	39	82.9	14.9
	多音节	1	0	0	1	100	—
总　计		655	203	7	445	67.93	—

表2　　　　　《崇搬图》中各类形容词所采用记录方式的统计

名称	类型	象形	指事	会意	借音	形声	转义
形容词	单音节	48	9	14	305	6	23
	双音节	—	1	—	41	—	4
	多音节	—	1	—	—	—	—
总　计		48	11	14	346	6	27

从以上两表可以看出：

1. 形容词不同于名词，它所代表的意思相对抽象，一些原始文字通常难以记录。但在《崇搬图》中，单音节形容词的被记录水平却达到了 66.7%。另外，双音节的完全记录比例已超过了单音节的记录水平。

2. 表2显示，形容词存在各种记录方式，其中以借音方式为主，这与形容词的语义特征密切相关。借音的表达方式适应各类词的记录，具有表意方式无可比拟的优势。形容词中大量借音方式的使用是东巴文成熟的一个标志。

第二节　形容词记录比较研究

《崇搬图》与《古事记》中形容词的记录存在一些差异，主要表现在记录数量和记录方式两个方面。

一 记录数量比较及原因分析

（一）相关统计

表 1 形容词记录次数比较

经典文献	总量	记录次数	记录比例（%）
《崇搬图》	646	444	68.73
《古事记》	370	119	32.16

表 2 形容词记录数量比较

经典文献	形容词总量	记录形容词量	记录比例（%）
《崇搬图》	116	99	85.34
《古事记》	84	42	50

表 3 几个形容词记录次数及其记录方式统计比较

形容词	经典文献	总量	记录次数	记录方式	记录比例（%）
白	《崇搬图》	77	54	借音	70.1
	《古事记》	35	21	借音	60
美	《崇搬图》	8	5	转义	62.5
	《古事记》	3	2	转义	66.7
大	《崇搬图》	37	15	独体表意	40.5
	《古事记》	35	1	独体表意	2.9
快	《崇搬图》	9	8	借音	88.9
	《古事记》	5	1	借音	20
好	《崇搬图》	74	60	借音	81.1
	《古事记》	35	8	借音	22.9

　　总体上看,《崇搬图》形容词的记录比例要远高于《古事记》的记录。形容词是对事物的描写,与名词相比,记录起来相对困难。在文字的发展中,越原始的文字记录形容词的比例往往越低。

　　个别形容词的记录同样说明了这一点。"白"和"美"相对具体形象,《古事记》的记录相对较高,而"快"和"好"则相对较低。《崇搬图》则不同,"快"和"好"的记录比反而较高于"美"和"白"的记录。之所以这样,是因为《崇搬图》文字时代已经具备了记录各种词性的能力,词义的抽象并不能妨碍它的文字记录,相反,一些较为形象的形容词仍残留下原始的记录痕迹,最终导致了"美"和"白"之类的形容词的记录反而较低。

(二)《古事记》形容词文字记录低的具体原因

1. 一些词尚未发现文字记录的案例

左图(71页141节)解读如下:

字形:

标音:¹ʐɔ³lɔ ³du ³ȵiʌ ¹khɯ,²gɯ ²mʌ ¹tha ²mɛ ²tɕhy,

字译:灵山 腹 　装 　饱 不 得 　种

字形:

标音:²i³by ²kho ³ȵiʌ ³tsɔ,²çŋ ²mʌ ¹tha ²mɛ ²tɕhy。

字译:大江 口 　灌 感觉不到 　种

意译:把灵山吞在肚子里也不饱的那一种,把大江灌在口里也感觉不到的那一种。

右图（62 页 241 节）解读如下：

字形：

标音：i^{33}bi^{31}khu^{33}ȵə^{31}tso^{31}，no^{33}mə^{33}tha^{55}me^{33}tɕhy^{33}，

字译：江河　嘴　里　装　觉　不　得　的　族

字形：

标音：ʂɚ^{55}lo^{33}dy^{31}ȵə^{31}khɯ^{55}，ŋgɯ^{33}mə^{33}ta^{55}me^{33}tɕy^{33}。

字译：神山　肚　里　装　饱　不　得　的　族

意译：把江河装在嘴里，不觉得水多的族类，把居那世罗神山放在肚里不觉其饱的族类。

"^{2}gɯ"或"ŋgɯ^{33}"（饱）一词，《古事记》没有文字记录，《崇搬图》用"€"记录。"€"本义为"嚼"，此为借音记录。

表 2 显示，《崇搬图》中有 85.34% 的形容词存在文字记录，而《古事记》则刚到一半。虽然不能断定这些未记录的形容词尚未制定文字，但是从统计来看，《崇搬图》已有对应文字的形容词应当多于《古事记》。

2. 《古事记》更多地采用原始的记录方式

在原始文字中，当记录某种具体形象事物名词的象形文字出现在文献中时，表示该事物某些人所共知的特征的形容词往往忽略不计。这类形容词虽然无文字记录，但并不影响读者的理解，因为读者可以从记录该事物的象形文字中体会出这一特征。在东巴文献中，"天"和"地"一般用"大"一词来形容，但"大"却很少被专用文字记录。尽管如此，诵读者仍可以通过"天"和"地"的形象体会到这一意义。又如"云"，修饰其颜色的形容词"白"往往无文字记录。可见，记录这些事物名词的文字具有双重的功能，即不但记录事物的本身，而且记录事物的特征，这是一种较为原始的记录方式。随着文字的发展，这类现象将逐渐消失。

比较《崇搬图》和《古事记》，后者更倾向于采用此类记录手法。

 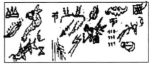

左图（《古事记》48 页 80 节）后一部分解读如下：

字形：

标音： ……²tɕi ³phʌr ²ŋgu ²ty²kɔ，¹lɯ² ɤɯ³ zɛ ¹tshi ³zɛ²nu³hɯ ²mʌ³dɔ。

字译：　　云　白　九　层里　　勒额 哪 散　哪 埋　　不知

意译：……那心坏的勒额被掷到九层白云里，尸体分散在哪儿，埋在哪儿也不知道了。

右图（《崇搬图》36 页 115 节）解读如下：

字形：

标音：tɕi³³ phər³¹ ŋgv³³ ty⁵⁵ ko⁵⁵ lɯ⁵⁵ ɤɯ³ ze³¹ tshi⁵⁵ ze³¹ nv³³ xɯ³³ mə³³ do³³。

字译：云　白　九 层 里 利恩 何处毁灭何处埋葬 去 不　见

《古事记》中的"³phʌr"（白）无文字记录，《崇搬图》则用东巴文
""。实际上，《古事记》中已有""字，并多次记录"³phʌr"（白）一词。这里未记录的原因大概是""（云）一形已蕴含了"白"之义，书写者觉得没有记录的必要。

3. 《古事记》省略的文字更多

行文中，一个形容词在前后文重复出现，东巴文往往省略其中一个或几个不记。比较《古事记》和《崇搬图》，前者省略得更多。例如下文中"phər³¹"（白）的记录。

左图（《古事记》33 页 54 节）解读如下：

字形：〔图〕

标音：$^2\varepsilon^2$so ^{2}t ʂʅ ^{2}ɣɯ ^{2}thu，^{1}phɛ^{3}lɛ ^{3}phʌɤ ^{1}sʅ^{2}thu，^{3}phʌɤ ^{3}pɯ^{2}bɛ ^{2}bɯ ^{2}tsʅ，

字译：原先 这　好 出　　蝴蝶　白 先 出　白　种 做 去（助）

字形：〔图〕

标音：^{2} ndu ^{2}tshi ^{2}ka ^{2}mʌ ^{2}i，^{2}tshʅ ^{2}hʌɤ ^{3}t ʂɔ ^{2}nɯ ^{1}kha，^{2}t ʂho^{3}t ʂho ^{3}mbo ^{3}ŋiʌ ^{1}çiʌ，

字译：　翅尖 到 不 有　冬风　凛冽（助）吹　快快　　坡（助）贴

字形：〔图〕

标音：^{1}çiʌ ^{2}pɯ ^{2}mʌ ^{3}ua ^{2}mɛ，^{3}phʌɤ^{3}pɯ^{2}thu ^{2}mʌ ^{3}lɔ。

字译：贴 种 不 是（助）　白 种 出 不 得

意译：又先生了白蝴蝶，便去再生"白"，翅尖软无力，凛冽的冬风一吹，便赶快向山坡躲避，要不是这一躲避，也不会生出"白"。

本节中，"^{3}phʌɤ"（白）一词共出现 3 次，用东巴文"〔图〕"记录了其中的一次，其他省略。《崇搬图》类似的小节则不同。

上图（25 页 86、87 节）解读如下：

字形：〔图〕

标音：ə^{33}so^{31}t ʂʅ^{33}thʌ^{33}ɣɯ^{33}，phe^{33}le^{31}phər^{31}thʌ^{33}ɣɯ^{33}，phe^{33}le^{31}phər^{31}pɯ^{33}，

字译：一早 所 出 好　蝴蝶　白 出 好　蝴蝶　白 来历

字形：〔图〕

标音：phər^{31}lɯ^{33}be^{33}bə^{31}tsʅ^{55}，phe^{33}le^{31}thʌ^{33}mə^{33}kv^{55}，

字译：白 谱气 做 要 着　蝴蝶 出 不 会

字形: （图形）

标音: tʂʰv³³ mɯ³³ tʂʰv³³ sv⁵⁵ xe³³ ŋə³¹ tʰv³³, ndv³³ pʰi³¹ ka³³ mə³³ i³³,

字译: 冬天　　冬　三　月　里　出　　翅膀　　力　没有

字形: （图形）

标音: tʂʰv³³ xər³³ tʂʊɑ³¹ nɯ³³ kʰæ⁵⁵, tʂʰu³³ tʂʰu³³ mbu³³ bə³¹ çiə⁵⁵, pʰər³¹ pɯ³¹ be³³ mə³³ lo³¹。

字译: 冬　风　早　　击　初初　　坡边　歇　白　来历做 不 能

意译: 一早, 所出现的好, 白蝴蝶出现也好, 白蝴蝶想创造白的来历谱气, 但蝴蝶不会出, 翩翩出在冬天三月里。蝴蝶的翅膀没有力气, 被冬天的风一刮, 飘零在高坡上, 所以不能创造白色的来历。

该节中, "pʰər³¹"（白）一词共出现 4 次, 全部得到文字记录。

《古事记》与《崇搬图》同样具备记录"pʰər³¹"（白）一词的能力, 却因省略多少的不同而出现上述的差异。透过这种差异, 可以看到原始文字的发展阶段。

二　记录方式的一些差异

（一）记录方式相关统计及分析

	独体会意	指事	合体会意	形声	借音	总量
《崇搬图》	99	18	0	21	306	444
比例(%)	22.3	4.1		4.72	68.9	
《古事记》	38	4	0	0	72	114
比例(%)	33.3	3.5			63.2	

上表显示：两本文献所用记录方式基本相同，都以借音为主，其次为独体会意（含前文所提及的转义，此一并统计），无合体会意。不同的是，《崇搬图》出现了一定比例的形声字。

记录方式的相似性说明形容词的语义特征决定了其记录方式。分析这些记录方式所对应的形容词，可以发现：使用借音方式的形容词一般较为抽象，使用独体会意的形容词则较为形象。合体会意未被使用同样与形容词的语义特征相关，形容词一般表示事物的特征和关系，而合体会意的方式一般记录表事物关系的词类（主要是动词），这应当是合体会意方式未被使用的主要原因。

在《崇搬图》中，形声的记录方式开始在形容词的记录中使用，这是形容词文字记录的发展。

（二）记录方式的一些具体差异

比较两本文献中相同的语义片段，可以发现两者在记录方式上存在一些具体差异。

1. 独体会意与形声表达

上图（《古事记》32 页 53 节）前部分解读为：

字形：ܦ ᠊ᢐ　　　 ᠊ᢐ　　 ᠊ᢐ　　 ᠊ᢐ　　 ᠊ᢐ

标音：$^2\epsilon^2s\text{ɔ}$ ^2tʂ̺ȵ$^2\text{ɤɯ}$ ^2thu, $^2le^3ka^3na^1s$ʅ^2thu, $^3na^3$pɯ ^2be $^2bɯ$ ^1tsʅ, $^2le^3ka^3ph\text{ʌr}$,

字译：原先这　好　出　乌鸦黑先出　黑来历做去（助）乌鸦白

字形：　　　　　　　　　　　　　　᠊ᢐ　 ᠊ᢐ　 ᠊ᢐ　 ᠊ᢐ

标音：$^2m\text{ʌ}^1ku$, $^2ndu^2tshi^2$dʐ$\text{ʅ}^3p\text{ʌ}^3ph\text{ʌr}$, $^3ph\text{ʌr}^3$pɯ$^2m\text{ʌ}^3ua^2m\text{ɛ}$, $^3na^3$pɯ$^2thu^2m\text{ʌ}^3l\text{ɔ}$。

字译：不能　翅尖一根　白　白　种不是的　黑种　出不得

意译：又先生了乌鸦，便去再生"黑"，乌鸦不生生"白"，翅尖一根白，要不是有这一根白，也不会生出"黑"。

本段中"^{3}na"（黑）共出现三次，记录了其中的两次，都用"➤"记录（其中的🐦为合文）。《字谱》："➤，na^{31}，黑也。本炭字，炭为黑色也。按：凡事物字加➤，有大、黑、毒或苦（味）之意……"为独体表意字（前文所说的"转义"字）。《古事记》中，"^{3}na"（黑）一词全部采用这种方式进行记录。以下是《崇搬图》具有相同语义的段落。

上图（《崇搬图》24页84、85节）解读如下：

字形：

标音：ə^{33}so^{33}　tʂʅ^{33}thv^{33}ɣɯ^{33}，le^{33}kæ^{31}na^{31}thv^{33}ɣɯ^{33}le^{33}kæ^{33}na^{31}pɯ^{33}na^{31}。

字译：一早　所有　出　好　乌鸦　黑出　好　乌鸦　黑来历黑

意译：一早，所有出现的都好，出现的黑乌鸦也好。

字形：

标音：lɯ^{33}be^{33}bə^{33}tsʅ^{55}，le^{33}kæ^{31}na^{31}mə^{33}kv^{55}，dv^{33}tshʅ^{33}dɯ^{33}pə^{31}phər^{31}。

字译：谱气做　要着　　乌鸦　黑　不会　羽条　一　根　白

字形：

标音：le^{33}kæ^{31}na^{31}pɯ^{33}na^{31}lɯ^{33}be^{33}mə^{33}lo^{31}

字译：　乌鸦　黑　来历黑　谱气　做　不　能

这里共出现六次"na^{31}"（黑），记录了4次，全部用"𡮞"记录，为形声记录。显然，"𡮞"是在"➤"一形的基础形成的。图版中紧挨的"🐦"和"𡮞"可以看作原始表现手法向成熟表现手法的过渡。"𡮞"已在《崇搬图》中大量地使用，初步统计共 21 例。

2. 借音表达与形声表达

左图（《古事记》58 页 105 节）后半部分解读如下：

字形：

标音：²lu ²mʌ ²tshʌ ²mɛ ³mbə ²mʌ ²mbʌɻ，²lu ²tshʌ ²mbə ²mbʌɻ ³mo。

字译：石　不　热（助）蜂　不　搬　　石　热　蜂　搬　（助）

意译：石头不热，蜂子不会搬。

右图（47 页 162 节）解读如下：

字形：

标音：lv³³ mə³³ tshər³³ me³³ mbæ³³ mə³³ bər³³，lv³³ tshər⁵⁵ mbæ³³ bər³³ mu³¹。

字译：石　不　热　的　蜂　不　散　石　热　蜂　散　了

两节读音基本相同，理解不同，此不讨论。

其中"tshər³³"（热）记录，前者用"▨"，后者用"▨"。"▨"本义为"盐"，此为借音记录，后者在"盐"的基础上添加了曲线，表示热，可视为形声。从文字的发展规律上看，假借字可以发展为形声字，汉字中存在大量的类似现象。

3. 《古事记》用字相对稳定

与《崇搬图》相比，《古事记》形容词记录所用文字相对稳定。例如，形容词"好"的记录，所用东巴文全部为"卍"。

上图（39 页 70 节）部分解读如下：

字形：

标音：^{2}zๅ ^{2}ɣɯ ^{1}ş ^{2}mʌ ^{2}sๅ ^{2}zๅ ^{3}thๅ ^{2}dʑɤ ^{2}lɯ ^{3}sɛ，

字译：少年 好 说 不 知 少年 灾 有 来（助）

字形：

标音：^{3}ŋgo ^{3}tşho ^{3}lo ^{2}mʌ ^{2}sๅ ^{3}ŋgo ^{2}khua ^{3}thๅ ^{2}lɯ ^{3}sɛ。

字译：马 快 走 不 知 马 蹄 灾 来（助）

意译：好汉子，你的灾难快来了，这好像快马只知道走，马蹄的灾痛跟着就来一样。

形容词"^{2}ɣɯ"（好）用"卍"记录，而《崇搬图》则不同。

左图（《崇搬图》33 页 109 节）中的"好"用"❀"记录（具体解读参看前文），右图（《崇搬图》4 页 13 节）分别用"卍"和"❀"记录（具体解读参看前文）。

4. 多音节形容词的记录差异

像其他词类一样，《崇搬图》的多音节形容词的记录相对完整。比较下列两段：

左图（《古事记》49 页 87 节）解读如下：

字形：

标音：^{3}mo ^{2}mʌ ^{3}ndʐy ^{2}mɛ^{3}dy, ^{3}z̩ʌ ^{1}tshɛ ^{3}hʌɹ^{2}lʌɹ^{2}lʌɹ。

字译：牛 不 有　　地 草叶 绿油油

意译：没有牛的地方，只看见草叶绿油油的。

"🐌"记录"^{3}hʌɹ^{2}lʌɹ^{2}lʌɹ"（绿油油）中的音节"^{3}hʌɹ"，此为表意记录。

右图（《崇搬图》39 页 126 节）解读如下：

字形：🐂 🐍 🐌 ⛩ 🐌 ▦

标音：mu^{31}mə^{33}ndʐy^{31}me^{33}dy31，z̩o^{31}tshɿ^{55}xər^{31}lər^{55}lər^{33}。

字译：牛 没 有 的 地方 草叶 绿茵茵

意译：没有家畜的地方，嫩草绿茵茵的。

"xər^{31}lər^{55}lər^{33}"（绿茵茵）用"🐌"和"▦"分别记录音节"xər^{31}"和"lər^{55}"。"▦"本义为"纸"，此为借音记录。

从多音节的记录情况来看，《崇搬图》记录得较为完整。

三　小结

本节从记录数量比和记录方式两个方面对《古事记》和《崇搬图》中形容词的文字记录进行了系统比较，可以看出：

1. 两者在形容词记录次数比和记录数量比上都存在较大的差距，说明《崇搬图》中的形容词记录要比《古事记》成熟；这一较大差距也再现了原始文字在发展中的一个规律，即在原始文字的发展中，越抽象的词，其文字记录的变化越大。

2. 原始文字在记录形容词时以独体表意和指事记录为主，其后发展出借音的手法，较少地使用形声和会意这两种记录方式。形容词记录方式的选用再次说明词性影响着词的记录方式。

3. 在东巴文献中，表音化是形容词记录发展的主要趋势。

4.《古事记》在形容词记录中的用字比《崇搬图》稳定，这说明在原始文字的发展中，形容词的文字记录越接近成熟，其记录方式反而越不稳定。可见，用字与结构的不稳定是原始文字发展中的一个显著特点。

第三节　结论

本章较为详细地描写了《崇搬图》中空间形状、颜色光影、人情、数量、味觉等类形容词的记录数量比和记录方式，得出了一些统计数据。现摘录出现次数较多的形容词的记录相关统计数据并列表如下。

表1　　　　　　　　　几类形容词的记录次数比

类别	空间形状形容词	颜色形容词	人情形容词	数量形容词	味觉形容词
比例（%）	59.55	65.14	66.27	62.5	57.1

表2　　　　　　　　　几类形容词所用记录方式

方式	空间形状形容词		颜色形容词		人情形容词		数量形容词		味觉形容词	
	方式	比例（%）	方式	比例（%）	方式	比例（%）	方式	比例（%）	方式	比例（%）
象形										
指事							有	33.3		
独体会意	有	52.83	有	19.3	有	26.31				
合体会意										
形声			有	29.95						
借音	有	47.16	有	51.75	有	73.68	有	66.7	有	100

表1显示：《崇搬图》中各类形容词的记录比较接近，基本上在60%左右。在这些形容词中，空间形状形容词的记录水平最低，人情形容词的记录水平最高。从两者语义具象程度上看，空间形状形容词比人情形容词要更形象，更具可视性。按一般逻辑，空间形状形容词的记录比应该高于人情形容词，但这里并非如此。这一现象的出现与《崇搬图》的成熟程度密切相关。当一种原始文字达到一定成熟程度，其记录方式已基本完备，足以记录各类抽象词语。这样，某些抽象词语因表达的需要往往出现较高的记录，而语义具体的词语却因为可以使用原始表达方式而出现较低的文字记录水平。也就是说，一种原始文字越接近成熟文字，语义抽象的词语记录水平往往高于语义具体的词语。各类形容词的记录差异正好印证了这一记录规律。

表2显示：《崇搬图》中形容词的记录方式较为单一，一般只有两种记录方式，这与形容词的语义特征密切相关。借音记录是各类形容词共有的一种记录方式，并占有相当大的比例。在这几类形容词中，空间形状形容词所采用的表意方式比例仍超过借音的表达方式，味觉形容词只有借音的记录方式。可见，形容词越具象，其表意记录方式所占比例则越大，反之则越小。也就是说，词的语义特征影响着词的记录方式。

在描写的基础上，本章较为系统地比较了《崇搬图》与《古事记》的形容词记录情况，这主要包括记录数量的比较和记录方式的比较，从中可以看出：

1. 《崇搬图》中的东巴文要比《古事记》成熟。

2. 在东巴文献中，形容词的记录方式走的是借音的道路。

3. 处于向成熟文字过渡期的东巴文在记录形容词时显得很不稳定。

第四章

代词的记录调查研究

代词是具有代替、指示作用的实词。根据代词所指代的对象，纳西语的代词可分为人称代词、反身代词、指示代词和疑问代词四类①。代词是范畴化较高的实词，语义较为抽象，其文字记录有着自身的一些特点。

在汉语中，代词的记录几乎都采用借音的方式。在东巴文献中，代词的记录与汉语有相似之处，但也存在一些不同。本章将对《崇搬图》中代词的文字记录进行全面地描写，并对《古事记》和《崇搬图》中代词的记录情况进行比较分析。

第一节　经典文献中代词的记录分析与统计

《崇搬图》中各类代词的文字记录已达到较高的水平，词字已形成了较为稳定的对应关系。当然，一部分代词仍未被文字记录，其记录方式尚存原始文字的痕迹。

---

① 和即仁、姜竹仪：《纳西语简志》，民族出版社 1982 年版，第 68 页。

一　人称代词的记录统计分析

《崇搬图》中，第一人称代词、第二人称代词和第三人称代词都有出现，各自在记录上存在一些特点。

（一）第一人称代词的记录统计与分析

1. 《崇搬图》人称代词记录情况统计

类　别	总量	字音	字形	记录方式	记录代词次数	实际使用次数	作为代词比例（%）	代词记录比例（%）
第一人称代词	65	$ŋə^{31}$	夭	指事	2	2	100	3.1
			秂	形声	2	2	100	3.1
		$ŋy^{33}$	夨	借音	32	35	91.4	49.2
			仒	借音	1	1	100	1.5
合计					37			56.92

上表显示：第一人称代词的记录比例为 56.25%，相对较低。

2. 无记录的原因分析

《崇搬图》中，第一人称代词共有 28 次无文字记录，其原因主要有以下几点：

（1）代词的范畴化与原始文字的滞后性

语言的发展要快于文字的发展。同一文献，诵读者在诵读中将经典中的一些词范畴化为代词，但文字却仍停留在象形表意的阶段，即仍以具体的形体指代对象。这样，诵读出的代词与经典原文中的文字失去了对应，最终导致出现无文字记录的现象。例如右图中

第一人称代词"ŋə³³"的记录：

该节部分（42 页 138 节）解读如下：

字形：

标音：ŋə³³ se³¹ tv³³ mə³³ dʑy³¹，gə³³ tv³³ bu³¹ su³¹ bɯ³³ ue³³ tsʅ⁵⁵。

字译：我 何等忠直不 有   我忠直 伴侣找 要 想 是

意译：我是何等忠直呀，要找一个忠直的伴侣。

该句中，第一人称代词"ŋə³³"（我）出现两次，与其相对应的东巴文为"🚶"。实际上，"🚶"一形为传说中的"崇忍利恩"，是代词"我"所指的具体对象，而非记录第一人称的专用字。严格来说，这里的第一人称代词"ŋə³³"（我）无成熟文字记录。

在《崇般崇笮》中，有一段与上图意义相近的图版（左图），其中第一人称代词"ŋə³³"的记录再现了文字的抽象过程。

该段字译为："崇忍利恩男来说：'都木久利坡，我一对象没有，对象找去要说！'"

其中的"ŋə⁵⁵"（我）用"🌟"记录，像"🚶"（崇忍利恩）在抖动。东巴文"抖"作"🌟"，常用于记录第一人称（详见后文）。由此可见，这一形体既表达了代词所指的对象，又用"抖"记录了语言中的代词"ŋə⁵⁵"（我），其过渡性不言而喻。

反观《崇搬图》，笔者认为文字滞后与语言发展正是产生此类现象的根本原因。

（2）共用或省略

如右图中第一人称代词"ŋy³³"的记录。

该节（52 页 186 节）的后部分解读如下：

字形：

标音：……n̥y³³i³³dɯ³³lər⁵⁵phv⁵⁵lɯ⁵⁵n̥y³³mə³³tha⁵⁵。

字译：　我 是　一 种子 撒　呢 我 不　能

意译：……我还不能撒一种谷种呢！

该句中，第一人称代词"n̥y³³"共出现两次，只使用了一个东巴文""（本义为"抖"，详见后文分析），即该形同时记录两个代词"n̥y³³"，或者说一个代词承前文省略不记。

省略（或共用）是第一人称代词未被记录的主要原因。

（3）诵读者的误读

如右图中第一人称代词"n̥y³³"的记录。

该节（58 页 211 节）解读如下：

字形：

标音：tʂho³¹ze³³lɯ⁵⁵ɣɯ³³le³³ ʂə⁵⁵me³³：n̥y³³n̥i³³n̥y³³iə⁵⁵lu³³，ndzæ³³mi⁵⁵n̥y³³z̩v³¹lu³³。

字译：崇忍利恩　　又 说 道 我需要 我 给来 爱女 我 嫁 来

意译：崇忍利恩说道："我需要你的女儿，请配给我，把你的爱女嫁给我吧。"

本句中，第一人称"n̥y³³"共出现 3 次，前两次分别用"⚱"记录。从文字书写来看，第三个似乎与"⚲"对应。《字谱》："⚲，tʂə³¹。爪也，又作⚳、⚴。"从读音上看，"⚲"并不与"n̥y³³"对应。

笔者认为诵读者误读了经文，后一句当读为"爱女男嫁来"，即"⚲"当读为"男"。《字谱》："⚵，zo³³、tʂɰa³¹又 ə³³kæ³¹z̩³³。子也，男也，丈夫也。""⚲"与"tʂɰa³¹"的读音相近，可以假借。其他文献存在此类用例，如《么些经典九种·么些族的洪水故事》67 页中读为："女那男给来"，《崇般崇笮》233 页中读为："女娶男嫁给来。"

3. 文字记录的举例与分析

与其他人称代词的记录不同，第一人称代词的记录方式较为丰富，有指事、形声和借音几种方式。

（1）指事的方式

如右图中"ŋə³¹"的记录。

该节（106页517节）部分解读如下：

字形： ![字形图]

标音：dʑɿ³³　kv⁵⁵thv³³tʂɿ³³lo³³，phy³¹kv⁵⁵ŋə³¹tʂɿ³³ua³¹。

字译：宰官　会　出　这　伙　念经会我　就　是

意译：这伙为人办事的宰官们呀，能念经持咒的就是我。

这里的"ŋə³¹"用" ![图] "记录。《字谱》："![图]，ŋə³¹。我也，从人手自指。"

（2）形声的方式

如右图中"ŋə³³"（我）的记录。

该节（54页196节）部分解读如下：

字形： ![字形图]

标音：tʂho⁵⁵lo³³na³¹ka³³tɕhi³³，ŋə³³ka³³le³³tɕhi³³lu³³……

字译：蚂蚁　黑　力　助　我　力　又　助　去

意译：黑蚂蚁呀，替我来帮忙吧……

这里的"ŋə³³"（我）用" ![图] "记录。《字谱》："![图]，ŋə³¹。我也，从人手自指。又作![图]，从人![图]（ŋə³³）声，系藏音。"是为形声字。该字在《崇搬图》中出现两次。

（3）借音的方式

如右图（53页189节）"ŋ̍y³³"（我）的记录。

该节部分解读如下：

字形：　　　　　（字符图形）

标音：tʂho³¹ze³³luɯ³³ɣɯ³³le³³ ʂɒ⁵⁵me³³：ŋ̩y³ŋ̩i³³ŋ̩y³³le³iə⁵⁵ndzæ³³mi⁵⁵ŋ̩y³³le³³z̩v³¹lu³³tsɿ⁵⁵。

字译：崇忍利恩　　又说道　我要我又给　爱女　我又嫁过来

意译：崇忍利恩就说道："我需要的配给我，把你的爱女嫁给我。"

（按：该节中，读经者漏读一个"lu³³"，即（字符））

该节中共出现三个"ŋ̩y³³"（我），用了三个"（字符）"记录。《字谱》："（字符），ŋ̩y⁵⁵，抖也，装模作样也，象人颤动。又作（字符）"。记录第一人称为借音。在《崇搬图》中，该字记录第一人称共 31 次。

（4）不明字形（待考）

如右图中"ŋ̩y³³"（我）的记录。

该节（52 页 183 节）部分解读如下：

字形：……（字符）　　（字符）（字符）（字符）

标音：……ndzæ³³mi⁵⁵ŋ̩y³³z̩u³¹lu³³ue³³tsɿ⁵⁵。

字译：　　爱女　我 嫁 来 就　吧

意译：就把你的爱女嫁给我吧！

第一人称"ŋ̩y³³"（我）用"（字符）"记录。在《崇搬图》中，该字仅出现一次。笔者认为"（字符）"记录"ŋ̩y³³"（我）一词当为借音，至于该字的本义，还有待考证。

4. 记录特点

第一人称记录比例虽然不高，但字词已形成了较为稳定的对应关系。"ŋ̩y³³"共出现 32 次，有 31 次采用"（字符）"记录。"ŋə³¹"共出现 4 次，分别用"（字符）"和"（字符）"记录。可见，东巴文完全具备了记录第一人称的功能。

值得注意的是，东巴文献中，除了使用借音的记录方式，第一人称同时采用了指事和形声两种表达方式。从文字的发展规律来看，指事方式是文字发展早期常用的一种表达方式。东巴文献中代词采用指事的手法从一个侧面反映了东巴文的原始特质，而形声手法的出现则生动地再现了东巴文的发展。

在《崇搬图》中，"$ŋy^{33}$"的出现次数明显多于"$ŋə^{31}$"，前者采用借音的手法，后者采用表意的方式，这意味着第一人称的文字记录将以借音的方式为主。

（二）第二人称代词的记录统计与分析

1. 《崇搬图》第二人称代词记录情况统计

类别	总量	字音	字形	记录方式	记录代词次数	实际使用次数	作为代词比例（%）	代词记录比例（%）
第二人称代词	79	nv^{31}		借音	3	140	2.14	
				借音	33	38	86.84	
		u^{33}		借音	5	16	31.25	
合　计					41			51.9

2. 无记录的原因分析

像第一人称一样，第二人称未记录同样存在以上几种原因。

（1）代词与代词所指代对象对应

如右图中"$nɯ^{31}$"（你）的记录。

该节（43页140节）后半部分解读如下：

字形：

标音：……o^{31} me^{33} $miə^{31}$ $dər^{31}$ o^{33} gv^{33} dv^{33} $tshʅ^{33}$ $nɯ^{31}$ khv^{33} le^{33} $bɯ^{33}$ $næ^{31}$。

字译：善良呀　眼　横　善良的　都青　你　偷　又　去　该

意译：……你要去找眯缝着眼的好姑娘。

第二人称代词"nɯ³¹"（你）无对应的东巴文。不过，第二人称代词"nɯ³¹"（你）所指的对象"𤕝"（崇忍利恩）出现在图版中。

（2）省略或共用

如下图中"nv³¹"（你）的记录。

该节（56 页 202 节）部分（右图）解读如下：

字形：𤕝　　　　🦋　　🥚✖　　　🔺　　　🌱

标音：t ʂho³¹ze³³lɯ³³ɣɯ³³nv³¹，khə⁵⁵la³³nv³¹khə⁵⁵iə³³，dæ³¹la³³nv³¹dæ³¹iə³³。

字译：崇忍利恩　　　你　才　算你才是　　能算你　能是

意译：崇忍利恩你呀，也算得具有才干，也算得很是贤能。

"nv³¹"（你）共出现 3 次，只使用了一个东巴文"🦋"（详见后文分析），其余省略或共用。

（3）诵读错误

如右图中"nv³¹"（你）的记录。

该节（58 页 212 节）前一部分解读如下：

字形：𤕝　　上✖　　　　✖⟋⟋🦋　ꓱ🐛　　耕具ꓱ🐟

标音：dzʅ³³la³¹ə³³phv³³le³³ʂə⁵⁵me³³：nv³¹ŋ̍i³³nv³¹mə³³iə⁵⁵，ndzæ³³mi⁵⁵nv³¹mə³³zʅv³¹。

字译：知劳欧普　　又　说　道你　需要你　不　给爱女　你　不　嫁

意译：知劳欧普又说："你要我女儿，我不给配；我爱女嫁你但我不嫁。"

这里又犯了上文所提到的第一人称诵读的错误，即将记录"男"一词的"𝼀"诵读为"你"，这样"nv³¹"（你）一词自然没有对应的文字。

3. 有记录举例分析

《崇搬图》中，第二人称全部采用借音的记录手法。

（1）借用"𝼀"（心）

如右图中"nv³¹"（你）的记录。

该节前一部分解读如下：

字形：𝼀'𝼀 　　　　𝼀 𝼀 　𝼀

标音：dʐʅ³³la³¹ə³¹phv³³　le³³ʂɔ⁵⁵me³³：tʂho³¹ze³¹lɯ³³ɤɯ³³zo³³，

字译：知劳欧普　　又 说 道　　崇忍利恩　　　男

字形：𝼀 𝼀 𝼀 𝼀 𝼀 𝼀 𝼀

标音：nv³¹tɕhy³³sy³¹tɕhy³³ua³¹ue³³tsʅ⁵⁵。

字译：你 族 何 族 是 了 吧

意译：知劳欧普又说道："崇忍利恩若，你是什么族呀？"

在《崇搬图》中，"𝼀"（心）一字使用140次，用为第二人称只有3次。可见，记录人称代词并不是"𝼀"（心）的主要功能。

（2）用"𝼀"记录

例如下图中"nv³¹"（你）的记录。

该节（51页180节）前一部分解读如下：

字形：𝼀 　　　　　𝼀 𝼀 𝼀 𝼀 𝼀 𝼀 𝼀

标音：dzʅ³³la³¹ə³³phv³³　le³³ʂ̥ø⁵⁵me³³：nv³¹ŋ̍i³³nv³¹mə³³iə⁵⁵，ndʑæ³³mi⁵⁵nv³¹

mə³³z̩v³¹。

字译：知劳欧普　　又说　道　你　要你　不给　爱　女你　不嫁

意译：知劳欧普又说道："你要我不给，我的爱女不能嫁给你。"

该句中的三个"nv³¹"（你）用三个"🦋"记录。"🦋"，《字谱》："nv³¹。黄豆也，象其荚。"此为借音记录。《崇搬图》中，绝大多数第二人称代词假借该东巴文记录。"🦋"使用 38 次，作为第二人称代词有"33"次。

《么些字典》458（37 页）："🦋，[nv³¹]，你也，画人头上有一黄豆，以黄豆注你字之音也。此种写法亦常用于鲁甸。有时即以'🦋'字借音作你。"即为形声字。在《崇搬图》中，未发现这一字形。

（3）用"🏺"记录

据《纳西语简志》，第二人称代词"u³³"用于同辈之间的称呼。在《崇搬图》中，"u³³"常用"🏺"记录，如右图。

该节（83 页 363 节）部分解读如下：

字形：🐚🐚　🏺◉　᾿᾿᾿　᾿᾿᾿　🐚🏺　᾿᾿᾿　▨▨　▬

标音：ma³¹la³³u³³ma³¹ua³¹，ʂør⁵⁵la³³nɯ³¹ʂør⁵⁵ua³¹ue³¹tsʅ⁵⁵。

字译：膏油也　你 膏油 是　　汗垢也　你 汗垢　是　了　吧

意译：（亲生女儿）是你身上的膏油，是你身上的汗垢。

按：原翻译的第一个"u³³"翻译为"我们"，根据读音和前后文改为"你"。第二个人称代词"nɯ³"没有对应文字"🏺"的读音。这里是同辈对话，故应当与前一个读音同，为"u³³"。"nɯ³"是诵读者的误读。

本节使用了两个"🏺"记录第二人称。"🏺"像碗形，据《么些象形字典》（37 页）："🏺原为一种神名。"

4. 记录中的一些特点

（1）第二人称代词的记录比例略低于第一人称的代词的记录，未记录的原因大致相同。值得注意的是，文献中存在人称代词与代词所指对象相对应的现象。显然，这是一种原始的记录方式。

（2）第二人称代词与东巴文形成了稳定的对应关系。例如"🦋"（黄豆）与第二人称代词"nv³¹"对应，"👑"记录第二人称代词"u³³"对应，彼此分工明确。这是东巴文成熟的又一表现。

（三）第三人称代词的记录统计与分析

1.《崇搬图》第三人称代词记录情况统计

类别	总量	字音	字形	记录方式	记录代词次数	代词记录比例（%）
第三人称	26	thɯ³³	🐿	借音	5	
			🐴	借音	5	
			🧍	借音	5	
合计					15	57.69

2. 无记录的原因分析

（1）代词与代词所指代对象对应

如右图中"thɯ³³"（他）的记录。

该节（49页167节）前一部分解读如下：

字形：　　　　

标音：mɯ³³thv³³dɯ³³n̠i³³n̠ə³³，ly⁵⁵ndʐər⁵⁵ly⁵⁵se³¹thɯ³³tʂər³¹bə³¹……

字译：天　晴　一　天　里　粮食　晒　粮食收　他　叫　着

意译：遇到晴天，叫他做晒粮食、收粮食的工作……

这里的"thɯ³³"（他）没有专门对应的文字，但是"他"所指的对象"崇忍利恩"出现在图版中。《古事记》（58 页 106 节）也存在类似的现象。

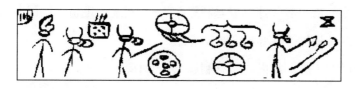

上图后半部分解读如下：

字形：

标音：²mɯ ²thu ²dʐ ²ɲi ³ɲiʌ ²ly ¹ndzie²ly ²sɛ ²thʐ ³t ʂʌɪ ¹tha……

字译：天 晴 一 日 里 谷粒晒 谷粒晾 他 叫 可

意译：天晴的日子，可以派他晒谷子、晾谷子……

这里的"²thʐ"（他）没特定的东巴文记录，同样以"崇忍利恩"一形会意。

（2）省略

如右图中"thɯ³³"（他）的记录。

该节（127 页 671 节）解读如下：

字形：

标音：thɯ³³ly³¹thɯ³³phæ⁵⁵mə³³se³³nɯ³³。

字译：他 看 他 揭开 不 完 就

意译：趁着他们把羊肚没有揭开完的时候。

该节中出现两个"thɯ³³"（他），只用了一个东巴文""（本义，详见后文分析）记录。

在《崇搬图》中，复指代词都省略不计，例如右图中的"thɯ³³"（他）。

该节（57 页 208 节）解读如下：

字形：⌒⌒　　　　Ɜ ⌒⌒　　　🐾

标音：xu³¹ kho³³ xu³¹ mə³³ kho³³ tʂho³¹ ze³³ lɯ⁵⁵ ɣɯ³³ thɯ³³，mbər³³ bi³¹ lv³³ na³¹ lv⁵⁵。

字译：夜　半　夜　不　半　崇忍利恩　　　　他　毛毡　石黑裹

意译：半夜，崇忍利恩他用毛毡裹着黑石。

这里的"thɯ³³"（他）复指"崇忍利恩"，无对应的文字。

以上是第三人称代词未记录的主要原因。

3. 文字记录举例与分析

《崇搬图》中，第三人称代词只采用借音的记录方式，例如下图中"thɯ³³"（它）的记录。

右图（41页135节）开头部分解读如下：

字形：　　　⊕　　⌒　Ɜ　　　　　　　

标音：ŋgv³³ ȵi³³ ŋgv³³ xa⁵⁵ mə³³ gv³³ me³³ thɯ³³ ly³¹ mə³³ tha⁵⁵ tshʅ⁵⁵……

字译：九　日　九　夜　没　满　的　它　看　不　准　是

意译：不满九日九夜，不许去看它……

该节中的"thɯ³³"（它）用"🐿"记录。《字谱》："thɯ³¹。饮酒也，吸虹管入酒器又作🐿，从人。"此为借音记录。

在《崇搬图》中，thɯ³³"（它）的记录常变换地使用"🐿"的不同异体，如下图中的记录。

上图（5 页 17 节）部分解读为：

字形：（字形图）

标音：thɯ³³ nɯ³³ pɯ³³ pa³³ be³³。

字译：它　由　化育　做

意译：由它（黑光）化育。

这里的"thɯ³³"（它）使用了"（图形）"一形，像人用虹吸饮酒，为"（图形）"的异体。下面一例则使用了异体"（图形）"一形。

右图（126 页 666 节）解读为：

字形：（字形图）

标音：thɯ³³ ŋə³¹ kv³¹ mə³³ ŋi³¹。

字译：他　上　交　不　得

意译：不得交给他。

在记录第三人称"thɯ³³"中，"（图形）""（图形）"和"（图形）"各使用了 5 次。

4. 记录中的一些特点

（1）第三人称的记录比例与第一、二人称相近，都不算高，其原因与第一、二人称相近，即：①东巴文的原始特点，即代词的表达往往蕴含于所指对象之中；②书写者的有意省略。

（2）第三人称代词的记录已经有了相对固定的东巴文。不过，该东巴文在使用中却不断变换字形，这说明：①东巴文尚不成熟，还未规范化；②书写者为追求用字的变化而有意为之。比如，《崇搬图》中 126 页 666 节使用"（图形）"一形，同页的 667 节却使用"（图形）"一形。

二　指示代词的记录调查与分析

据《纳西语简志》，纳西语的指示代词可分为三级：tʂhɯ³³（这，近指）、

thɯ³³（那，远指）和 ə⁵⁵thɯ³³（那，更远指，重音在 ə⁵⁵上）。《崇搬图》中只出现前两个指示代词。

1. 《崇搬图》指示代词记录情况统计

类别	总量	字音	字形	记录方式	记录代词次数	实际使用次数	作为代词比例（%）	代词记录比例（%）
指示代词	104	tʂʰɯ³³	古	借音	40	46	87.0	
		thɯ³³	⽊	借音	26	37	70.3	
			⽛	借音	9	41	22.0	
			✿	借音	1	127	0.79	
合计					76			73.08

2. 无记录的原因分析

《崇搬图》中，未记录的指示代词共 28 例，主要存在以下几个原因：

（1）指示代词的弱表意性

指示代词是用于复指前文所述的一类实词。在具体的语境中，因为所指对象的存在，指示代词似乎可有可无。反映在文字的记录上，该类词往往出现无记录的现象。例如右图中"tʂʰ̩³³"（这）的记录。

该节（1页4节）部分解读如下：

字形：〜〜 ꒾ ꒾꒾꒾ ꒾ ꒾ ꒾

标音：mɯ³³ mə³³ thv³³ dy³¹ mə³³ khɯ³³ tʂʰ̩³³ dʐ̩³¹……

字译：天 不 开 地 不 辟 这 时

意译：天没开，地没辟的时候。

指示代词"tʂʅ³³"（这）无文字记录。在这句话中，"tʂʅ³³"（这）指代"天不开地不辟"，有复指的作用。从表意功能上看，该词的作用远不如其他词语。在《古事记》等经典中，该词常未读出。因此，在东巴文献中，该词无文字记录也在情理之中。

在《崇搬图》中，指示代词的弱表意性是该类无记录的主要原因。

（2）书写者的省略

如右图中"tʂʉ³³"的记录。

该节（32 页 106 节）部分解读如下：

字形：古　　⟡⌒⌢⸼　　　丼　　⁊ᑭ.

标音：tʂʉ³³ dʉ³³ mʉ³³ mə³³ ua³¹，mʉ³³ ʂu⁵⁵ khu⁵⁵ la³³ thv³³，

字译：这　一　天　不　是　天　新样　也　出

字形：▭▭▭▭

标音：tʂʉ³³ dʉ³³ dy³¹ mə³³ ua³¹，dy³¹ ʂu⁵⁵ khu⁵⁵ la³³ thv³³。

字译：这　一　地　不　是　地　新样　也　出

意译：这不是以前的天，新天出现了；这不是以前的地，新地出现了。

代词"tʂʉ³³"出现两次，只用"古"记录其中的一次，另一次省略未记。

（3）诵读者的误读

如右图中"thʉ³³"的记录。

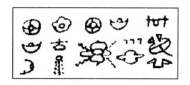

该节（2 页 5 节）前一部分解读如下：

字形：⊕　　ᴗ　　🌙　　◎　古　🌿

标音：bi³³ ne³¹ le³¹ la³³ mə³³ thv³³ sʅ³³ thʉ³³ dzʅ³¹……

字译：太阳和月亮 也 未　出现 的　这　时

意译：太阳和月亮还没出现的时候。

字形"**古**"与"thɯ³³"不对应。"**古**"，《字谱》："tʂɿ³³。悬也，吊也，悬物之貌。"东巴文中常借音记录近指代词"tʂhɯ³³"（这）。在纳西语中，"thɯ³³"为远指代词。由此可见，这里的"thɯ³³"当读为"tʂhɯ³³"。

3. 有记录举例分析

《崇搬图》中，第三人称代词全部采用借音的手法。"tʂhɯ³³"（这）一词的记录前文已分析，此不赘述。下面就"thɯ³³"（那，远指代词）一词的记录举例分析如下。

（1）用"ꝏ"记录

右图（12 页 47 节）解读如下：

字形：🧿 🔯 卐⊙ 🐟 ○ 🦅 ꝏ ♦ ⚷

标音：ɣɯ³³ y³¹ ɣɯ³³ ma⁵⁵ gə³³ kv³³ mæ⁵⁵ thɯ³³ dɯ³³ ly³³。

字译：恩余恩麻　　　的　蛋　后　那　一　个

意译："恩余恩麻"生下的最后一个蛋。

本句中的"thɯ³³"（那，远指代词）用"ꝏ"（本义为"饮酒"，前文已有分析）记录。像第三人称记录一样，"thɯ³³"（那）同样使用"ꝏ"的另外两个异体——"🧍"和"🕴"记录。

（2）用"▷"记录

右图（109 页 533 节）部分解读如下：

字形：🧍 ○━━I ▷ 🦅 ⫶⫶

标音：se³¹ dʑy³¹ zɿ³³ tʂər⁵⁵ the³³ ȵiə³¹ ua³¹。

字译：生　存　路线　这（那）边　是

意译：这（那）边是生者的路线。

（按：原经典翻译为"这"，应当不准确）

这里的"the³³"用"▶"记录。《字谱》:"▶, the³³。旗也……"此为借音。

（3）用"❖"记录

右图（71 页 299 节）部分解读如下：

字形：古　　◑　　↑　　❖　　◐　　▦▦

标音：tʂʅ³³ phu⁵⁵ ndʑy³¹ dɯ³³ phu⁵⁵ lo³¹……

字译：这　边　山　那　边　谷

意译：这边山那边谷……

这里的"the³³"（那）用"❖"记录。"❖"音"dɯ³³"，与"the³³"音近。在《崇搬图》中，只发现这一用例。

4. 记录中的一些特点

《崇搬图》中指示代词的记录存在以下一些特点：

（1）指示代词的记录比例以 73.08% 高于人称代词的记录比例。在《崇搬图》中，借音记录已相当发达，这给语义相对抽象的指示代词的文字记录带来可能。当指示代词大量使用借音方式进行记录的同时，部分人称代词却仍固守原始的记录方式，最终导致指示代词的文字记录水平超过人称代词。

（2）指示代词已经形成了以"古"和"𑇐"记录为主的格局，彼此分工明确，一个记录近指代词，一个记录远指代词。从《崇搬图》中的具体用字来看，指示代词所选用的东巴文中仍有一定的随意性，这是东巴文原始性的体现。

三　疑问代词的记录调查与分析

据《纳西语简志》，纳西语的疑问代词主要有：ə³³ne³¹"谁"（代替称人名词）、ə³¹tsɯ³³"什么"（代替事物名词）、ze³¹（或 ze¹³）"哪"（代替处所或时间的名词)、se^{31}be^{33}"怎么"和 se^{31}sy^{31}be^{33}"怎么样"(代替动词)、ze^{33}"几"和 ze^{33}ta^{31}"多少"(代替数词或数量词组)。参考《纳西语简志》,结合《崇搬图》的实际情况,我们只对部分疑问代词进行调查和分析。

1. 疑问代词记录数据统计

类别	总量	字音	未记录次数	记录代词次数	字形	记录方式	实际使用次数	作为代词比例(%)	代词记录比例(%)
疑问代词	12	sy^{31}	1	11		借音	29	37.9	
	10	ze^{31}	7	3		借音	13	23.1	
	1	ə^{33}tsʅ^{33}	1	0					
总计	23			14					60.86

2. 无记录的原因分析

对于原始文字而言,语义相对抽象的疑问代词用文字记录并不容易。在《崇搬图》中,疑问代词常未被文字记录,其原因主要有以下两点:

(1)诵读者的主观诵读

"ə^{33}tsʅ^{33}"(什么)只出现一次,没有记录,兹录如下。

右图(25页88节)解读如下:

字形:

标音:ə^{33}so^{33}ə^{33}tsʅ^{33}thv^{33},tʂhuo^{55}lo^{33}na^{31}sʅ^{33}thv^{33},tʂhuo^{55}lo^{33}na^{31}pɯ^{55}be^{33}bɯ^{33}tsʅ^{55}。

字译:一早 什么 出现 蚂蚁 黑 先 出现 蚂蚁 黑 来历做 要 看

意译：一早，出现了什么？出现了黑蚂蚁，黑蚂蚁也想创造黑色的来历。

这里的"ə³³tsʅ³³"（什么）并无记录。查阅《古事记》的相同小节，诵读的经文中并无"ə³³tsʅ³³"而是拥有"²tʂʅ²ɣɯ²"（这好）。

右图（33页55节）部分解读如下：

字形：

标音：²ɛ²sɔ ²tʂʅ²ɣɯ²thu,¹tʂʅ²cɭ²lɔ ³na¹sʅ²thu,³na ³pɯ²bɛ²bɯ ¹tsʅ……

字译：原先 这 好 出 蚂蚁黑先出 黑种做去（助）

而李霖灿的《么些经典九种·么些族的洪水故事》则没有这两个音节。

由此可见，诵读者的主观诵读是导致《崇搬图》中"ə³³tsʅ³³"一词没有记录的主因。当然，从图版来看在"原先"和"出"之间应当有一个或两个词，到底是什么？从目前的条件来看，尚难确定。

（2）文字省略或共用

左上图（38页120节）部分（右上图）解读如下：

字形：

标音：la³³lər³³z̩ə³¹tshe⁵⁵xər³¹ze³¹tshi⁵⁵ze³¹nv³³xɯ³³mə³³do³¹。

字译：平原 草 叶 绿 何处毁灭何处埋葬去 不 见

意译：现在呢，绿草也不知道毁灭在何处埋葬在何处去了。

该句中，"ze³¹"（何处）出现两次，用一个东巴文"𓅃"（飞鬼）记录。该字紧挨"🐛"和"🦋"，有共用之意。

3. 有记录举例分析

在《崇搬图》中，疑问代词全部采用借音的方式，现举例如下。

（1）"sy³¹"（或"sy³¹be³³"）的记录

右图（51页176节）部分解读如下：

字形： ⁙　　Ｘ　　⁛　　⊓　≋　　⊢　≋

标音：ŋgv³³tshər³¹ŋgv³³ tɕi³¹　sy³¹be³³ tsər⁵⁵ dɑ³¹ tsɿ⁵⁵。

字译：九　十　九　森林　如何　砍　得　了

意译：九十九片森林我如何才能砍伐得了呢？

这里的"sy³¹be³³"用"≋"记录。《字谱》："⌒，sy⁵⁵。锡也，又铅也，像锡块。又作⌒、⌒。"此为借音记录。

（2）"ze³¹"的记录

如右图中"ze³¹"的记录。

该节（100页482节）部分解读如下：

字形： 🌱　🐚　🎋　⊃　井　川　🔪　🌿　🌸　🚶

标音：me³¹ nɯ³¹ xo³¹ mə³³ guə³³ ȵi³³ tshi³³ ze³¹ be³³ dy⁵⁵……

字译：梅　与　和　不　离　日　光　何处暖　逐

意译：梅与和互不分离，逐着和暖的阳光……

这里的"ze³¹"（何处）用东巴文"🌿"记录。《字谱》："🌿，ze³¹。飞鬼也，从鬼有翅。"此为借音记录。

4. 记录中的一些特点

（1）疑问代词的记录比例与其他代词相当。

（2）不同语义范畴的疑问代词记录比例很不均衡。比如，表处所的疑问代词"ze³¹"的记录比例远低于表原因的疑问代词"sy³¹"的记录比例。笔者认为，"ze³¹"记录低与它的语义特征"处所"密切有关。在疑问代词中，处所代词相对具体，读者可以从上下文进行会意，因此，该类往往省略不记。

（3）疑问代词记录所用的东巴文已相当稳定。

四　人称代词的复数记录举例与分析

《崇搬图》中人称代词复数形式只出现两例，全部得到记录，现举例如下。

右图（116 页 587 节）解读如下：

字形：

标音：thɯ^{33} gɯ^{31} t ʂ^{33} ua^{55} kɣ^{33}。

字译：他　们　这　　五　个

意译：他们这五个人。（按：这里的"ⅲ"为书写错误，见数词的分析）

复数形式"gɯ^{31}"用"⌒"记录。《字谱》："⌒，gɯ^{33}。嚼也，从口上下动。"此为假借。

第二节　代词记录比较研究

《崇搬图》与《古事记》中代词的记录存在较大的差异，主要表现在记录数量上。

一　记录数量比较及原因分析

（一）相关统计

表1　　　　　　　　　　　　记录次数比较

经典文献	总量	记录次数	记录比例(％)
《崇搬图》	299	184	61.5
《古事记》	128	3	2.3

表2　　　　　　　　　　　　　　　　记录数量比较

经典文献	代词总量	记录代词量	记录比例（%）
《崇搬图》	11	11	100
《古事记》	11	3	27.3

表3　　　　　　　　　　　　　　几类代词抽样调查统计比较

代词	经典文献	总量	记录次数	记录方式	记录比例（%）
sy^{31}	《崇搬图》	12	11	借音	97.7
	《古事记》	6	1	借音	16.7
t ʂŋ^{33}	《崇搬图》	58	37	借音	63.8
	《古事记》	17	1	借音	5.9
thɯ^{33}	《崇搬图》	24	23	借音	95.8
	《古事记》	24	1	借音	4.1

由上表可知：

1. 两者代词记录次数相差悬殊。可见，在原始文字的发展中，代词的记录变化较为激烈。

2. 《古事记》只有三个代词得到文字记录，含指示代词和疑问代词，人称代词尚未得到文字记录。可见，代词的文字记录并非一蹴而就。从研究数据来看，东巴文先为一些指示代词制定文字，其后才是语义相对具象的人称代词。人称代词记录在后的原因与人称代词的语义特征相关，因为原始文字可以采用一些原始的方式替代人称代词的记录。

3. 就单个代词而言，《古事记》的记录水平相当低，省略很多。

4. 《古事记》的代词记录尚处于萌芽期。

（二）《古事记》中代词记录低的具体原因

《古事记》中代词记录低主要有以下几个具体原因：

1. 一些代词尚未出现对应的文字

上表显示，《古事记》中 11 个代词，只有 3 个得到记录，这也就意味着有 8 个代词尚未有对应的文字。按理说，如果《古事记》的书写时代每个代词都存在文字记录，那么在如此长的一篇文献里，这 8 个代词不可能一次都不记录。反推，这 8 个代词应当尚未制定记录的文字。比较两本文献中代词的记录情况，可以凸显这一差异。

左图（《古事记》16 页 16 节）解读如下：

字形：𝌆　 ∪　 ☰ ▲　 ⊿⊐

标音：^{3}lʌɿ ^{1}ku ^{2}khɔ ^{2}ndza ^{1}sa ^{2}ndza ^{2}ʥɿ ^{1}ku ^{2}thu,

字译：叫唤能 声　 哑　 气哑 一 个 出

字形：　　　 ⊕∞　 ⑧　 ☒　 ⊿⊐

标音：^{2}thɿ ^{2}nɯ ^{2}pɯ ^{2}pa ^{2}bε,^{2}i^{2}gʌ^{2}ti^{1}na ^{2}the ^{2}nɯ ^{2}thu。

字译：它（助）化育　 做　 （神名）那（助）出

意译：生出一个声气嘶哑的叫唤者，交换着的声气一变，生出英格鼎那来。

右图（《崇搬图》5 页 17 节）解读如下：

字形：𝌆 𝌆 ∪ ▲ ☰　　 𝌆 ⑧ ⊿⊐

标音：lər^{31} kv^{55} kho^{33} ndza^{33} sa^{55} ndza^{33} the^{31} nɯ^{33} thv^{33},

字译：鸣 会 声 坏 气 坏 此 由 出

字形：（符号） （符号） （符号） （符号） （符号）

标音：thɯ³³ nɯ³³ pɯ³³ pɑ³³ be³³，i³³ kə³¹ ti³³ nɑ⁵⁵ the³¹ nɯ³³ thv³³。

字译：它 由 化育 做 英格鼎那 此 由 出

意译：出现了会啼叫的怪声怪气的东西，由怪的声气化育出"英格鼎那"。

在这语义基本相同的两个小节中，《古事记》没有记录第三人称"thɯ³³"（它），而《崇搬图》则用"（符号）"（饮）记录了这一代词。《古事记》中，第三人称共出现 18 次，全部未得到记录，《崇搬图》的记录参考前文分析。

2. 大量的省略

《古事记》虽然有三个代词有对应的文字，但这几个代词的记录水平仍然很低。例如指示代词"²tʂ̩ŋ"（这）的记录：

上图（《古事记》71 页 138 节）后部分解读如下：

字形： （符号） （符号） （符号）

标音：……²lo³ɛ²phu ²nɯ ¹ ʂ̩，³dɑ ²mɛ ²lɑ ¹ni ³sʯ ¹thʌ ²tʂ̩ŋ ³uɑ ³sɛ。

字译： 太公 说 能干 虎乳 三 滴 这 是

意译：……太公说："这是老虎三滴乳。"

这里的指示代词"²tʂ̩ŋ"借用"（符号）"记录。在《古事记》中，指示代词"²tʂ̩ŋ"只记录了一例，其他的都未被记录，如下左图。

左上图（《古事记》71 页 133 节）后部分解读如下：

字形：　　　 👤　　　　　　🐟 🐟🐟　　　　🪝

标音：……²lo³ɛ²phu ²nɯ ¹sʌ,²la ¹n̠i ³sʅ ¹thʌ ²tʂʅ ²mʌ ³uɑ。

字译：　　太公　　　说　　虎乳三滴　这　不是

意译：……太公说："这三滴乳不是老虎的。"

该句中的"²tʂʅ"没有得到记录。《崇搬图》中相同语义的章节（右图）
则得到记录。

右上图（《崇搬图》60 页 222、223 节）部分解读如下：

字形：　　 🪆🪆　　　👆👆　　🐟🐟🐟　🍃　　　古　🐍　"""

标音：……ə³³phv³³le³³ ʂ̩⁵⁵me³³：la³³n̠i⁵⁵ sv⁵⁵thiə³³t ʂʅ³³ mə³³uɑ³¹。

字译：　　　 欧普　又说道　虎　乳　三滴　　这　不是

意译：……欧普说道：这不是真正的三滴虎乳。

指示代词"tʂʅ³³"用"古"记录。

3. 倾向于原始的表达方式

在《崇搬图》的代词记录分析中，曾提到代词，尤其是人称代词常采
用原始的表达方式，《古事记》也不例外。与《崇搬图》相比，《古事记》
尤其多。比较下列具有相同语义的段落，可以发现这一点。

上图（《古事记》）58 页 113 节）部分（右图）解读如下：

字形：🧍 🏹　　🍃

标音：¹n̠y ²n̠i ¹n̠y ¹iʌ ²lo……

字译：我　要 我 给 来

意译：我需要（您的女儿），您就给我吧……

本句中出现两个"¹ŋy"，没有真正的对应文字，图版中的东巴文"⚡"（人类始祖"崇忍利恩"）却没有读出。显然，"⚡"蕴含了第一人称代词之意，因为这里的"我"就是"⚡"，这是原始文字记录代词的一种常用方式。《崇搬图》中的相同语段则得到文字记录。

上图（《崇搬图》51 页 178 节）部分解读如下：

字形：𝍐 ⟡ ⚛ ▬▬▬

标音：ŋy³³ ŋi³³ ŋy³³ iə⁵⁵ lu³³ ue³³ tsʅ⁵⁵。

字译：我 需要我 给来 （助）

这里的"ŋy³³"（我）用"𝍐"记录。在《崇搬图》中，"𝍐"已广泛地用于记录第一人称代词。

二 记录方式的一些差异

（一） 各种记录方式使用次数总比较表

	指事	形声	借音	总量
《崇搬图》	2	2	180	184
比例(%)	1.1	1.1	97.8	
《古事记》			3	3
比例(%)			100	

从记录方式的比较来看，代词的记录一开始就以借音为主，并占有绝对的优势。

（二）记录方式的同义比较

《古事记》中，代词只记录了3次，这3次记录的用字与《崇搬图》完全相同。前文已举一例，下面再列举其他两例。

1. "sy³¹" 的记录

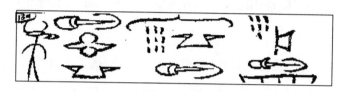

上图（71页139节）部分解读如下：

字形： 𝇊   ⟨图形⟩

标音：³tʂho²zɛ¹lɯ²ɣɯ ²ɣɯ,²nɯ²tɕhy³sy ²thu³dɑ³uʌ¹tsɿ。

字译：措哉勒额   好 你 种 什么 生   （助词）

意译：措哉勒额啊，你这样能干的一种人，有什么来历？

代词 "³sy" 借用 "⟨图形⟩" 记录。《崇搬图》中同义片段也是如此。

上图（62页235节）部分解读如下：

字形： 𝇊   ⟨图形⟩

标音：……tʂho³¹ze³³lɯ⁵⁵ɣɯ³³zo³³，nv³¹tɕhy³³sy³¹tɕhy³³uɑ³¹ue³³tsɿ⁵⁵……

字译： 崇忍利恩   男 你 种 什么种 是 了 吧

意译同上。这里的代词 "sy³¹" 同样借用 "⟨图形⟩" 记录。

2. "thɯ³³" 的记录

左上图（16页18节）部分解读如下：

字形：

标音：……³ ʂu ²gʌ ¹fu³ dʑi³ fia³ na³ ha³ na¹ tshy³ na ²lɛ ³mi ²bɛ,² ɤɯ³ y² ɤɯ ma ²thi。

字译：（魔鬼名）的 （公鸡名）（母鸡名） 名 做 （白鸡名）那

意译：自名为"竖"魔的"夫纪阿纳""阿纳取纳"。那斗帝的"额玉额玛"。

右上图（9页36节）部分解读如下：

字形：

标音：æ³¹ na³¹ thɯ³³ tɕhy³¹ tʂŋ³³，mi³¹ tsv⁵⁵ çi³³ mə³³ ndʑy³¹……

字译：鸡 黑 那 种 呀 名 取 人 没 有

意译：那个黑鸡呀！没有人替它取名字。

两小节中的"thɯ³³"（或²thi）都借用东巴文"〇"（本义为"饮"）记录，没有区别。

三 小结

1. 两本的书献代词记录的差别主要表现在记录数量上。不同于其他词类，代词的记录差异尤为明显。可见，代词的文字记录更能反映一种文字的发展水平。

2. 各类代词的记录发展有先有后，这与代词所指对象密切相关。在东巴文献中，指示代词和疑问代词的文字记录发生时间应当早于人称代词。

3. 代词的文字记录一开始就以借音方式为主，并始终占有绝对的地位。

第三节　结论

本章较为系统地描写了东巴经典《崇搬图》中各类代词的记录情况，得出了一些统计数据，展现了各类代词的记录方式及其特点。

表1
各类代词的记录次数比

类别	第一人称	第二人称	第三人称	指示代词	疑问代词
比例（%）	56.92	51.9	57.69	73.08	60.86

表2
各类动词所用记录方式比较

方式	第一人称		第二人称		第三人称		指示代词		疑问代词	
	有无	比例（%）	有无	比例（%）	有无	比例（%）	有无	比例（%）	有无	比例（%）
指事	有	5.4	无		无		无		无	
形声	有	5.4	无		无		无		无	
借音	有	89.2	有	100	有	100	有	100	有	100

表1显示：代词记录水平最低的为第二人称，最高的为指示代词，人称代词的记录水平在60%与50%之间。像其他词类一样，代词记录水平的差异与各自的语义特征和东巴文的成熟度密切相关。在《崇搬图》中，人称代词因其所指对象在前后文中的具体性而大量采用原始的记录方式，即代词所指的人代替人称代词的记录；相反，指示代词因其所指对象的模糊性而大量使

用借音的方式，由此出现了上述的记录差异。

表2显示：代词的记录方式以借音为主，只有第一人称少量地采用指事和形声的方式。

本章在对《崇搬图》各类词性描写的基础上，系统地比较了《古事记》和《崇搬图》中代词的记录情况，从中可以看出：

1. 《古事记》代词的记录水平远低于《崇搬图》。从彼此的差异来看，《古事记》中人称代词的记录尚处于文字记录发生的初期，而《崇搬图》则正向成熟文字迈进。

2. 《古事记》仅有的几个被文字记录的代词并不是人称代词。我们似乎可以推论，人称代词的文字记录的发生时间应当在指示代词和疑问代词之后。

第五章

数词和量词的记录调查研究

在东巴文献中，数词和量词的记录存在较大的差异。在语言中，两者关系密切。为此，本章将对《崇搬图》中的数词和量词一并进行调查和分析。

第一节　经典文献中数词的记录调查研究

一般而言，数词可分为基数词和序数词。在《崇搬图》中，存在一定数量的基数词和序数词，基数词的使用量要多于序数词，这两类数词在记录数量和记录方式上存在一些差异。

一　基数词的记录调查研究

基数词是表示事物数量多少的数词，是对事物量的一种抽象。与其他词类相比，基数词在记录数量和记录方式上有着自身的一些特点。虽然东巴文尚未完全成熟，但已具备了一套特有的记数文字。

（一）《崇搬图》基数词记录情况统计

表1　　　　　　　　　　　　基数词的记录次数统计

统计项目	总量	未记录数量	记录数量	记录比例(%)
数量	391	102	289	73.9

表2　　　　　　　　　　　　部分基数词的记录统计

数字	总量	未记录数量	记录数量	记录比例(%)
一	145	50	95	65.5
二	20	10	10	50.0
三	93	24	69	94.2
四	3	2	1	33.3
五	9	1	7	77.8
六	5	2	3	60.0

表3　　　　　　　　　　　　记录方式统计

记录方式	借音	指事	会意	形声	合计
数量	93	193	1	2	289
比例(%)	32.2	66.8	0.3	0.7	

（二）无记录的原因分析

1. 图画表意

虽然《崇搬图》中的东巴文已具备记录数词的能力，但在实际记录中一些数词仍采用原始的图画表意方式，这最终导致数词无文字记录现象的出现。

如下图中数词"sv³³"（三）的记录。

上图（35 页 112 节）部分解读如下：

字形：

标音：lo⁵⁵mbər³¹gv³³khɯ³¹ ʂ̩³³，sv³³mba³¹tho³³ŋə³¹ ʂ̩³¹，

字译：竹绳　九　根　用 三　根　松　上　栓

字形：

标音：sv³³mba³¹mbɯ³¹ŋə³¹ ʂ̩³¹，sv³¹mba⁵⁵mɯ³³ne³¹dy³¹ly⁵⁵gv³³ŋə³¹ ʂ̩³¹……

字译：三 根 栗 上 栓 三 根 天 和 地 中央里 栓

意译：用九根竹绳，三根拴在松树上，三根拴在栗树上，三根拴在天和地中间……

该段中，数词"sv³³"（三）共出现三次，都无对应文字。不过，图版中的三根绳却生动地表达了数词"sv³³"（三）。显然，这是一种原始的图画式的记数方式。在《崇搬图》中，此类记录方式存在一定的数量。

2. 省略

像其他词类一样，数词在文献的记录中也常采用省略的方式，如下图中数词"dɯ³³"（一）的记录。

该节（16 页 61 节）前一部分解读如下：

字形：

标音：dɯ³³si³¹dɯ³³mba³¹nɯ³¹……

字译：一 甩 一 吼 着

意译：甩一刀，吼一声……

在这里，数词"dɯ³³"（一）出现两次，只使用了一个东巴文"ㄱ"，另一个省略。

3. 写经者的错误

在已整理的东巴文献中，图版中的文字与诵读出的经文常会出现不一致的现象，这其中有写经者的原因也有读经者的原因。如数词"uɑ⁵⁵"（五）的文字记录。

左上图（116页587节）解读如下：

字形：𝼀 ⬭ ⬦ 𝇇 𝼂

标音：thɯ³³ gɯ³¹ tʂɿ³³ uɑ⁵⁵ kv³³。

字译：他　们　这　五　个

意译：他们这五个人。

在这里，数词"uɑ⁵⁵"（五）与东巴文"𝇇"不对应。右上图（116页590节）前一部分读为"他们这五个"，与左上图统一，这里的"uɑ⁵⁵"（五）与图版中的"𝇉"相对应。可见，左上图中的"𝇇"应当写为"𝇉"，为写经者的错误。

（三）记录方式举例分析

《崇搬图》中，数词的记录方式以指事为主，少量采用借音和会意的方式。

1. 指事表达

如右图中"ŋgv³³"（九）的记录。

该节（52 页 182 节）解读如下：

字形：🐚 ⊙ ⋮⋮⋮　　　　⋮⋮⋮ 🖐 🖐　　 ⬡ , 𝕏

标音：sv⁵⁵ mɑ³¹ ŋgv³³ thv³¹ pu⁵⁵ , ŋgv³³ çi³¹ thæ³³ nɯ³³ gə³¹ le³³ tçi³³ ,

字译：明子　九　把　带　九　森林　底　就　上　又　放

字形：⋮⋮⋮ 𝕏 ⋮⋮⋮ 🐟 🧍 ⬭

标音：ŋgv³³ tshər³¹ ŋgv³³ çi³¹ mbər³¹ pu⁵⁵ tshʅ³¹ 。

字译：九　十　　九　森林　烧　过　来

意译：用九把明子放在九片森林里，把九十九片森林烧光了。

在这里，数词"ŋgv³³"（九）共出现四次，全部用"⋮⋮⋮"记录。该东巴文中类似点的字符并不代表具体事物，而是一个抽象记号。可见，东巴文"⋮⋮⋮"已是一个非常成熟的抽象字。

2. 借音表达

在《崇搬图》中，采用借音表达的主要是数词"dɯ³³"（一），如右下图。

该节（101 页 485 节）解读如下：

字形：❖ ❘ 🐚 ⊙ ⬛

标音：dɯ³³ zʅ³³ sv⁵⁵ gv³³ xə³¹ 。

字译：一　代　树　成　了

意译：树（族名）一代出现了。

数词"dɯ³³"（一）用"❖"记录。"❖"本义为"大"，此为借音表达。

3. 会意表达

例如，《崇搬图》中"phe^{55}"（半）的记录。

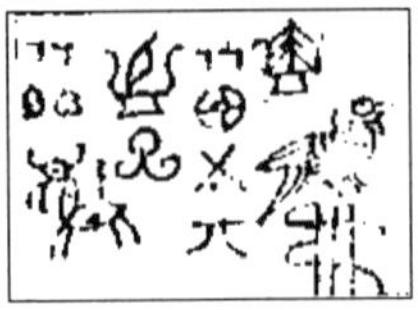

右图（54页198节）前一部分解读如下：

字形：▮▮▼ �⍟　　籸　　　　▮　　　　品

标音：dʐv^{31} phe^{55} tʂho^{55} lo^{33} thɯ^{55} ɳə^{31} i^{33}······

字译：两　半　蚂蚁　腰　　里　有

意译：两半种子被蚂蚁吞了，藏在他的腰杆里······

数词"phe^{55}"（半）用"D⍟"记录，像事物一分为二，为会意表达。

4. 形声表达

在《崇搬图》中，此类记录只有2例，现分别列举如下。

右图（121页629节）解读如下：

字形：𝼀＊　　▮　⍟　　　▼▮　▮　　　⍟┐　▮　⍟

标音：dv^{31} dʐ^{33} khu^{33} xər^{31} lɯ^{33} mə^{33} tʂɚ^{31} gə^{33} dɯ^{33} khu^{33} dʐə^{31}。

字译：毒　服　嘴　青　来　不　准　的　一　门　有

意译：服毒口青不准来的有一道门。

数词"dɯ^{33}"（一）用"⍟"（本义为"大"）和
"┐"两个东巴文记录，前者表音，后者表意，为形
声记录。又如右图中"gv^{33}tshər^{31}gv^{33}"（九十九）的

记录。

该节（126页668节）解读如下：

字形：⫶⫶　中　⫶⫶　盲盲　人　⍟　人　古　⍟　⍟

标音：gv^{33}tshər^{31}gv^{33}ty^{33}ty^{33}，tshv^{31}zo^{33}tshv^{31}mi^{55}tʂ^{33}dɯ^{33}xuɑ^{55}。

字译：九　十　九　层层　鬼　儿　鬼　女　这　一　伙

意译：（白羊的）千层肚共就是九十九层，鬼儿鬼女这一伙人。

这里的"gv³³tshər³¹gv³³"（九十九）分别用"𝌆""𝌆"和"𝌆"记录，其中"𝌆"记录"tshər³¹"（十）。"𝌆"本义为"切"，此为借音记录。

（四）记录中的一些特点

1. 完整的记录基数词的东巴文体系也存在缺失的基数词记录。《崇搬图》已具备完整的记录基数词的文字体系，但并不是所有的基数词得到记录。可见，文字体系的成熟与文献语言的完整记录并不同时发生，这是原始文字发展中的一个特点。

2. 虽然《崇搬图》中数词的记录方式已呈现稳定的态势，但仍存在一些变化，例如基数"一"的记录。上文已谈及基数词"一"的借音方式和形声方式，右图则采用指事的记录方式。

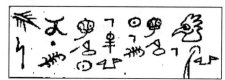

该节（9页35节）解读如下：

字形：𝌆 𝌆 𝌆 𝌆 𝌆 𝌆 𝌆 𝌆 𝌆

标音：mæ⁵⁵dɯ³³tʂhər⁵⁵，i³³kə³¹ti³³na⁵⁵pɯ³³pa³³be³³，kv³³na³³dɯ³³ly³³thv³³，

字译：后 一 代 英格鼎那 化育 做 蛋黑 一 个 生

字形：𝌆 𝌆 𝌆 𝌆 𝌆 𝌆 𝌆 𝌆

标音：kv³³na³³dɯ³³ly³³pɯ³³pa³³be³³æ³¹na³³dɯ³³tɕhy³¹thv³³。

字译：蛋黑 一个 化育 做 鸡黑 一 种 生

意译：后一代，由"英格鼎那"化育，产出一个黑蛋，由那一个黑蛋化育，生出一只黑鸡。

该节中，基数词"dɯ³³"（一）共出现四次，记录了3次，全部采用东巴文"𝌆"，为指事记录。

不仅用字不稳定，而且字形也不稳定，例如下图中基数词"dɯ³³"（一）的记录。

左图（121页627节）解读如下：

字形：𝑘   ⤳ ⤳   ⤳ 𝑖   ⬩ ⬩   ◇ ⬩ ⬩

标音：tshʅ³³ be³³iə³¹   be³³ luɯ³³ mə³³ t ʂɹ³¹ gə³³ dɯ³³ khu³³ dʑə³¹。

字译：吊死鬼做 情死鬼做 来   不   准   的   一   门   有

意译：吊死鬼情死鬼不准来的有一道门。

右图（126页668节）的解读参看上文。

同为基数词"dɯ³³"（一），却分别使用"◇"和"⬩"两个形体。

3.《崇搬图》中数词的记录方式有会意、形声、假借、指事四种。与其他表意体系的文字相比，东巴文的记录方式较为丰富。

二　序数词的记录调查研究

《崇搬图》中，序数词出现8次，记录了7次，5次借音，3次独体会意。

统计项目	读音	使用总量	东巴文	记录次数	比例（％）
（男）大	（zo³³）dɯ³¹	3	𝑥 ◇	3	100
（男）次	（zo³³）ly⁵⁵	3	𝑥 ⊥	3	100
（男）季	（zo³³）tɕi⁵⁵	3	𝑥 𝑥	2	66.7
总　计		9		8	

（一）无记录举例分析

如右图中"zo³³tɕi⁵⁵"（男季）的记录。

该节（93 页 433 节）解读如下：

字形：

标音：zo³³tɕi⁵⁵le³³bv³³guə³¹，tʂho³¹me³³xe³³pa³¹tɕi⁵⁵。

字译：男　季　民家　是　　象　母　耳宽　驮

意译：老三是驮着宽耳的大象的民家。

这里的"zo³³tɕi⁵⁵"（男季，老三）没有文字记录。文中，"男季"是指"民家"，该词已用"𖿰"记录。"zo³³tɕi⁵⁵"的记录省略大概是因为"𖿰"记录的存在。当然，我们也不能排除诵经者的主观添加。

（二）有记录举例与分析

《崇搬图》中，序数词的记录有两种方式：独体会意和借音记录。

1. 独体会意

如右图中"zo³³dɯ³¹"（男长）的"dɯ³¹"（长）的记录。

该节（88 页 396 节）解读如下：

字形：

标音：zo³³dɯ³¹dɯ³³tv³¹ta³³ta³³nɯ³³y³³ma³¹dzo³³。

字译：男长　一开　口马　来芜菁　　吃

意译：老大就用（藏语）说："马吃芜菁。"

本节中"zo³³dɯ³¹"（男长）的"dɯ³¹"（长）的记录使用了东巴文"𖢔"。《字谱》（330 页）："1161 𖢔 dɯ³¹。大也，有谓 ka³³dɯ³¹ 肥胖演变……""长"应当是"大"的引申义，故归其为独体会意。

2. 借音记录

例如下左图中"zo^{33}ly^{55}"的"ly^{55}"（次）的记录。

左图（94 页 443 节）解读如下：

字形：𑀀𑀁 𑀂 ○

标音：zo^{33}ly^{55} na^{31} çi^{33} gv^{33}le^{33}xə^{31}。

字译：男 次 纳西 是 又 来

意译：老二纳西族来了。

"zo^{33}ly^{55}"中的"ly^{55}"（次）用东巴文"𑀀"记录。"𑀀"本义为"矛"，此为借音记录。

（三）简短小结

在《崇搬图》中，序数词基本上得到文字记录，其记录用字和记录方式都较为稳定。

第二节　经典文献中量词的记录调查研究

量词是范畴化了的实词，其语义较为抽象。纳西语中存在一些量词，并开始得到文字记录。

本节将对《崇搬图》中的这些量词的文字记录进行调查分析。

一　量词记录的统计与分析

（一）量词记录的相关统计

表 1 　　　　　　　　　　记录次数统计

项目	总量	有记录	记录比例(%)
数据	226	131	58.0

表2 　　　　　　　　　　　　记录方式统计

大类	表音字	表　意　字		
项目	借音	象形	转义	会意
数据	85	33	12	1
比例(%)	64.89	25.19	9.16	0.76

表3 　　　　　　　　　　　　记录个数统计

项目	量词总量	有记录	无记录	记录比例(%)
数据	62	42	20	67.74

二　量词无记录举例与分析

量词未记录主要存在以下两点原因：

(一) 无记录

《崇搬图》中，一些量词多次出现，却都未发现文字记录。我们推测，该经典成书之时，尚未为这些量词制定对应的东巴文。例如右下图中量词"u^{31}"（头）的记录。

该节（65页267节）后半部分解读如下：

字形：

标音：……lu^{31} $ɣɯ^{33}$ $ŋgv^{33}$ u^{31} $iə^{55}$，$kə^{55}$ $ɣɯ^{33}$ $ʂør^{33}$ u^{31} $iə^{55}$。

字译：　耕　牛　九　头　给　耙　牛　七　头　给

意译：……送她九头耕牛、七头耙地牛呀。

（按：图版中后一个东巴文"𣃁"应当有误，此不讨论）

该节中，量词"u^{31}"（头）出现两次，这也是《崇搬图》仅有的两次。

在这里，"u^{31}"（头）没有得到文字记录。

（二）图画表意

如下图中量词"dʑv^{31}"（对）的记录。

上图（9 页 36 节）后一部分解读如下：

字形：

标音：……kv^{33} nɑ^{31} ŋgv^{33} dʑv^{31} zv^{55} le^{33} tɕi^{33}；duɯ^{33} dʑv^{31} zv^{55} le^{33} tshv^{31} ne^{31} ȵə^{31} thv^{33} xə^{31}。

字译：蛋黑　九　对　生又置　一对　生又鬼　和域　产生了

意译：……生下九个黑蛋，一对蛋生出鬼和域。

上文出现两个量词"dʑv^{31}"（对），前一个用东巴文"▥"（本义为"围墙"，此为借音记录）记录，后一个则用"◉◉"记录。"◉◉"像两黑蛋形，同时寓意了"一"和"对"，为图画表意。

一节中，同样两词，一个借音记录，一个图画记录，东巴文的过渡性由此可见。

（三）省略与共用

如右图中量词"kv^{55}"（个）的记录。

该节（66 页 269 节）部分解读如下：

字形：

标音：ŋgv^{33} nv^{31} py^{31} kv^{55} iə^{55}，ʂər^{33} nv^{31} pha^{31} kv^{55} iə^{55}……

字译：九　你男巫个给　七　你女巫个给

意译：九个男巫给，七个女巫给……

量词"kv⁵⁵"（个）出现两次，只用了一个东巴文"鬼"（本义为"蒜"，此为借音记录）。从书写行款来看，"鬼"处于"⿻"和"⿳"之间的正下方，共用意图很明显。下文中的量词"ly³³"（个）的记录则可以看作承前省：

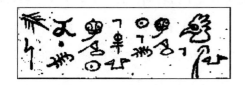

该节（9 页 35 节）部分解读如下：

字形：
⊙ ⿰ 圭⿰ ⊙ ⿰　　　　⿰⿰⿰

标音：……$kv^{33}na^{31}du\text{ш}^{33}ly^{33}thv^{33}$，$kv^{33}na^{31}du\text{ш}^{33}ly^{33}pu\text{ш}^{33}pa^{33}be^{33}$……

字译：　蛋　黑　一　个　出　　蛋　黑　一　个　化育　做

意译：……产生一个黑蛋，由那一个黑蛋化育……

该节中，量词"ly³³"（个）出现两次，前一个得到记录。不同于前一个例子，该图版中文字行款与语言顺序对应十分整齐，后一个无记录当为承前省。

值得注意的是，东巴文献中存在一些似名词又像量词的成分，即这类词在其所处的语境有具体的语义，同时在它的前面有修饰的数词，并且与该词同形的涉及对象在这一语境中同时出现。基于此，我们认为这些词已经具备了量词的特点，可以看作一个量词。由于此类量词所涉及的对象一般出现在上下文中，故这类量词往往不用文字进行记录。例如：

上图（21 页 75 节）最后部分解读如下：

字形：　　（several glyphs）

标音：……æ³¹ ɕua³¹ sv³³ æ³¹ nɯ³³，ndʐy³¹ na³¹ sv³³ ndʐy³¹ tv⁵⁵。

字译：　　岩　高　三　岩　上　　山　黑　三　山　挂着

意译：……在高岩之上，挂着三座黑山。

"æ³¹"（岩）出现两次，毫无疑问前一个为名词，后一个似乎介于名量词之间。由于名词"æ³¹"（岩）已出现，该词又有"sv³³"（三）修饰，故后一词应当看作量词。在这里，名词"æ³¹"（岩）有文字记录，量词"æ³¹"（岩）则省略未记。后面"ndʐy³¹"（山）的记录同理。

三　量词的记录方式举例与分析

《崇搬图》中的量词存在四种记录方式：借音、象形、转义和会意，其中以借音为主。

1. 借音记录

借音记录涉及各类量词的记录，前文已谈及人或动物量词（个）、集体量词（对），下面再举几例。

（1）记录动量词

如右图中动量词"tɕhy³¹"（度）的记录。

该节（45 页 152 节）前一部分解读如下：

字形：（glyphs）

标音：phər³¹ na⁵⁵ lɯ³³ kæ³³ t ʂu⁵⁵ sv³¹ ka³³ ȵi³³ tɕhy³¹ ba³¹……

字译：白　黑　地　相接　梅花　两　度　开

意译：在黑白分界的地方梅花开二度……

动量词"tɕhy³¹"（度）用"（glyph）"记录。"（glyph）"本义为"刺"，此为借音记录。

（2）记录度量衡量词

如右图中度量衡量词"kɯ³¹"（称）的记录。

该节（65 页 262 节）解读如下：

字形： 𝍣 ♭ ⺉ ▩ˣ ⻊ ✕ ♭ ⺉ ⻊ 𝀓 ⺉

标音：uɑ³³ kɯ³¹ tsɻ⁵⁵ i³³ sv³³ me³³ be³³，tshe³³ kɯ³¹ tshɻ³³ i³³ le⁵⁵ dʑi³¹ be³³。

字译：五 称 剪 来 披毡 做 十 称 剪 来 裤衣 做

意译：把五斤羊毛做成披毡，十斤羊毛织成裙子。

这里的度量衡量词"kɯ³¹"用"♭"记录。"♭"本义为"胆"，此为借音。

（3）记录时间量词

如下图中时间量词"so³³"（早）的记录。

该节（78 页 334 节）部分（上右图）解读如下：

字形： 𝍣 ⛿ 𝍣 ⺋ ⬦ ⛿ ⺹ ⻊

标音：mə³³ tʂhɑ³¹ sv³³ so³³ guə³¹，dɯ³³ tʂhɑ³¹ nɯ³¹ le³³ khɯ³³。

字译：不 挤 三 早 了 一 挤 着 又 去

意译：不挤了三天，现在往牛厂挤一挤奶。

这里的时间量词"so³³"用"⺹"记录。"⺹"本义为"秤"，此为借音。又如下图中长度单位量词"to³¹"（尺）的记录。

该节（40 页 128 节）解读如下：

字形：

标音：sv^{33}to^{31}lɯ^{33}me^{33}pu^{55}，kæ^{55}to^{31}nv^{31}ɣɯ^{33}tsๅ^{55}。

字译：三尺 弩弓 带 射 术 你 好 算

意译：带着三尺长的弩弓，好的射手你还算得。

长度单位量词"to^{31}"（尺）用"〇"记录，"〇"本义为"板"，此为借音记录。

（4）记录抽象事物

如右图中"tɕhy^{31}"（种类）的记录。

该节（5页20节）解读如下：

字形：〇 〇 〇 〇 〇 〇 〇 〇 〇

标音：æ^{31} phər^{31} dɯ^{33} tɕhy^{31} thɯ^{33}，mi^{31} tsv^{55} ɕi^{33} mə^{33} ndʐy^{31}。

字译：鸡 白 一 种 那 名 取 人 没 有

意译：那一种白鸡呀，没有人替它取名。

这里的"tɕhy^{31}"（种类）用"〇"记录。"〇"本义为"刺"，此为借音。《崇搬图》中，借音的手法使用次数多，记录面广，是量词记录的主要方法。

2. 象形记录

当名词语法化为量词，原先记录名词的东巴文往往也随之记录相应的量词。在《崇搬图》中，这类情况往往采用象形的记录方式。

（1）时间量词

时间量词主要采用象形的记录手法。《崇搬图》中，时间量词共出现44次，采用象形手法20次，占45.5%。例如右图中时间量词"ȵi^{33}"（日）的记录。

该节（35页114节）部分解读如下：

字形： ⅡⅠ ⊕ ✕　　 ☒　　 ⃞　　 ⌇

标音：ȵi³³ ȵi³³ la³³ mɯ³³ sv⁵⁵，gə³³ gə³¹ ndʑər³¹ kv³³ na³³ tɯ³³ thv³³

字译：两日 又 天 曙 上面 树 上黑气起出现

意译：两天后的早上，山顶上树木腾着黑气……

时间量词"ȵi³³"（日）用"⊕"记录。"⊕"象日之形。

按：与转义一样，这里的象形记录是同一字形记录了几个意义相关的词。之所以不将其归入转义，是因为"⊕"所记录的名词"日"和量词"日"存在引申关系。

（2）度量衡量词

例如下图中度量衡量词"py³³"（升）的记录。

该节（70页298节）解读如下：

字形：⍨　　　　　 ⌇ ⍩ ⊙ ⅡⅠ ☒ ⊙ ⃒⃒⃒ ⃞ ⍬

标音：tshe⁵⁵ xɯ³¹ bə³³ bə³¹ mi⁵⁵，dʑe³³ su³¹ by³¹ sv⁵⁵ py³³，by³¹ mi³³ gə³¹ le³³ tsv³¹。

字译：衬红褒白命　　　　　 麦 净 面 三升 麦 火 上 又 燃

意译：衬红褒白命（人名）用净面三升，燃着面火以祭天。

这里的"py³³"（升）用"☒"记录，像斗量之器。

（3）衡量液态事物的量词"thə³³"（滴）

在《崇搬图》中，"thə³³"（滴）一词共记录6次，全部采用象形的手法。

右图（75页324节）解读如下：

字形：ⅡⅠ ⍨ ⃞ ⍩ ⊙⏝ ⍵ ⃞ ⍲

标音：sv⁵⁵ thiə³³ gə³³ gə³¹ xu⁵⁵，gə³³ gə³¹ 　 le³³ xɯ³³ do³¹……

字译：三 滴 上面 洒 上面 又 去 见

意译：就把三滴（净水）向上面一洒，然后向上看去……

（4）类似于度量衡的容器量词

这类量词类似于度量衡，但尚未发展为通行的度量衡单位，这类量词一般用象形字记录。如右图中"zo^{31}"（甕）的记录。

该节（89页400节）解读如下：

字形：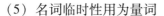

标音：du^{33} zo^{31} z_1^{33} nu^{33} sv^{55} $ər^{33}$ le^{33} gv^{33} se^{31}。

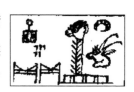

字译：一 甕 酒 就 三 味 又 成 了

意译：一甕酒就有了三种不同的味道了。

这里的"zo^{31}"（甕）用"♉"记录，是象形。

（5）名词临时性用为量词

《崇搬图》中，一些事物的量往往用事物自身来衡量，这类量词自然使用该事物的记录方式。因此，这类量词往往采用象形的记录方式，例如右下图中"$uə^{55}$"（村）的记录。

右图（674页127节）解读如下：

字形：

标音：$dʑə^{31}$ $uə^{55}$ ua^{55} $uə^{55}$ y^{31} $kæ^{33}$ thv^{33} lu^{33} se^{31}。

字译：富裕村 五 村 祖先前 到 来 了

意译：那里有五个最富裕的村庄。祖先早已送到了。

这里的量词"$uə^{55}$"（村）用"🏘"记录，像村庄之形。

可见，在《崇搬图》中，象形的记录手法仍广泛地使用在各类量词的记录之中，这也是东巴文原始性的一种表现。从中，我们也可以看到量词记录方式的源流和发展。

3. 转义记录

在《崇搬图》中采用转义记录的方式只有两个量词：“khv³³”（年）和
“tʂhər³³”（代）。例如下图中“khv³³”（年）的记录。

该节（81 页 351 节）解读如下：

字形：（字符）

标音：tʂho³¹ ze³³ lɯ⁵⁵ ɣɯ³³ zo³³ sv⁵⁵ khv³³ dzv³¹ ŋi⁵⁵ xo³¹。

字译：崇忍利恩男　　　三　年　结婚　迟

意译：崇忍利恩他结婚迟了三年。

这里的“khv³³”（年）用“（字符）”记录。《字谱》
(57，此为该字所在字典中的编号)：“（字符），khv³³。年
也。即鼠字，鼠为十二生肖之首，故用为年字……”
又《字谱》（376）“（字符）fv⁵⁵。鼠也，尖嘴有毛，尖耳。”“年”与“鼠”音不
同，当为转义。又如右下图中“tʂhər³³”（代）的记录。

右图（104 页 504 节）前半部分解读如下：

字形：（字符）

标音：phv³³ ne³¹ lɯ⁵⁵ i³³ sv⁵⁵ tʂhər³³ do³³ do³¹ guə³¹……

字译：祖　和　孙 是 三　代　相见　着

意译：祖与孙三代都相见了……

这里的量词“tʂhər³³”（代）用“（字符）”记录。《字谱》（458）：“（字符）tʂhər⁵⁵，
代也，辈也，字从（字符）省。”又《字谱》（457）：“（字符），sʅ³³ bv³³ ə³¹ phv³³ tʂhər⁵⁵。
先辈也，字从神主，上下相接，从（字符）phv³³ 声。”又《字谱》（454）：“（字符），
ŋv³³。祖先也，象神主，供松枝（（字符）tho³³）以象征。”由此可见，“（字符）”本义为
“神主”，此处转义记录“代”。

4. 会意记录

《崇搬图》中，会意记录只出现一次，如右图。

该节（97 页 458 节）解读为：

字形：　　　 ⺦　⺆　古　✿　⺇

标音：i³³ da³¹ ɣɯ³³ me³³ t ʂɳ³³ dɯ³³ dʐə³¹。

字译：主人　好　的　这　一　家

意译：幸运的主人这一家。

《字谱》496 号："⺇ i³³ da³¹ 又 i³³ da³¹ t ʂɳ³³ dɯ³³ dʐi³¹。主人这一家也，从男女二人居室。"比较起来，《字谱》所收东巴文较为原始，为图画表意。在这里 ɣɯ³³ me³³ t ʂɳ³³ dɯ³³ 这几个词都出现记录单字。笔者以为这里的"⺇"已成为"家"一词的专用东巴文，为会意记录。

四　量词记录的特点

《崇搬图》中的量词记录主要表现出以下一些特点：

（一）成熟性

从统计数量看，《崇搬图》中的量词记录数量和量词记录次数都已超过半数，并且大多数已记录的量词和东巴文形成了较为稳固的对应关系。比如"dʑv³¹"（对）全部使用东巴文"⺆"（围墙）记录，没有特例。从记录方式的统计来看，表音记录超过了半数，多于表意的记录方式。量词相对抽象，表音记录正好适应这一特点。由于表音记录方式的出现，从理论上讲，东巴文任何一个量词都有被记录的可能。

可以说，《崇搬图》中的东巴文已相当成熟，具备了记录量词的能力。当然，在看到东巴文成熟性的同时，量词记录的过渡性和用字的不稳定性仍不可忽视。

（二）过渡性

例如下图中"dʑv³¹"（对）的记录。

 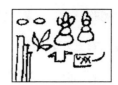

左图（8 页 28 节）解读为：

字形：○○　❀　⅄　⅄♔⌷

标音：duɯ³³ dʑv³¹ zv⁵⁵ le³³ o⁵⁵ ne³¹ xe³¹ thv³³ xə³¹。

字译：一　对 生　又 绿神和善神 产生了

意译：一对蛋生出了绿神和善神。

这里的"dʑv³¹"（对）以两个蛋会意，为原始图画记录。与其相邻的一节（右图，8 页 29 节）大意为"一对蛋生出了男神和女神"，其中量词"dʑv³¹"（对）在采用原始图画记录方式的同时，借用了东巴文"▯"（围墙）。《崇搬图》中的这些记录生动地展现了量词文字记录的过渡性。

（三）不稳定性

量词记录的不稳定性主要表现在两个方面：一词借用多字和一字记录多词。

1. 一词借用多字

例如下图中量词"ʐu³¹"（句）的记录。

左图（123 页 644 节）解读如下：

字形：⅄⅄　　　⅄⅄ ⅄ ⅄ ⅄

标音：bə³³ duɯ³¹ la³³ ma³³ khu³³ nɯ³³ xua⁵⁵ li³³ sv³³ ʐu³¹ tʂhu³³。

字译：北地　　喇嘛　嘴　来　咒　语三　句　　念

意译：北地喇嘛念着三句咒语。

量词 "z_u^{31}" 用 "🐑" 记录。"🐑" 本义为 "饿"，此为借音记录。

右图（60 页 227 节）最后一句解读如下：

字形：　🗝 🦅 🐗🐛X🐛⑪⑩乚

标音：……$khu^{33}\ nu^{33}\ \vartheta^{55}\ u^{55}\ la^{33}\ u^{55}\ sv^{33}\ z_u^{31}\ \varsigma^{55}$。

字译：　嘴　就　啊呜啦呜　三　句　说

意译：嘴里还吼着 "啊呜啦呜" 三声。

这里的 "z_u^{31}"（句）用 "⑩" 记录。"⑩" 本义为 "夏天"，为借音记录。

2. 一字记录多词

例如东巴文 "▬▬" 在《崇搬图》中的使用。

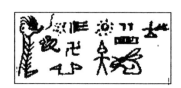

左图（106 页 517 节）部分解读如下：

字形：🗝　⑪🐗古▬▬🦅🐛　🧍　古⑪

标音：$dz\eta^{33}\ kv^{55}\ thv^{33}\ t\,\mathfrak{sh}\eta^{33}\ lo^{33}$，$py^{31}\ kv^{55}\ \eta\vartheta^{31}\ t\,\mathfrak{sh}\eta^{33}\ ua^{31}$。

字译：宰官会　出　这　伙　念经会我　就　是

意译：这伙为人办事的宰官们呀，能念经持咒的就是我。

这里的 "lo^{33}"（伙）用 "▬▬" 记录。"▬▬" 本义为 "犁轭"，此为借音记录。

右图（116 页 591 节）解读如下：

字形：🧍　🐗🐛🌀⑪　⑩🌞　🗝⑪▬▬🦅古

标音：y³¹nɯ³³phɯ³³ɯ³³sa⁵⁵ɯ³³thɤ³³，by³¹tɤ³¹ŋi³³lo³¹le³³so⁵⁵so³³。

字译：祖先来 声 好气 好出　　面团　二团又 搓搓

意译：祖先传来的好消息听着了，就揉好了两团灰面。

这里的量词"lo³¹"（团）亦用"■■■"记录。

《崇搬图》中量词的记录特点说明东巴文正处于向成熟文字转变的过渡期。

第三节　数词与量词文字记录出现的先后

下面以《崇搬图》中的记录为例，探讨量词和数词文字记录出现先后的问题。

在《崇搬图》中，数词的记录次数比为 73% 左右，数词的记录比为 100%，量词的记录次数比为 57%，量词的记录比为 67% 左右。从记录数据来看，两者存在一定的差距。透过这种差距，可以初步推断：数词的文字记录当早于量词的记录，并迅速成熟起来。

当然，数词文字记录出现的时间并不会早很多，《崇搬图》中所出现的有量无数、有数无量、有数有量和无数无量等现象可以说明这一点。

例如下图中"dɯ³³dzv³¹"（一对）的记录。

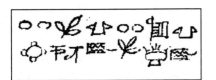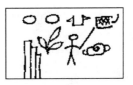

左图（7页27节）解读如下：

字形：◇○○ ✿ 〒　　丁⼭▨

标音：dɯ³³dzv³¹zv⁵⁵le³³phər³¹ne³¹sæ³¹thɤ³³xə³¹，

字译：一　对 生　又 盘神　和 桑神 产生了

字形：○○　◇　　卬　　臼◥◣　◥◣ 匝

标音：duɯ^{33} dʑv^{31} zv^{55} le^{33} ŋga^{33} ne^{31} u^{31} thv^{33} xə^{31}。

字译：一　对 生　又 胜利神和福神产生了

意译：一对蛋孵化出盘神和桑神，一对孵出胜利神和福神。

本节中出现了两次"duɯ^{33} dʑv^{31}"（一对），记录方式不同。前者数词"duɯ^{33}"用"◇"记录，"dʑv^{31}"（对）没有成熟文字记录，是为有数无量。后者数词"duɯ^{33}"和"dʑv^{31}"都没有成熟文字记录，是为无数无量。

上右图（8 页 31 节）解读如下：

字形：○○▥ ◇　　　◥ ◐　◥◣ 匝

标音：duɯ^{33} dʑv^{31} zv^{55} le^{33} ŋga^{33} ne^{31} u^{31}　　thv^{33} xə^{31}。

字译：一　对　生　又 测量神和度数神产生了

意译：一对蛋孵化出盘神和桑神 。

这里的数词"duɯ^{33}"没有成熟文字记录，但"dʑv^{31}"用"▥"记录，是为无数有量。下图中的数和量则都得到文字记录。

右图（7 页 26 节）后一部分解读如下：

字形：　　○ ⌖ ꠵ ▥ ◇　　✗

标音：……kv^{33} phər^{31} ŋgv^{33} dʑv^{31} zv^{55} le^{33} tɕi^{33}。

字译：　　　蛋 白 九 对 生 又 置

意译：……生了九对白蛋。

该节中的数词"ŋgv^{33}"（九）和量词"dʑv^{31}"（对）都得到了记录，是为有数有量。

在发展中，数词和量词的记录都表现出不稳定性和过渡性。可见，数词的文字记录发生时间与量词离得很近。

第四节 数词记录比较研究

《崇搬图》与《古事记》的数词记录的差别主要表现在记录数量和记录方式两个方面。

一 数词记录数量比较及原因分析

（一）相关统计

表1   数词记录次数比较

经典文献	总量	记录次数	记录比例（%）
《崇搬图》	398	294	73.9
《古事记》	218	97	44.5

表2   数词记录数量比较

经典文献	数词总量	记录数词量	记录比例（%）
《崇搬图》	23	21	91.3
《古事记》	16	13	81.2

表3   几类数词记录情况统计比较

数词	经典文献	总量	记录次数	记录方式	记录比例（%）
一	《崇搬图》	144	94	指事/借音	65.2
	《古事记》	72	1	指事	1.4
三	《崇搬图》	95	70	指事	73.7
	《古事记》	58	32	指事	73.7
九	《崇搬图》	64	56	指事	87.5
	《古事记》	40	27	指事	67.5

　　表1显示:《崇搬图》记录次数比明显高于《古事记》,这与其他词类的记录比较的结果相一致。可见,文字的成熟度同样体现在数词的记录次数比例上,即越成熟的文字,其数词的记录次数比就越高。

　　表2显示:两者的数词数量记录比都比较高,彼此相差较小。也就是说,两本文献中的东巴文基本上都具备了记录所有数词的能力。反观表1所列的数据,说明一种文字具备了记录某类词的能力,但不一定会有很高的记录次数比。换句话说,有能力记录,但不一定记录。究竟记录多少,与一个文字的成熟度密切相关。

　　表3显示:在同一文献中,不同数词的记录次数比并不相同,有些还存在很大的差异。在列举的数词中,"一"的记录次数比最低。值得注意的是,两本文献存在相同的情况,也就是说这并不是个例。"一"记录次数之所以相对较低,这与其语义特征相关。在原始文献中,数词所涉及的事物一般会出现在行文中,数量"一"则很容易从事物自身表现出来。这样,"一"往往忽略不计。值得注意的是,《古事记》"一"的记录次数比只有1.4%。可见,越原始的文献,"一"的记录次数比越低。

(二)《古事记》记录比例低的原因

《古事记》中数词记录次数比低的原因主要有以下两点。

1. 原始图画的记录方式较多

　　在记录数词中,《崇搬图》与《古事记》都使用原始图画的记录方式。不过,《古事记》使用频率更高,数量更多。例如下图中"dɯ³³"(一)的记录。

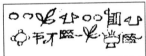

左图（《古事记》20 页 24 节）部分解读为：

字形：○○　　　　　　　　　　

标音：^{2}dʐ̩ ^{3}dzɻ ^{2}pɯ ^{2}pɑ ^{2}bɛ, ^{3}phʌv ^{3}ne　^{3}ʂa ^{2}thu ^{3}hʌ……

字译：一　对　化育 做　盘神 和　桑神 出（助）

意译：一对孵化出盘神和桑神……

右图（《崇搬图》7 页 27 节）部分解读如下：

字形：

标音：dɯ^{33} dʑv^{31} zv^{55} le^{33} phər^{31} ne^{31} sæ^{31} thv^{33} xə^{31}……

字译：一　对 生 又 盘神 和 桑神 产生了

意译：一对蛋孵化出盘神和桑神……

两者语义基本相同，"dɯ^{33} dʑv^{31}"（一对）的记录中都出现了"○ ○"，为图画记录。不同的是，后者在使用原始记录方式的同时使用东巴文"⬦"记录了音节"dɯ^{33}"，表示"一"。

《古事记》中不仅"一"使用这类原始的记录方式，而且其他的数字也大量地使用，这是《古事记》数词文字记录低的主要原因。

2. 省略较多

两本文献在记录数词中都有省略，相比之下，《古事记》的省略则要多些，例如下图中数词"ŋgv^{33}"（九）的记录。

左图（《古事记》15 页 8 节）解读为：

字形：

标音：^{3}sʐ̩ ^{3}sy ^{3}ʂho ^{2}ŋgu ^{1}ku ^{2}thu, ^{2}ŋgu ^{1}ku ^{3}ɛ^{2}mɛ ^{2}thu。

字译：三　样　早　九　个　出　九　　个　太极　出

意译：三样生九个，九个生太极。

右图（《崇搬图》3 页 10 节）解读如下：

字形：（图形符号）

标音：sv³³ sy³¹ t ʂhu³¹ me³³ ŋgv³³ kv⁵⁵ thv³³，ŋgv³³ kv³³ ə³³ me³³ thv³³。

字译：三　类　迅速　的　九　种　出　　九　种　母体　出

意译：由三元化育九宫，由九宫化育母体。

数词"ŋgv³³"（九）出现两次，前者用"（符号）"记录一次，后者则记录了两次。可见，《崇搬图》的记录更加完整。

二　数词记录方式的一些差异

本节将分别考察单纯数词和复合数词在记录方式上的差异。在这里，单纯数词是指一至十这几个数词，复合数词是由单纯数词复合而成的数词。

（一）单纯数词的记录差异

《古事记》与《崇搬图》的单纯数词在记录方式上的差异主要表现在借音方式的使用数量上。

以下是两者记录方式的统计表。

文　献	记录总量	指事	借音	备注
《古事记》	97	96	1	
比例（%）		99.0	1.0	
《崇搬图》	294	191	103	
比例（%）		64.9	35.1	

上表显示：在已记录的数词中，《古事记》与《崇搬图》所使用的记录方式相同。不同的是，《古事记》中的指事方式占有绝对优势，而《崇搬图》则使用一定数量的借音方式，如上文所举的数词"dɯ³³"（一）的文字记录。

《古事记》中数词所采用的借音方式很少。据傅懋勣在《古事记》中的分析，数"²ŋgu"（九）存在指事和借音两种方式，如下图中"²ŋgu"（九）的文字记录。

上图（38 页 57 节）部分解读为：

字形：

标音：²ɥdzʐuʌʌ ³phʌʌ ¹sʅ ²ţhʌ ²thu，²dʐʅ ²thʌ ¹hɯ ³ŋiʌ ²ʎʌʌ ¹hɯ³ ʂʅ ¹hɯ ²ŋgu ²thu……

字译：露　白　三　滴　出　一　滴　湖　滴　湖黄　湖　九　出

意译：生出三滴白露，一滴露滴到湖心里，化出九个黄湖……

数词"²ŋgu"（九）用"〜"记录。"本义为炒面用的锅，字象炒锅之形，此处借表'九'义。"

《古事记》仅有这一例借音记录，与《崇搬图》相比，尚不成为一种趋势。

（二）复合数词的记录差异

在复合数词的记录中，《古事记》全部为不完全记录，《崇搬图》则存在不完全记录和完全记录两种。

表2   量词记录数量比较

经典文献	量词总量	记录数词量	记录比例(%)
《崇搬图》	62	42	67.74
《古事记》	30	7	23.3

表3   几类量词的记录情况比较

量词	经典文献	总量	记录次数	记录方式	记录比例(%)
日	《崇搬图》	12	8	象形	66.7
	《古事记》	5	3	象形	60
个	《崇搬图》	12	9	借音	75
	《古事记》	12	1	借音	8.3

表1、表2显示:《崇搬图》在量词记录次数比和记录数量比两个方面都远远地超过了《古事记》。这与其他词类比较所得的结果相一致。

表3显示:《古事记》中不同量词的记录比并不均衡,有些相差很远。在《古事记》各类量词中,源自于事物本身的量词记录比例相对较高,如表中"日"的记录。而《崇搬图》则相反,"个"的记录高于"日"的记录。两本文献的这种差异说明:文字越成熟,意义抽象的量词的记录水平越高。

(二)《古事记》记录比例低的原因

1. 一些量词尚未出现对应的文字

统计显示,《古事记》中共有30个量词,只有6个量词存在记录的文字,远低于《崇搬图》的记录比。可见,《古事记》中量词仍有很大一部分尚无对应的文字。

例如量词"滴",《古事记》全文无对应的东巴文,都采用原始的记录方式（参看上文《古事记》38 页 57 节），即"三滴"绘出三滴液体事物，数词与量词的记录尚未分离；有时也忽略不计，如文中的"一滴"。关于"滴"的记录，《崇搬图》存在有无两种情况。下图中的量词"thiə³³"（滴）无文字记录。

上图（《崇搬图》26 页 90 节）解读为：

字形：

标音：dʑər³³ phər³¹ sʐ⁵⁵ thiə³³ thv³³，thɯ³³ nɯ³³ pɯ³³ pa³³ be³³，hɯ⁵⁵ ʂɯ³¹ si⁵⁵ hɯ³³ thv³³。

字译： 露　白　三　滴　出　　它　来　化育　做　海　黄　三　海　出

意译：化育为三滴白露，由白露化育变成了三个黄海。

量词"thiə³³"（滴）没有专门文字记录，而是由"ᴊ226"会意。下一节则有了对应的文字。

上图（26 页 91 节）部分解读为：

字形：

标音：dɯ³³ tiə³³ xɯ⁵⁵ ȵə³¹ ndər³³，xɯ⁵⁵ ʂʅ³¹ xɯ⁵⁵ ze³³ thv³³……

字译： 一　滴　海　里　落　　恨时恨忍　　出

意译：一滴露水落在海里，就生出"恨时恨忍"……

这里的"tiə³³"（滴）用"ᴊ"记录。在《崇搬图》中，"tiə³³"（滴）一词共出现 15 次，文字记录 6 次，全部采用此类记录方式，又如下面图版中的记录。

（按：分别为《崇搬图》77 页 329 节、76 页 328 节）

其中的量词"tiə³³"（滴）都用"乚"记录。可见，这一字形已经成为记录该量词的专用文字。

2. 省略

比较两本文献中已存在对应文字的量词的记录情况，两者都有省略，但《古事记》省略得更多。统计显示，量词"kv³³"（个）《古事记》的记录比只有 8.3%，远低于《崇搬图》的记录比。下图中量词"kv³³"（个）的记录反映出了这一点。

左图（《古事记》15 页 8 节）解读为：

字形：川↔ ✍   ⫴ 🜨 ⟨人⟩ 🜸

标音：³sʅ ³sy ³tʂho ²ŋgu ¹ku ²thu,²ŋgu ¹ku ³ɛ²mɛ ²thu。

字译：三 样 早 九 个 出 九   个 太极 出

意译：三样生九个，九个生太极。

右图（《崇搬图》3 页 10 节）解读如下：

字形：川↔ ⫴ 🜨 ⟨卩⟩ 🜸 🜸

标音：sv³³ sy³¹ tʂhu³¹ me³³ ŋgv³³ kv⁵⁵ thv³³ ， ŋgv³³ kv³³ ə³³ me³³ thv³³

字译：三 类 迅速 的 九 种 出   九 种 母体 出

意译：由三元化育九宫，由九宫化育母体。

量词"kv³³"（个）出现两次，前者用"✵"只记录了一次，后者则记录两次。

以上两点既是《古事记》量词记录低的原因，也是《古事记》中东巴文原始性的体现。

二 记录方式的差异

（一）记录方式的宏观比较

文　献	记录总量	表意	借音	备注
《古事记》	11	7	4	
比例(%)		63.6	36.3	
《崇搬图》	129	46	83	
比例(%)		35.7	64.3	

由上可知：

1.《古事记》的记录方式以表意为主，而《崇搬图》以表音为主。可见，量词的记录发展有一个从表意为主向表音为主的过程。

2.《崇搬图》的量词记录要远成熟于《古事记》。

（二）用字比较

比较已有的文字记录，两本文献在用字上基本相同。前文所提到的量词"sy³¹"（样）和"kv³³"（个），两者分别借用"⟨⊃⟩"（本义为"锡"）和"✵"（本义为"蒜"）进行记录。又如"ly³³"（个）的记录。

 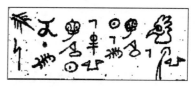

上图（《古事记》16 页 17 节）部分解读为：

字形：

标音：²thŋ ²nɯ ²pɯ²pa ²bɛ , ²ku ³na ²dʐ ²ly²thu……

字译：他　　 化育 做　 蛋 黑 一个 出

意译：它又一变化，生出一个黑蛋来……

右图（9 页 35 节）部分解读为：

字形：

标音：mæ⁵⁵dɯ³³tʂər⁵⁵ , i³³kə³¹ti³³na⁵⁵pɯ³³pa³³be³³ , kv³³na³³dɯ³³ly³³thv³³……

字译：后 一 代　 英格鼎那　 化育 做 蛋 黑 一 个 生

意译：后一代，由"英格鼎那"化育，产出一个黑蛋……

《古事记》和《崇搬图》都用""（本义为"矛"）记录。

三　小结

从量词的文字记录比较可以看出：

1. 两本文献的量词在记录次数比和记录数量比上都存在较大的差距。可见，在原始文字的发展中，量词记录的变化异常强烈。因此，量词的记录情况可以看作原始文字发展阶段的一个重要依据。

2. 各类量词的文字记录出现的时间有先有后。一般来说，语义较为具象的出现得早。不过，抽象量词一旦得到文字记录，就得到了迅猛的发展，并很快超过具象量词的记录水平。

第六节　结论

本章全面描写了《崇搬图》中的各类数词和量词的记录情况，这包括这些词的记录次数比、记录数量比、记录方式和记录特点等内容，获取了一些记录数据。从中可以看出：

1.《崇搬图》中数词和量词的文字记录已达到较高的水平，这再次表明该文献中的东巴文正向成熟文字过渡。

2.《崇搬图》中数词和量词的记录方式较为丰富，但都以借音为主。可见，数词和量词的文字记录走的是表音化的道路。

3.《崇搬图》中各类数词和量词的记录水平并不平衡。比如数词记录高的超过90%，低的不到50%。量词记录中，抽象量词的文字记录高于具象量词的文字记录。这些正是原始文字向成熟文字过渡中呈现的特点。

在描写的同时，本章也系统地比较了《古事记》和《崇搬图》的各类数词和量词的记录情况，从中可以看出：

1. 数词记录的发生在量词之前。

2. 在数词"一"的记录中，越原始的文字，其记录比越低。

3. 数词的文字记录以指事为主，但开始出现表音化的趋势。

4. 量词的文字记录开始于表意，成熟于表音。

第六章

副词的记录调查与研究

副词是指在句子中表示行为或状态特征的词，用以修饰动词、形容词、其他副词或全句，表示时间、地点、程度、方式等概念。从语义上看，副词是较为抽象的一类词。在东巴文献中，副词已开始得到文字记录，并呈现出自身的一些记录特点。

第一节　经典文献中副词的记录调查与研究

与其他词类比较，《崇搬图》中的副词较少，以否定副词为主。本节将对该文献中副词的记录情况进行一些调查和分析。

一　否定副词的记录调查与研究

（一）相关统计

以下为否定副词"mə^{33}"（不）的记录次数统计表。

项目	出现次数	未记录次数	记录次数	记录比例(%)
数据	301	54	247	82.05

上表显示：该词的文字记录水平已达到相当高的水平。

（二）有记录举例

《崇搬图》中否定副词不仅记录比例高，而且与东巴文"⌒⁊"形成稳定的对应关系，如右图中"mə³³"（不）的记录。

右图（6 页 23 节）解读如下：

字形：🦋 ⺣ ⟂ ⺇⺇ ⺣ ⺣ ⺣ ⟂⺇⺇

标音：ndʑ̩³¹kv⁵⁵ndʑ̩³¹mə³³n̩i³¹，tsho³³kv⁵⁵tsho³³mə³³n̩i³¹。

字译：飞 会 飞 不 得　 跳 会 跳 不 得

意译：虽能飞不宜飞翔，虽能跳不宜跳跃。

两个否定副词"mə³³"（不）都用"⟂"记录。《字谱》："⌒⁊，mə³³。暮也，不也，象日没将尽，又作〰"。

《崇搬图》中，否定副词的 247 次全部采用"⌒⁊"记录。

（三）否定副词无记录分析

《崇搬图》中否定副词无记录主要存在以下两点原因。

1. 省略与共用

如右图中"mə³³"（不）的记录。

右图（12 页 48 节）解读如下：

字形：⺣　　⺇⺇⺇ ⌣　　　　⊙　　　⟂

标音：tshv³³mɯ³³tshv³³sv⁵⁵xe³³tshv³³be³³phər³¹nɯ³³bv³¹bv³¹le³³thv³³mə³³lo³¹，

字译：冬 天 冬 三 月 冬雪 白 来 孵 孵又 出 不 能

字形：〓　　⺇⺇⺇ ⌣　　　　⊙　　　▦

标音：ŋi³¹mɯ³³ŋi³¹sv⁵⁵xe³³ŋi³¹mɯ³³xər³³nɯ³³bv³¹bv³¹le³³thv³³mə³³lo³¹。

字译：春 天 春 三 月 冬雪 白 来 孵 孵又 出 不 能

意译：在冬天三个月里，冬天的白雪来孵，虽然孵着而不能孵出。在春天的三个月里，春天的和风来孵化，虽然孵着却孵不出来。

本节中出现两个否定副词"mə³³"，前一个用" ⌐⌐"记录，后一个未记录，应当为承前省。

2. 写经者的错误

例如下图中否定副词"mə³³"的记录。

左图（61 页 233 节）解读如下：

字形：𝕵   𝕵

标音：ɑ⁵⁵by³¹ɑ⁵⁵by³¹kv³³i³³dɯ³³tɕi³³nɯ³¹，ə⁵⁵mu³³mə³³tɕi⁵⁵sv³³……

字译：鸭圈　鸡圈　上　一　放　着　什么　不　在意

意译：放在鸭窝鸡窝上一放，一点也不惊恐……

否定副词"mə³³"无文字记录。

图版上的文字应该解读为："（虎乳）鸭窝鸡窝上一放着，惊得这栗栗"，这与诵读大意"放在鸭窝鸡窝上一放，一点也不惊恐"相矛盾。右图为《么些经典九种·么些族的洪水故事》中与《崇搬图》相对应的片段，该段的文字与《崇搬图》中的解读相对应。可以肯定，《崇搬图》中的图版出现了书写错误。正因为这种错误，致使诵读出来的否定副词找不到对应的文字。右图中的否定词已经与东巴文" ⌒⌒"对应了。

由此可见，写经者的失误导致否定词"mə³³"（不）无东巴文记录。

（四）简短小结

否定副词的语义较为抽象，但记录比例却高达 82.05%。从用字看，否定副词与东巴文"◠"形成了稳定的对应关系。可见,《崇搬图》中否定副词的文字记录已相当成熟。

否定副词的文字记录之所以这样成熟,这与否定副词在语言中的重要地位密切相关。在语言表达中,否定词的有无直接影响着句子的根本意义,这给否定词的文字记录提出了更高的要求。

值得注意的是,记录否定副词的东巴文"◠"像"日没将尽",这与汉语中记录否定副词的汉字"莫"的构形相似。"莫",古文字像日落入草莽之中。这是一种巧合?还是人类造字机理的相通性?值得深思。

二 其他一些副词的记录调查与分析

除了否定副词,《崇搬图》还有"la^{33}"(也)"kæ^{33}"(先)等一些副词,这些副词在记录数量上与否定副词有所不同。

(一)其他副词的有文字记录分析

1."la^{33}"(也)的记录

《纳西语简志》:"la^{33}'也'包含有两个分句时,每个分句都可以用la^{33},也可以只在第二分句里用 la^{33}。la^{33}表示并列关系,主要是说明同类的事。"

《崇搬图》中"la^{33}"的记录统计

项目	总量	未记录数	记录数	记录比例(%)
数据	55	28	27	49

"la^{33}"(也)的记录比例尚不足一半。

《崇搬图》中，"la³³"（也）的记录使用以下两个东巴文。

（1）用""记录

右图（83 页 363 节）解读如下：

字形：◎ ✿ ⛻ ◎ ⁝⁝ ⁝⁝⁝ ✿ ⛻ ⁝⁝⁝ ⋈ ▰

标音：mɑ³¹ la³³ u³³ mɑ³¹ uɑ³¹，ʂɚr⁵⁵ la³³ nɯ³¹ ʂɚr⁵⁵ uɑ³¹ ue³¹ tsʅ⁵⁵。

字译：膏油也 你 膏油是 汗垢也 你 汗垢 是 了 吧

意译：（亲生女儿）是你身上的膏油，是你身上的汗垢。

副词"la³³"用""记录。这一东巴文用于记录该词共 7 次。

（2）用"✗"记录

右图（80 页 344 节）解读如下：

字形： ⛄✗✗🜔 🜁 🚗 ▸╫◁ ⛊✗

标音：ndzʅ³³ la³¹ ə³³ phv³³ nɯ³³，khv⁵⁵ la³³ ŋæ³¹ thɑ⁵⁵ sʅ³³，so³¹ la³³ ŋæ³¹ thɑ⁵⁵ sʅ³³。

字译：知劳欧普   就 晚上 也 刀 快 磨 早上 也 刀 快 磨

意译：于是知劳欧普黑夜里在磨快刀，清早上在试着刀快不快。

副词"la³³"共出现两次，用"✗"记录了其中的一次。"✗"为标音字（或哥巴文）。

《崇搬图》中，"✗"记录"la³³"（也）一词共 20 次。

从记录数量上看，"✗"的使用次数多于""。从文字的发展阶段上看，"✗"应当晚于""出现。"✗"的记录次数超过""，这表明《崇搬图》中的用字有符号化的趋势。

2."kæ³³"（先）的记录

《崇搬图》中，时间副词"kæ³³"共出现 7 次，记录了 6 次，记录比为

85.7%，高于副词的平均记录比。以下是该词的文字记录情况。

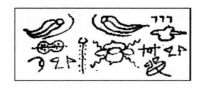

上图（3页9节）解读如下：

字形：

标音：…… dʑi³¹ o³¹ khæ³³ o³¹ sv⁵⁵ sv⁵⁵ kæ³³ nɯ³³ thv³³。

字译：　　水　影　渠　影　隐约　先　来　出现

意译：……先有隐隐约约的似水非水似渠非渠的象征。

时间副词"kæ³³"（先）用东巴文"𣥂"（本义为"秋千"）记录。《崇搬图》中，该词全部采用东巴文"𣥂"记录。

3. "tɕy⁵⁵tʂhu³¹"（首先）的记录

如右图。

该节（115页582节）后一部分解读如下：

字形：

标音：……tɕy⁵⁵tʂhu³¹ zˌua³³ nɯ³³ dər³¹ bə³¹ tsɻ⁵⁵。

字译：　　　首先　马　来　渡　去　说

意译：……美利诗吉河边，马首先要渡河去。

这里的"tɕy⁵⁵tʂhu³¹"（首先）分别用"　"和"　"记录第一个和第二个音节。在《崇搬图》中，"　"和"　"已成为记录"tɕy⁵⁵tʂhu³¹"（首先）一词的专用字。

4. "the³¹"（就）的记录

据《纳西语简志》，"the³¹"常用在动词前面，表命令。在《崇搬图》中，该词共出现4次，全部得到文字记录，如下图。

该节（123 页 648 节）解读如下：

字形：𝍖　✕　𝍖　𝍖𝍖𝍖　╱　╲╲　ᚴ　𝍖

标音：gv³³ tshər³¹ ɯ⁵⁵ lɯ³³ dʑi³¹ i³³ the³¹ tɯ³¹ i³³。

字译：九　十　灰　土　水　也　就　煮　着

意译：就煮着九十九锅灰土水。

这里的"the³¹"用"ᚴ"记录。"ᚴ"本义为"旗帜"，此为借音记录。其余三例亦用"ᚴ"记录，两者已形成稳定的对应关系。

5."tɕy⁵⁵"（可）的记录

在《崇搬图》中，该词只出现一次，见右图。

该节（81 页 354 节）后半部分解读如下：

字形：𝍖　𝄇 𝍖　𝍖　ᚴ　𝍒

标音：……xɯ³¹ n̥i³³ ndʑæ³³ n̥i³³ ŋy³³ tɕy⁵⁵ dʑv³¹。

字译：　富　要　裕　要　自己 可 自由

意译：　想要富裕还是可以得其所愿。

这里的"tɕy⁵⁵"用"ᚴ"记录。"ᚴ"本义为"鸡"，此为借音记录。

6."tɑ⁵⁵"（还）的记录

在《崇搬图》中，"tɑ⁵⁵"一词共出现 4 次，记录了 2 次，记录比为 50%。其文字见右图。

该节（76 页 327 节）解读如下：

字形：　𝍖　𝍖　𝍒　ᚴ　╱　𝍖　𝍒　𝍒　𝍒

标音：……dʑi³¹ ndz̩ər³¹ tɑ⁵⁵ mə³³ z̩ɑ³¹ dʑi³¹ gu³¹ bæ³³ thv³³ tsʱ³¹。

字译：　水　惊　还　未　已 水　后 野鸭 到　来

意译：……海水也惊骇，惊涛之后，野鸭来到。

这里的"ta⁵⁵"用"▣"记录。"▣"本义为"匣",此为借音记录。文中的另一例也用该字记录。

（二）这几类副词的无记录分析

在《崇搬图》中,一些出现次数较少的副词尚未发现对应的东巴文,一些已有对应东巴文的副词在行文中也常常省略不记。

1. 图画会意

一些副词的意义常蕴含于图画之中,故往往无文字记录,如下图中副词"duɯ³³ta⁵⁵"（一齐）的表达。

上图（80 页 344 节）解读如下：

字形：〰 🐾▣𫟼 ⋯⋯ 🐾

标音：mɯ³³lɯ⁵⁵to⁵⁵khɯ³³phər³¹lɯ⁵⁵thv³¹mi³³lv³¹duɯ³³ta⁵⁵mu³¹le³³za³¹……

字译：美丽垛肯盘　　　　　已　到　夫妇　一齐　下面又　降

意译：到了叫"美丽垛肯盘"的地方,夫妇一齐并肩而下……

副词"duɯ³³ta⁵⁵"（一齐）无文字记录。不过,透过形体"🐾",可以体会到"一齐"之意。副词的此类表达方式是副词记录不成熟的表现。

2. 省略

与其他各类词性一样,上述的几类已有文字记录的副词在行文中往往省略。例如下图中"la³³"的记录。

右图（51页180节）部分解读如下：

字形：

标音：……t ʂho³¹ze³³luɯ⁵⁵ɣɯ³³nv³¹, khə⁵⁵la³³nv³¹khə⁵⁵iə³³, dæ³¹la³³nv³¹dæ³¹iə³³……

字译：　崇忍利恩　　　你　　才干也　你　才干是　贤能也　你 贤能是

意译：……崇忍利恩你呀，我知道你很有才干也很有能力……

副词"la³³"出现两次，只用了一个"✕"（为表音字）记录，另一个省略不计。

3. 全文未见文字记录

《崇搬图》中，全文未见文字记录的副词只有"uə³³tshe³³"（快要，几乎）。该词在该文献中出现两次，都无文字记录，例如下图。

上图（80页344节）最后一部分解读如下：

字形：

标音：…… tsv³³y³¹mə³³kv⁵⁵ə³³dʐv³³dzɻ³¹ə³³dʐv³³hæ³³ʂʅ³¹muɯ⁵⁵thv³³uə³³tshe³³tɕhiər³³。

字译：　犁板抬 不 会　色神 打　色神　金黄　拐杖　　将要　打断

意译：……又抬犁板打色神，色神的黄金拐杖几乎折断了。

这里的副词"uə³³tshe³³（将要）无文字记录。

全文无文字记录的原因有两种：（1）尚未设计或选用稳定的东巴文记录；（2）该词在语言表达中的地位不高，故被忽略不记。

三　副词的记录特点

（一）东巴文已具备记录副词的能力

以下是《崇搬图》副词记录次数统计表。

项目	使用次数	无记录次数	记录次数	记录比例(%)
数据	386	95	291	75.39

上表显示：副词记录次数比已达到 75.39%。另外，在《崇搬图》中，所有的副词中只有一个副词无文字记录。在记录方式上，全部已记录的副词都采用借音的方式。

可见，《崇搬图》中的东巴文已经具备全面记录副词的能力。

（二）记录副词的机制较为成熟

下表是《崇搬图》中几个副词记录用字的统计。

副词	记录次数	使用东巴文	使用次数	记录副词数量	记录副词比例(%)
mə³³	247		257	247	96.1
lɑ³³	27		19	7	36.8
			31	20	64.5
kæ³³	6		17	6	35.29
the³¹	4		35	4	11.42

上表显示：四个副词中有三个副词（mə³³、kæ³³、the³¹）与东巴文形成了稳定的对应关系。其中，东巴文""几乎成为否定副词"mə³³"的专用字。副词记录的成熟性由此可见。

（三）副词记录的不平衡性与不稳定性

在《崇搬图》中，否定副词"mə³³"的记录比高达 82.05%，而
"la³³"的记录不到一半，差距较大。之所以产生如此的差别，这与两个词
在语言中的地位和语义特征相关。否定副词比较重要，语义特征鲜明，是
否记录直接影响读者对经文的理解，而"la³³"则不同。在成熟的文字体系
中，文字对于每个词的记录都是平等的，不会厚此薄彼。因此，东巴文副
词记录的不平衡性正是东巴文原始性的表现。

用字方面，副词所假借的东巴文尚不完全稳定，比如"la³³"使用了两个
不同的字形。另外，副词在记录中也存在一字记录多词的现象。

总之，《崇搬图》中副词的文字记录已相当成熟，但仍残留着一些原始
痕迹。

第二节　副词记录比较研究

《崇搬图》与《古事记》中副词的记录差异主要表现在记录数量和记录
方式两个方面。

一　记录数量比较及原因分析

（一）相关统计

表 1　　　　　　　　　　　　　副词记录次数比较

经典文献	总量	记录次数	记录比例(%)
《崇搬图》	385	291	75.4
《古事记》	176	76	42.3

表 2　副词记录数量比较

经典文献	副词总量	记录副词量	记录比例(%)
《崇搬图》	12	9	75
《古事记》	6	4	66.7

表 3　几类副词记录情况调查统计

副词	经典文献	总量	记录次数	字形	记录方式	记录比例(%)
mə[33]不	《崇搬图》	302	248		独体会意	82.1
	《古事记》	135	67		独体会意	49.6
kæ[33]先	《崇搬图》	7	6		借音	85.7
	《古事记》	6	2		借音	33.3

由上可知：

1.《古事记》的副词记录次数比和已有文字记录的副词数量比都低于《崇搬图》，说明《崇搬图》中副词的文字记录比《古事记》要成熟，这也是《崇搬图》中东巴文相对成熟的又一体现。

2. 两本文献副词的记录差异不仅表现在宏观记录上，也表现在个别词的记录上，这说明个别词的文字记录发展阶段与总体发展相一致。

（二）《古事记》记录低的原因

统计显示，《崇搬图》存在的副词文字记录的数量比与《古事记》差距不大，差距大的主要是记录次数比（记录频率）。

1. 都存在未有对应东巴文的副词

两本文献都存在一定比例的副词无记录的现象，有些是两者都无对应文字，例如副词"uə³³tshe³³"（将要）的记录。

左图（《古事记》39 页 68 节）解读如下：

字形：⌂　　　　　※　　　　　8　　⌐⌐⌐ΛΛΛ

标音：²tshɣ ³ɭu ²mʌ ¹ku³ ɛ² dzɣ ²ɥdzɹ̩, ³ha ³ ʂɭ ¹mɯ³thu ³uʌ²tshɛ ²tɕhiɛ ³sɛ ³lʌɪ ³dy ²mi ³hɯ。

字译：犁铧举 不 能 太婆 夸　金 黄 手杖　几乎 折断 阴神叫地听见

意译：这太婆也老得举不动犁铧，可是也在自夸其能，她的黄金做的手杖几乎折断了，她也叫起来，地听见了。

副词"³uʌ²tshɛ"无文字记录。该词在《古事记》中出现两次，都无文字记录。《崇搬图》也是如此（右上图）。

该节（31 页 102 节）解读如下：

字形：⌂　　ƺ　　8　　　　⨯　　↘　　　ⅴ

标音：tsv³³ y³¹ mə³³ kv⁵⁵ ə³³ dzv³³ dzɹ̩³¹ ə³³ dzv³³ hæ³³ ʂɭ³¹ mɯ⁵⁵ thv³³ uə³³ tshe³³ tɕhiər³³。

字译：犁铧举 不 该 色神　打　色神金　黄　拐杖　　将要　折断

意译：抬着犁铧打色神，色神的黄金拐杖几乎折断了。

副词"uə³³tshe³³"（将要）同样没有文字记录。

可见，《古事记》记录低的主因并不在于无文字记录的副词的多少，而在于已有文字记录的副词在具体行文中省略不计的有多少。

2. 省略多

例如，否定副词""（不）的记录。

左图（20 页 20 节）解读如下：

字形：（字形图） 能 飞 不可

标音：^{3}ndʑi ^{1}ku ^{3}ndʑi ^{2}mʌ ^{3}n̠i, ^{2}tʂho ^{1}ku ^{2}tʂho ^{2}mʌ ^{3}n̠i, ^{2}ndʐɿ ^{3}ʈɯ ^{1}tʂhu ^{2}mʌ ^{3}n̠i。

字译：飞 能 飞 不可 跳 能 跳 不可 大官小官冲突 不可

意译：能飞不可以飞，能跳不可跳，大官不可和大官冲突。

否定副词"^{2}mʌ"（不）共出现 3 次，用""记录了其中的 1 次。

右图（6 页 23、24 节部分）解读如下：

字形：（字形图组）

6. （字形图）

标音：ndʑi^{31} kv^{55} ndʑi^{31} mə^{33} n̠i^{31}，tʂho^{33} kv^{55} tʂho^{33} mə^{33} n̠i^{31}，ndʐɿ^{33} dɯ^{31} tʂhv^{55} mə^{33} n̠i^{31}……

字译：飞 会 飞 不 得 跳 会 跳 不 得 官 宰 过 甚 不 得

意译：虽能飞但不宜飞，虽能跳不宜跳跃，为官宰的不宜贪污……

否定副词"mə^{33}"（不）共出现 3 次，记录了 3 次。

可见，《古事记》中已存在对应文字的副词在具体的记录中省略得更多。

二 记录方式的一些差异

（一）各种记录方式使用次数总比较表

	独体表意	借音	总量
《崇搬图》	248	46	294
比例(%)	84.4	15.6	
《古事记》	68	8	76
比例(%)	89.4	10.6	

这里要说明的是：在两本文献中，使用独体表意的副词都只是否定副词"不"，其余的副词皆采用借音的手法。

按：否定副词"不"用"ʒ"记录，是独体会意还是借音尚待考证。这里归入独体会意所依据的是《字谱》的观点。

可以说，副词的文字记录方式是以借音为主。

（二）记录方式的一些具体差异

1. 双音节副词记录的差异

上图（《古事记》71页132节）部分（右图）解读如下：

字形：

标音：$^2\gamma\mathrm{u}\ ^3\mathrm{by}\ ^2\mathrm{z,o}\ ^3\mathrm{by}\ ^2\mathrm{ku}\ ^2\mathrm{d,l}\ ^2\mathrm{tci}\ ^3\mathrm{n\epsilon}\ ,^1\epsilon^2\mathrm{mo}\ ^2\mathrm{m\Lambda}\ ^1\mathrm{tci}\ ^2\mathrm{so}$。

字译：牛 圈 马 圈 上　一 放　　一点 不 怕

意译：将奶放在牛圈和马圈上，（牛和马）一点都不害怕。

副词 "¹ɛ²mo"（一点）没有任何文字记录，下一小节中则得到部分记录。

上图（71 页 138 节）解读如下：

字形：

标音：³fiə 3na 3ɕiʌ1go ³by²ku ²dʐ¹²tɕi ³nɛ,¹ɛ²mo ²mʌ¹tɕi²sɔ,²lo²ɛ²phu

²nɯ¹ş̩……

字译：鸡 黑 雕　圈上 一 放　一点 不 怕 太公　　说

意译：又放在黑鸡圈老雕圈上，那黑鸡和老雕却一点儿不害怕，太公

说……

副词 "¹ɛ²mo"（一点）的 "²mo" 借用 "🔵" 记录，前一个音节无文

字记录，为不完全记录。《崇搬图》则不同。

上图（59 页 219 节）解读为：

字形：

标音：ɣɯ³³ bv³¹ ʐua³³ bv³¹ kv³³ i³³ dɯ³³ tɕi³³ nɯ³³, ə⁵⁵ mu³³ mə³³ tɕi⁵⁵ sv³³。

字译：牛 圈 马 圈头 又 一 放 着, 什么 没 在意（怕）

意译：在牛圈马圈上一放，没有任何的害怕。

副词 "ə⁵⁵ mu³³" 借用 "🔗" 和 "🔵" 分别记录音节 "ə⁵⁵" 和

"mu³³"。《崇搬图》该词共出现 5 次，记录了 4 次。

可见,《古事记》多音节副词的文字记录尚处于不稳定期,多数不能记录或不能完全记录。

2. 合体与独体的差异

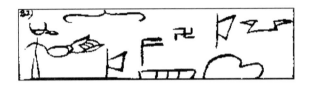

上图（48页82节）解读如下:

字形: $\overset{?}{\uparrow}$ ⌒⌒   ⊢ ⊂∞   ⊓⊓⊓ ⌐⊢⊣

标音: ³tʂhɔ²ze¹lɯ²ɣɯ ²ɣɯ,²mɯ¹ ʂ̩²kho ²la²thu,²lɯ ³ ʂ̩ ²ɣɯ²la 2thu……

字译: 措哉勒额   好 天 新 边   到 地 高 好   到

意译: 那良心好的"措哉勒额"飘到新的天边,飘到美的高低……

其中"²la"借用"⊂∞"（本义为"手"）记录。有意思的是,"$\overset{?}{\uparrow}$"与"⊂∞"连为一体,像"措哉勒额"伸出手,颇具绘画特点。显然,这一构形与语言记录毫无关系,纯粹是原始文字风格的残留。《崇搬图》中相同语段则未采用这种合文的形式。

该节（36页117节）中的"$\overset{?}{\uparrow}$"与"⊂∞"已分开。

一个合文,一个独体,生动地再现了副词文字记录的演变。

三 小结

1. 两本文献副词的记录差异主要表现在记录数量上。具体来看,《古事记》副词记录水平低的主要原因并不是存在文字记录的副词少,而是有文字对应的副词在行文中省略不计的数量多，这同样是《古事记》副词记录不成熟的表现。

2. 统计显示，独体会意为副词记录的主要记录方式。不过，使用这一方式的副词只有否定副词，文献中的其他副词都采用借音的手法。可见，借音记录才是副词记录的主流。

第三节　结论

本章系统地描写了经典文献《崇搬图》中副词的文字记录情况，主要包括副词的记录数量统计和副词的记录方式两个方面。研究得出了一些记录数据，展现了副词的记录特点，从中可以看出：

1. 《崇搬图》中的东巴文已具备了记录副词的能力。

2. 《崇搬图》中副词的记录以借音为主，部分记录副词的东巴文已达到较高的符号化水平，如否定副词"mə³³"（不）所用的东巴文"＾）"。

3. 《崇搬图》中副词的文字记录表现出明显的不完整性和不确定性。

以上三点表明：此时的东巴文正处于原始文字向成熟文字过渡之中。

本章在描写的同时，对《崇搬图》与《古事记》中的副词记录进行了较为系统地比较，从中可以看出：

1. 《崇搬图》中副词的文字记录比明显高于《古事记》。

2. 《崇搬图》中副词记录所用的文字在结构和书写形式上成熟于《古事记》。

第七章

连词的记录调查研究

连词是用来连接词与词、词组与词组或句子与句子，表示某种逻辑关系的虚词。连词可以表并列、承接、转折、因果、选择、假设、比较、让步等关系。连词没有词汇意义，只有语法意义，是较为抽象的虚词。在文字的原始时代，作为虚词的连词往往不能被记录。在东巴文献中，连词已开始得到文字记录，并形成了自身的一些记录特点。

第一节　经典文献中连词的记录调查研究

《崇搬图》中，连词种类和数量都比较少。本节将对这些连词的记录情况进行调查研究。

一　连词记录相关统计

表1 连词记录次数统计总

项目	总量	无记录次数	有记录次数	记录比例（％）
数量	55	43	12	21. 82

表2   主要连词（联合连词：ne³¹（和）或 nɯ³¹）的记录统计

项目	总量	无记录次数	有记录次数	记录比例（%）
数量	49	37	12	24.49

表3   主要连词（联合连词：ne³¹（和）或 nɯ³¹）记录用字统计

记录量	使用东巴文	使用次数	记录连词数量	记录比例（%）
12		140	5	2.85
		38	7	18.4

二 文字记录举例与分析

在《崇搬图》中，被文字记录的连词主要是"ne³¹"（或"nɯ³¹"）（和）。该连词一般用"　"或"　"记录，两者没有明确的分工。例如右图中的记录。

该节（3页9节）前一部分解读如下：

字形：

标音：dʑi³¹ ne³¹ khæ³³ la³³ mə³³ thv³³ sʐ³³ tʂʅ³³ dzʅ³¹……

字译：水 和 渠 也 未 出 的 这 时

意译：水和沟渠还没有出现的时候……

本句中的"ne³¹"（和）用东巴文"　"记录。《字谱》："　，ne³³莧米，象其穗繁。"此为借音记录，右图则用"　"记录。

该节（92页422节）前一部分解读如下：

字形：

标音：xɯ³¹ ne³¹ ndzæ³³ le³³ xə³¹ gv³³ dzv³¹ tʂ̩³³ mə³³ tv⁵⁵。

字译：富　与　裕　又　来　古宗　土　不　杜

意译：享受着富裕，藏人不杜绝土神。

这里的"ne³¹"（与）用"🐛"记录。《字谱》："🐛，nɯ³³ 又 nv⁵⁵ me³³。心也，象心旁有肺。又作🐛。"此为借音记录。

统计显示，东巴文"🐛"与"🔗"记录连词的比例都很小，尚未成为记录连词的专用字。不过，这类连词的记录并未随意借用其他的东巴文，仅使用这两个字。

三　无记录举例与分析

在《崇搬图》中，仍有一定数量的连词无文字记录。分析联合连词的未记录情况，其原因主要是连词往往因上下文会意而省略不记。例如下图中连词"ne³¹"（和）的记录。

该节（8 页 29 节）解读如下：

字形：○○𝄇 🌿　　👤　　👤 🔀▢

标音：dɯ³³ dzv³¹ zv⁵⁵ le³³ du³¹ ne³¹ se³¹ thv³³ xə³¹。

字译：一　对　生　又男神和女神出　了

意译：一对蛋孵出了男神和女神。

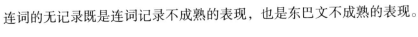

连词"ne³¹"无文字记录。在图版中，"👤"与"👤"并排书写，这一行款蕴含了连词"ne³¹"所表达的语法意义。这样，该连词未被记录似乎并不影响文意的表达。在《崇搬图》中，表联合关系的连词未被记录大多属于此类情况。

连词的无记录既是连词记录不成熟的表现，也是东巴文不成熟的表现。

四　连词的记录特点

分析《崇搬图》中连词的记录情况，主要存在以下两个特点：

（一）较低的记录水平

从记录数量上看，连词的文字记录远低于其他词类。其原因主要有以下两点：1. 连词是语法化较高的一类词，没有词汇意义，只有抽象的语法意义。2. 连词所表达的一些关系诸如并列关系往往可以通过文字的书写摆放得以实现，其他的虚词一般不具备此类条件。

（二）用字的相对稳定

在《崇搬图》中，连词主要用东巴文"🐛"与"🔗"进行记录。虽然这两个文字绝大多数用于记录其他的词语，但在连词"ne^{31}"（和）的记录中仍占据了绝对的优势。

笔者认为，连词记录发生的时间晚于其他词类。一旦出现文字记录，在用字上往往表现出较强的稳定性。

第二节　连词记录比较研究

《崇搬图》与《古事记》连词的记录差异主要表现在记录数量这一个方面。

一　记录数量的比较与分析

（一）相关统计

表1　　　　　　　　　　　　连词记录次数比较

经典文献	总量	记录次数	记录比例（%）
《崇搬图》	55	12	21.8
《古事记》	30	1	3.3

表2　　　　　　　　　　　　连词记录数量比较

经典文献	连词总量	记录连词量	记录比例（%）
《崇搬图》	2	1	50
《古事记》	2	1	50

表3　　　　　　　　　　主要连词抽样调查统计比较

连词	经典文献	总量	记录次数	记录方式	记录比例（%）
ne^{31}	《崇搬图》	49	12	借音	24.5
	《古事记》	29	1	借音	3.4

上表显示：两本文献的连词记录水平都很低，《古事记》的记录水平尤其得低，全文只记录一个连词。

（二）《古事记》记录水平较低的具体原因

《崇搬图》与《古事记》的主要连词"ne^{31}"（和）都存在文字记录，但彼此的记录次数比却相差甚远。很显然，在记录此类连词中，《古事记》忽略的文字更多。例如下图中连词"^{3}nɛ"的记录。

左图（《古事记》13 页 6 节、7 节部分）部分解读如下：

字形：⌂　　　𝒥　　　⌒⌇≈

标音：^{3}ŋdʐy　^{3}nɛ　^{3}lɔ　^{2}la　^{2}mʌ^{2}thu　^{2}sɿ　^{2}thɿ　^{3}dzɿ……

字译：山　和　谷也不　出还　那时

意译：山和谷还没有出来的时候……

连词"^{3}nɛ"无文字记录。

右图（《崇搬图》2 页 7 节）前一部分解读如下：

字形：⌂　　　𝒥　　　⌒⌇≈　古

标音：ndʐy^{31} ne^{31} lo^{31} la^{33} mə^{33} thv^{33} si^{33} t ʂɿ^{33} dzɿ^{31}……

字译：山　和 川 也　未　出 的　这时

意译：山岳和川流没有出现的时候……

连词"ne^3"用"⌒⌇≈"记录。

二　记录方式的比较与分析

《古事记》中连词只记录了一次，如下图。

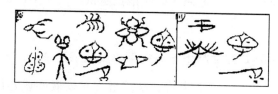

上图（16 页 10、11 节）部分解读如下：

字形：⌒⌇≈　𝒥　　⌒⌇≈

标音：^{3}guɯ ^{3}ne ^{3}tsɛ ^{2}nɯ^{2}pɯ^{2}pɑ ^{2}bɛ，^{3}ɦɔ^{3}cɿ ^{3}lʌɣ ^{2}mbo ^{3}dʐ ^{3}lu^{2}lɑ ^{2}dʐ ^{1}ku

^{2}thu……

字译：真 和 作　　化育 做 玉绿　亮　 大 温热 一个 出

意译："真"和"作"变化，生出一个有光有热的碧玉来……

连词"^{3}ne"借用""（本义为"苋米"）。下图是《崇搬图》中相似语段的记录情况。

上图（3页12节）部分解读如下：

字形：

标音：tɕy^{55} tʂhu^{31} guɯ^{31} ne^{31} tse^{31} nɯ^{33} pɯ^{33} pɑ^{33} be^{33}……

字译：最初　　真 和实 来 化育 做

意译：最初，真体和实质两种化育……

连词"ne^{31}"用"　　"（苋米）记录。

可见，两本文献中连词的文字记录在用字上没有太大的差别。

三　小结

1. 在各类词性的记录中，连词的记录水平最低，这与连词在语句中的语法地位密切相关。在东巴文献中，一个虚词的语法地位越低，其文字记录水平则越低。

2. 已存在文字记录的连词在具体文献中不一定都得到文字记录，记录多少与原始文字的发展阶段密切相关。一般来说，越接近文字发展的成熟期，省略越少，反之则越多。

3. 连词全部采用借音的记录方式。

第三节　结论

本章对《崇搬图》中连词的记录情况进行了较为系统的调查和分析，得出了一些数据，具体展现了连词的记录特点，从中可以看出：

1. 在各类词性中，连词的记录水平最低，其记录仍较多地保留着原始的表达方式。

2. 个别连词记录已有了相对固定的东巴文。

3. 连词的文字记录产生时间在其他各类词性之后。我们似乎可以推论，连词的文字记录的成熟是一种文字最终成熟的标志。

通过对《崇搬图》与《古事记》中连词的文字记录的比较，可以看出：

1. 两者的文字记录区别主要表现在记录数量上。值得注意的是，《古事记》全文只有一个连词得到记录。

2. 在用字上，两者基本相同。由此可见，《崇搬图》与《古事记》的连词记录方式一脉相承。

连词记录的比较结果再次说明《崇搬图》中的东巴文要远成熟于《古事记》。

第八章

助词的记录调查研究

助词无词汇意义，只有语法意义。在语句中，助词具有组织语言单位、表达情态意义等作用。东巴文献中的助词已开始得到文字记录。

第一节　经典文献中助词的记录调查研究

《崇搬图》中有结构助词、情态助词和语气助词等几类助词，其中，结构助词最多，情态助词最少。在行文中，这些助词或多或少地得到东巴文的记录。本节将系统地描写这些助词的文字记录情况。

一　结构助词的记录调查与分析

（一）结构助词"nɯ³³"（或 nɯ³¹）的记录

《崇搬图》中，"nɯ³³"（或 nɯ³¹）出现在句中或句末。句末通常记作"nɯ³¹"，可看作语气助词。据《纳西语简志》，"nɯ³³"可作主语、状语和补语的标志，是一个使用广泛的助词。由于句末"nɯ³¹"在使用上与句中的

"nɯ³³"有相通之处，加之数量不多，故这里将"nɯ³¹"与"nɯ³³"置于一处，一并研究。

1. 相关记录统计

表1　　　　　　　　　　　　　有无记录统计

项目	总量	无记录	有记录	记录比例(%)
数据	304	159	145	47.69

表2　　　　　　　　　　　　　用字统计

项目	总量	🐦	🀰
数据	145	126	19
比例(%)		86.9	13.1

2. 文字记录举例及分析

在《崇搬图》中，助词"nɯ³³"（或 nɯ³¹）用"🐦"或"🀰"进行记录，以"🐦"为主。如右图中"nɯ³³"的记录。

该节（45页153节）解读如下：

字形：

标音：ȵi³³ nɯ³³ tɕhy³¹ ko³³ pv⁵⁵ tɕhy³¹ nɯ³³ ȵi³³ ko³³ pv⁵⁵，

字译：需要的　乐从　相遇　乐从　的　需要　相遇

字形：

标音：ȵi³³ ne³¹ tɕhy³¹ nɯ⁵⁵ dɯ³³ tər⁵⁵ be³³。

字译：需要与　乐从　就　一　结　做

意译：需要者遇见乐从者，乐从者遇见需要者，乐从者与需要者皆为一家。

该节中，第一个主语助词"nɯ³³"用"🔡"记录，第二个主语助词"nɯ³³"无文字记录；第三个主语助词"nɯ³³"（就）则用"🔡"记录。

"🔡"，《字谱》："ne³³，苋米也，象其穗繁"。此为借音记录。

"🔡"，《字谱》："nɯ³³ 又 nv⁵⁵me³³。心也，象心旁有肺。又作🔡"。此为借音记录。

句末助词"nɯ³³"的文字记录，如下图。

上图（108 页 528 节）解读如下：

字形：🔡 🔡 🔡　🔡 🔡　🔡🔡🔡　🔡 🔡🔡　🔡 🔡

标音：ə³³ n̩i³³la³³ ʂər⁵⁵ n̩i³³，sv³³ bv³¹ ə³³ pv⁵⁵ nɯ³³，phe³¹ be³³ ə³³ dʑv³³ nɯ³³。

字译：昨天　也　前　天　　前辈　　祖父　的　麻布　做　祖母　　的

意译：想昨天和前天前辈的祖父们和祖母们。

句末助词"nɯ³³"分别用"🔡"和"🔡"记录。

在《崇搬图》中，"🔡"和"🔡"在记录结构助词或语气助词时已表现出明显的倾向性，即前者用于句末，后者用于句中，如下图。

上图（119 页 616 节）解读如下：

字形：🔡　🔡　🔡 🔡　🔡　　🔡　　🔡　🔡　　🔡

标音：tshɿ⁵⁵tha⁵⁵ me³³ nɯ³³ thæ⁵⁵，thæ⁵⁵ tshɿ³³ phu³³ tshɿ³³ nɯ³¹。

字译：山羊　壮　的　来　撞　　撞　来　开　来 了

意译：有雄壮的山羊来撞门，门被撞开了。

句中"nɯ³³"用""记录，句末的"nɯ³¹"用""记录。

3. 无记录举例及分析

《崇搬图》中，助词无记录的主要原因是省略，如下图中"nɯ³³"的记录。

上图（103 页 498 节）解读如下：

标音：sʐ³¹ nɯ³³ zv³³ me³³ zo³³ nɯ³³ zv³³ me³³ nɯ³³ zv³³ me³³ mi³³ nɯ³³ zv³³。

字译：父　就祭天的　子　就祭天母　就祭天的　女　就祭天

意译：父亲祭天，儿子也祭天；母亲祭天，女儿也祭天。

该节中，助词"nɯ³³"共出现四次，只使用了两个""，其中的两个"nɯ³³"无文字记录。

4. 记录特点

（1）记录比例低。结构助词"nɯ³³"的记录比例只有47.69%，远低于实词的记录水平，这与其语义特点及功能密切相关。

（2）用字尚不固定。结构助词"nɯ³³"的记录选用了两个不同的形体。不过，这两个形体在记录中已有一定的倾向性。

（二）结构助词"ŋə³¹"的记录

在《崇搬图》中，"ŋə³¹"主要分布在状语的后面，与"nɯ³³"的功能相当。

1. 相关记录统计

表1   有无记录统计

项目	总量	无记录	有记录	记录比例(%)
数据	93	55	38	40.86

表2   用字统计

项目	总量	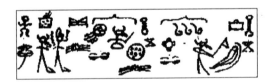
数据	38	38

2. 文字记录举例与分析

《崇搬图》中，结构助词"ŋə³¹"全部用东巴文" 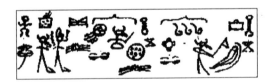 "记录，例如下图中"ŋə³¹"的记录。

该节（48页165节）解读如下：

字形：

标音：ŋy³³ nɯ³³ sv³¹ tshʅ³¹ mu³¹ ue³³ tsʅ⁵⁵, mɯ³³ thv³³ dɯ³³ ŋi³³ ŋə31······

字译：我   就   领   来   原因   是   天   晴   一   日   里

意译：我亲自领他到这里，遇着晴天······

时间状语后的助词"ŋə³¹"用"  "记录。《字谱》："······ŋə³¹"、miə³¹又miə³¹ly³³。目也，象张目。又作、 。"此为借音记录。

3. 无记录举例与分析

《崇搬图》中，助词"ŋə³¹"未记录的原因主要是承前后文省略，例如右图中"ŋə³¹"的记录。

该节（49 页 167 节）解读如下：

字形：

标音：mɯ³³thv³³dɯ³³n̻i³³ŋə³¹ mɯ³³ndzɿɑ³³dɯ³³n̻i³³ŋə³¹……

字译：天　晴　一　日　里　天　阴　一　日　里

意译：天晴的时候……阴天的时候。

本节中，"ŋə³¹"出现了两次，前一个得到记录，后一个则省略。

4. 记录特点

（1）记录比例低。"ŋə³¹"的文字记录水平只有 40.86%，略低于助词"nɯ³³"的记录。

（2）用字稳定。《崇搬图》中，"ŋə³¹"的记录全部采用"➤●"记录，没有例外。可见，助词的文字记录已发展到了一定的水平。

（三）结构助词"gə³³"的记录

《崇搬图》中，"gə³³"主要分布在定语的后面。据《纳西语简志》，该词是定语的标志，可称为定助。

1. 相关记录统计

表1　　　　　　　　　　有无记录统计

项目	总量	无记录	有记录	记录比例（%）
数据	58	28	30	51.7

表2　　　　　　　　　　用字统计

项目	总量	𝄢	𝄞	◉
数据（次）	30	27	2	1
比例（%）		90	6.7	3.3

2. 文字记录举例与分析

《崇搬图》中，结构助词"gə³³"（或作"kv⁵⁵"）全部采用借音的记录方式，主要使用"⿰"、"⿰"和"⿰"三个东巴文。

（1）用"⿰"记录，如右图

该节（127页672节）解读如下：

字形：

标音：y³¹ gə³³ o³¹ xe³³ thɯ³³。

字译：祖 的 灵魂 他

意译：祖先的灵魂。

这里的"gə³³"用"⿰"记录。《字谱》："gə³¹。上也，隆起在上。又高处也，读 gə³³to⁵⁵。"此为借音记录。《崇搬图》中，助词"gə³³"以该字记录为主。

（2）用"⿰"记录，如右图

该节（129页685节）解读如下：

字形：

标音：bər³¹ ko³¹ nɯ³³ çy⁵⁵ gə³³ dɯ³³ uə³³ dʑə³¹。

字译：白 草地来 站 的 一 村 有

意译：有个白牦牛站在草原上的一个村庄。

这里的"gə³³"用"⿰"记录。《字谱》："kv³³。蒜也。"此为借音记录。

（3）用"⿰"记录，如下图

该节（3页12节）最后一部分解读如下：

字形:

标音: ……tse³¹kv⁵⁵mu³³phər³¹lv⁵⁵lɑ³³the³¹nɯ³³thv³³。

字译: 纯洁的 天 白 光明 此 由 出

意译: ……出现了纯洁的光明的白天。

这里的"kv⁵⁵"用""记录。《字谱》:"kv³³,蛋也。"此为借音记录。

3. 无记录举例与分析

像其他助词一样,"gə³³"同样存在承前后文省略。例如右图中"gə³³"的记录。

该节(98页642节)解读如下:

字形:

标音: tʂho³¹ze³³lɯ³³ɤɯ³³gə³³tshe⁵⁵xɯ³¹bə³³bə³¹gə³³, tɕy³³tʂ̩³³kv³³mæ⁵⁵gv³³me³³nɯ³³。

字译: 崇忍利恩 的 衬红褒白 的 族 这 合 尾 合 的 就

意译: 是"崇忍利恩"和"衬红褒白"的后裔。

该节中,"gə³³"共出现两次,但只使用了一个"",另一个承前后文省。

4. 记录特点

(1)记录水平相对较低。定语助词"gə³³"的记录比例刚刚过半,与助词的总体记录水平相一致。

(2)用字趋于稳定。"gə³³"的记录使用了三个东巴文,但以""为主,两者形成了较为稳定的对应关系。

(四)结构助词"i³³"(或"y³¹")的记录

《纳西语简志》中未谈及该词,傅懋勣在《古事记》一书中将其归入缓和助词，即具有缓和语气作用的助词。在《崇搬图》中，该词记录为"i³³"，少量记为"y³¹"。

1. 相关记录统计

表1   有无记录统计

项目	总量	无记录	有记录	记录比例（%）
y³¹	17	15	2	11.8
i³³	97	46	51	52.6
总计	114	61	53	46.4

表2   用字统计

项目	记录总量	东巴文一及数量	东巴文二及数量
y³¹	2	（哥巴）1	""（羊）1
i³³	51	（漏）31	（哥巴）20

2. 文字记录举例与分析

（1）《崇搬图》中，助词"i³³"用"𝄞"和"𝄡"记录。

① 用"𝄞"记录，如下图

该节（78页385节）部分解读为：

字形：𝄞 𝄡 𝄢 𝄣 𝄤 𝄥 𝄦 𝄧

标音：ɣɯ³³ xɯ³¹ sv⁵⁵ zɳ³³ i³³ tɑ⁵⁵ mi⁵⁵ phy⁵⁵ mə³³ kv⁵⁵……

字译：恩 恒 三 个 是 道言 吐 不 会

意译：恩恒三兄弟不会说话……

这里的"i³³"用"  "记录。《字谱》："i³¹漏也，从蛋破流液。又作 。"此为借音记录。

② 用" "记录，如右图

该节（52 页 187 节）最后一部分解读如下：

字形：

标音：……xu³¹i³³mbɯ³¹t ʂɩɑ³¹le³³ndzv³¹ŋguə³³，so³¹i³³mi³³lv³¹le³³phɯ³³dv³³。

字译： 晚上 妻 夫 又 商量   早上 妇 夫 又 策划

意译：……在晚上，夫妻又商量，早上，他们又策划。

这里共有两个助词"i³³"，前一个用" "记录，后一个则用" "记录。" "为东巴文的表音字（或哥巴文）。

（2）《崇搬图》中，助词"y³¹"只记录了两例，分别使用" "和" "，见右图。

该节（73 页 310 节）解读如下：

字形：

标音：xæ³³ ʂ̩³¹ miə³¹ dzv³¹ uə³³ ŋə³¹ thv³³，xæ³³ ʂ̩³¹ xæ³¹ i³³ t ʂ̩⁵⁵ t ʂhu³³ y³¹ tv⁵⁵ y³¹ be³³……

字译：海时缪阻 湾 里 到 金黄 金索绳 卦 着直着 做

意译：来到"海时缪阻湾"这个地方，用黄金索绳卦着直下来

该句中的两个"y³¹"分别用" "和" "记录。" "本义为"羊"，此为借音记录。

3. 无记录举例与分析

"i³³"一词有一定数量没有得到记录。从上文的用字来看，东巴文已经具备记录该词的能力，故该词无记录的原因主要是书写者的有意省略。在同一语境

中，"i³³" 多次出现，往往只记录其中的一个或部分。如右图中
"i³³" 的记录。

该节（65页262节）解读如下：

字形：𝄞 𝄢 𝄡 𝄠 𝄟 𝄞 𝄠 𝄡 𝄢 𝄞 𝄟

标音：ua³³ kɯ³¹ tsɿ⁵⁵ i³³ sv³³ me³³ be³³，tshe³³ kɯ³¹ tshɿ⁵⁵ i³³ le⁵⁵ dʑi³¹ be³³。

字译：五 称 剪 来 披毡　做 十 称 剪 来 裤衣 做

意译：五斤羊毛做成了披毡，十斤羊毛做成了裙子。

本节中，助词"i³³"出现两次，只用了一个"𝄠"记录。

4. 记录特点

（1）记录水平相对较低，这与其他助词的记录水平相似。

（2）用字相对固定。在"i³³"的记录中，"𝄠"占有优势，后起哥巴文
"𝄡"有直追之势。两者往往交叉使用，以追求用字变化。

（五）结构助词"le³³"（或"lɯ⁵⁵"）的记录

助词"le³³"一般用在动词前或两个动词之间。在《古事记》（3页）中，
傅懋勣将其归为前动助词，认为"暗含一种重复或往来的意态，有时也纯用
以调和韵律"。在《崇搬图》中，部分标音为"lɯ⁵⁵"的词所起的作用与
"le³³"同，笔者认为这是读音或标音的问题，应当是同一词。因此，这里一
并分析。

1. 记录统计表

表1　　　　　　　　　　　　　有无记录统计

项目	总量	无记录	有记录	记录比例（%）
le³³	308	185	123	
lɯ⁵⁵	5	4	1	
总计	313		124	39.6

表2 用字分析

项目	记录总量	东巴文一及数量	东巴文二及数量	东巴文三及数量	东巴文四及数量
le^{33}	123	"🪰"116	"🐝"4	"🎵"2	"🌾"1
lɯ^{55}	1	"🌾"1	—	—	—

2. 文字记录举例与分析

（1）"le^3" 的记录

《崇搬图》中，助词 "le^3" 用 "🪰"　"🎵"　"🐝" 等字记录，以 "🪰" 为主。

① 以 "🪰" 记录，如右图

该节（88页393节）解读如下：

字形：回 𝌆 🪰 🐛 🀄 🦎 🀫 🀰 🔑 🀫 🀫

标音：tɑ^{55} me^{33} le^{33} phy^{55} kv^{55} lɯ^{33} tso^{31}，mbɯ^{31} lɑ^{33} le^{33} tʂ̩^{55} kv^{55} lɯ^{55} tso^{31}。

字译：道 言 又 吐 会 来 着　绝断 也 又 接 会 来 着

意译：会说了，绝断了会接着的。

助词 "le^{33}" 出现两次，分别用 "🪰" 记录。《字谱》："🪰，le^{33}。獐也，嘴出牙。"此为借音记录。

② 以 "🎵" 记录，如右图

该节（94页441节）解读如下：

字形：🀫 🐛 🀰 🎵 🀫 🦎 🀫 🀰 🀫

标音：xɯ^{31} nɯ^{31} ndzæ^{31} le^{33} xə^{31} le^{33} bv^{33} zə^{31} mə^{33} tv^{33}。

字译：富 与 裕 又 来 民家 草 不 杜

意译：富裕来来，民家不杜绝草。

这里的"le³³"用""记录。《字谱》："ŋi³¹。二也。"此为借音记录。

③ 用""记录，如右图

该节（40页131节）解读如下：

字形：

标音：khæ⁵⁵ ŋgu³¹ ʐɯ³³ pv⁵⁵ pu⁵⁵ le³³ tshʅ³¹，lv³³ na³¹ thv⁵⁵ pv⁵⁵ pu⁵⁵ le³³ tshʅ³¹。

字译：射　后　路　送　去　又　来　　石　黑　踏　着　过　又　来

意译：他一边射猎一边赶路，踏着黑色的岩石而来。

这里的"le³³"用""记录。""本义为"苋米"，此为借音记录。

④ 用""记录，如右图

该节（79页340节）解读如下：

字形：

标音：mɯ³³ zo³³ kho³³ lo³¹ kho³³ ɕi³³ ŋgv³³ tʂo³³ gə³¹ le³³ tv⁵⁵。

字译：天　子　苟　洛　苟　喜　九　套　上　又　顶

意译：一力顶住天神"苟洛苟喜"来降祸患。

这里的"le³³"用""记录。""本义牛虱，此为借音记录。

（2）"lɯ⁵⁵"的记录

"lɯ⁵⁵"使用次数不多，只记录1例，见右图。

该节（115页580节）解读如下：

字形：

标音：y³¹ pv⁵⁵ gə³¹ le³³ pv⁵⁵，ʂɒr³³ lo³¹ uæ³³ dɯ³³ pha³³ lɯ⁵⁵ thv³³。

字译：祖　送　上　又　送　司裸弯底抛　　又　到

意译：就把祖宗送上去，送到"司裸弯底抛"的地方。

这里的"lɯ⁵⁵"用""记录。

从语法和用字上看，"lɯ⁵⁵"与"le³³"相通，应该为同一词。

3. 无记录举例与分析

《崇搬图》中，结构助词"le³"无记录主要有以下两点原因。

（1）承前后文省

例如下图中"le³³"的记录。

上图（40页132节）后半部分解读如下：

字形：

标音：ȵi⁵⁵ ¡³³ mɯ³³ khɯ³¹ ly³³ lo³³ dɯ³³ mɯ³³ ŋə³¹ tsv³¹ le³³ dʑə³¹，

字译：白天是 火焰 戈干 大 天 边 冲 又 有

字形：

标音：xu³¹ kho³³ mɯ³³ tʂhe³¹ æ³¹ sv⁵⁵ dɯ³³ mɯ³³ ŋə³¹ bu33³¹ le³³ dʑə³¹。

字译：夜 半 火焰 鸡冠 大 天 边 照 又 有

意译：在黑杉森林里，白日间发现着戈干一样粗的火焰冲到天空，半夜有鸡冠大的火焰照耀天空。

该节中，"le³³"共出现两次，只用"$ $"记录了其中的一次，另一次省略。

（2）诵经者的错误

如下图中"le³³"的记录。

上图（9页36节）最后部分（右上图）解读如下：

字形：⦿⦿　　　🐛又🕴　　🕴👐🐍

标音：dɯ³³ dzv³¹ zv⁵⁵ le³³ tshv³¹ ne³¹ ŋɹə³¹ thv³³ xə³¹。

字译：一　对　生又　鬼　和　域　产生了

意译：一对蛋生出鬼和域。

这里的"le³³"与东巴文"又"相对。"又"本义为"雌"，一般记录助词"me³³"。从语言结构和《古事记》的相关记录来看，"le³³"应读为"me³³"。

4. 记录特点

（1）记录比例较低。助词"le³³"的记录比例只有39.6%，低于其他助词的记录比例。

（2）用字较为稳定。《崇搬图》中的"le³³"主要用东巴文"🐁"记录，两者已形成较为稳定的对应关系。当然，助词"le³³"也少量地使用其他的东巴文进行记录。这是东巴文过渡性的表现。

（六）结构助词"me³³"的记录

《纳西语简志》："me³³……是补语的标志，位于动词之后，补语之前。"《古事记》（4页）："用在动词后，有四种功用：用在陈述语尾……引起下文……追述原因……使前边动词或形容词变为名词。"在《崇搬图》中，助词"me³³"使用较广。

1. 相关记录统计

表1　　　　　　　　　有无记录统计

项目	总量	无记录	有记录	记录比例(%)
数据（次）	162	89	73	45.06

项目	总量	𝌆	꒐
数据（次）	73	72	1
比例（%）	—	98.6	1.4

表2　　　　　　　　　　用字统计

2. 文字记录举例与分析

《崇搬图》中，"me^{33}"一词借用"𝌆"和"꒐"两个东巴文记录，以"𝌆"为主。

（1）用"𝌆"记录，如右图

该节（57页204节）解读如下：

字形：

标音：ə^{33} gv^{33} ɤɯ^{33} me^{33} æ^{31} ŋə^{31} ndʑy^{31}，æ^{31} nɯ^{33} se^{31} ʂɿ^{33} iə^{55}。

字译：舅舅　好　的　岩里　有　　岩　把　岩羊肉　给

意译：早上宾客来，就用岩羊肉来招待。

助词"me^{33}"用"𝌆"记录。"𝌆"本义为"雌"，此为借音记录。

（2）用"꒐"记录，如下图

该节（38页121节）部分（上右图）解读如下：

字形：

标音：……æ^{33} tsv^{31} le^{33} ʂ^{55} me^{33}，ŋy^{55} tɕy^{31} ɤɯ^{33} me^{33} tɕy^{31}，ŋy^{55} i^{33} tɕi^{55} ŋə^{31}……

字译：　鸡雏　就答道　我　啼　好　的　啼　我　是　小时

意译：……小公鸡答道："我回忆我幼小的时候……"

助词"me^{33}"用"꒐"记录。"꒐"常用于记录否定副词"me^{33}"，此为借音记录助词。

3. 无记录举例与分析

《崇搬图》中，"me³³"已有相对固定的对应的东巴文，文中未被记录的主要原因是承前后文省，如右图。

该节（104 页 501 节）解读如下：

字形：（图形）

标音：mɯ³³py³¹mɯ³³zʅ³³me³³. dɑ³³py³¹dɑ³³zʅ³³me³³。

字译：天　祭　天　举行者　地　祭　地　举行者

意译：祭天者举行祭天之礼，祭地者举行祭地之礼。

本节中，助词"me³³"出现两次，只用一个"（字符）"，另一个省略。

4. 记录特点

（1）处于《崇搬图》中助词的正常记录水平。

（2）用字稳定。"me³³"与东巴文"（字符）"形成较为稳定的对应关系。

（七）结构助词"pu⁵⁵"的记录

据《纳西语简志》，"pu⁵⁵"是补语的标志，位于动词之后，补语之前。

1. 相关记录统计表

表1　　　　　　　　　　　　　记录次数统计

项目	总量	无记录	有记录	记录比例（%）
数据	17	11	6	35.29

表2　　　　　　　　　　　　　用字统计

项目	总量	（字符）	（字符）
数据	6	5	1
比例（%）	—	83.3	16.7

2. 文字记录举例与分析

《崇搬图》中，"pu^{55}"以""记录为主，东巴文""仅记录一次。

（1）用""记录，如右图

该节（54 页 196 节）部分解读如下：

字形：

标音：……ŋgv^{33} lər^{55} sv^{55} pu^{55} tshʅ^{31}。

字译：　九　种子　捡　过　来

意译：……把九样谷种捡了来。

助词"pu^{55}"用""记录。《字谱》："pu^{55}，带也，送也，从手持物。"此为借音记录。

（2）用""记录，如右图

该节（52 页 186 节）部分解读如下：

字形：

标音：……ŋgv^{33} çi^{31} ŋgv^{33} lər^{55} phv^{55} pu^{55} lu^{33}……

字译：　九　森林 九 种　撒　过　来

意译：……九片森林里去撒九样的谷种子……

结构助词"pu^{55}"用东巴文""记录。""本义为"男神"，此为借音记录。

3. 无记录分析

像其他助词一样，助词"pu^{55}"无记录的主要原因仍是省略，此不赘述。

4. 记录特点

（1）低于其他助词的记录水平，仅为 35.29%。

（2）用字相对固定。"pu^{55}"与东巴文""形成了对应关系。

（八）小结

本节具体描写分析了《崇搬图》中的七个结构助词，可以看出：

1. 结构助词记录水平相对较低。不同结构助词的记录水平基本相当，只有"pu⁵⁵"一词的记录偏低。结构助词的低记录水平与其在语言中的地位相关，助词的语法功能越弱，其记录水平越低。

2. 结构助词与东巴文形成了较为稳定的对应关系，这是助词记录走向成熟的表现。当然，结构助词在记录中仍存在一词借用多字的现象。

二 情态助词的记录调查与分析

《崇搬图》中，情态助词有 se³¹、bɯ³³、sʅ³³、dʑi³³ 和 be³³ 等，都或多或少地存在相应的文字记录。本节将对出现次数较多的情态助词进行调查和分析。

（一）情态助词"se³¹"的记录

《纳西语简志》："siə³³（或 se³¹）表示完成貌，同时表示陈述语气，所以也可以叫它为语气助词。"

1. 记录统计表

表 1   记录次数统计

项目	总量	无记录	有记录	记录比例(%)
se³¹	46	12	34	73.91

表 2   用字统计

项目	记录总量	东巴文 ✿ 及数量	♪ 及数量
se³¹	34	23	11

2. 文字记录举例与研究

在《崇搬图》中，助词"se^{31}"用""和"𝟥"记录。

（1）用"𝌆"记录

右图（118 页 604 节）部分解读如下：

字形：𝍖　　𝍖　　𝍖　𝍖　𝍖

标音：z̗u^{31} mɯ^{33} xɯ^{31} nɯ^{33} kɯ^{55} se^{31} sə^{55}……

字译：夏　天　雨　来　淋　了　说

意译：夏天，用雨来淋……

情态助词"se^{31}"用"𝌆"记录。《字谱》："𝌆，se^{31}。岩羊也，角曲长。"此为借音记录。

（2）用"𝟥"记录

右图（28 页 96 节）解读如下：

字形：𝍖　𝍖𝍖　　𝍖𝍖𝍖　　　　　𝍖𝍖𝟥

标音：mɯ^{33} mə^{33} sʐ^{33} dɯ^{33} mɯ^{33} thv^{33} lɯ^{33} se^{31} dy^{31} mə^{33} sʐ^{33} dɯ^{33} dy^{31} ku^{33} lɯ^{33} se^{31}。

字译：天　不识一　天　出　来了地　不识　一地辟　来了

意译：要出现不认识的天和地了。

这里的"se^{31}"用"𝟥"记录。"𝟥"为标音文字（据《字谱》）。

3. 无记录举例与分析

《崇搬图》中，"se^{31}"已有相对稳定的对应文字，其未记录的原因主要是书写者的有意省略，如下图中"se^{31}"的记录。

上图（29 页 99 节）前一部分解读如下：

字形：

标音：ndʐər³¹ kv³³ xuɑ⁵⁵ phər³¹ zv⁵⁵，zv⁵⁵ be³³ nɯ³¹ xo³¹ se³¹，

字译：树　上　鹇　白　做工　做工　你　迟　了

字形：

标音：tho³³ t ʂu⁵⁵ y³¹ phər³¹ lv⁵⁵，lv⁵⁵ be³³ nɯ³¹ xo³¹ se³¹……

字译：松　间草　白　放　放羊的　你　迟　了

意译：白鹇树上做工，做工又嫌迟了。松间放白羊，放牧也嫌迟了……

助词"se³¹"出现两次，用东巴文""（岩羊）记录了其中的一次。

4. 记录特点

（1）具有较高的记录水平。不同于其他助词，助词"se³¹"的记录比例已达 73.91%。在纳西语中，该词身兼情态和语气的两重作用，这可能是其记录高的一个重要原因。

（2）用字相对固定。"se³¹"与""和"ʒ"形成较为稳定的对应关系。比较两个字形，""为象形文字，"ʒ"则是一个符号化程度较高的文字。可以推测，""的使用应在"ʒ"之前。"ʒ"使用次数虽不及""，但已有一定的使用数量。可见，在"se³¹"一词的记录中，"ʒ"有取代""之势。

（二）情态助词"bɯ³³"的记录

1. 记录统计表

表 1　　　　　　　　记录次数统计

项目	总量	无记录	有记录	记录比例(%)
bɯ³³	21	5	16	76.2

表2	用字数量统计	
项目	记录总量	月
bɯ³³	16	16

2. 文字记录举例与分析

《崇搬图》中，助词"bɯ³³"用"月"记录，如右下图。

该节（70页292节）解读如下：

字形：○　月　屮　◇　　◢　◇

标音：gv³³ bɯ³³ ndʐo³¹ su³¹ ndʐo³¹ mə³¹ dɯ³³。

字译：渡　要　桥　找　桥　不　得

意译：要渡的桥还没有找到。

情态助词"bɯ³³"用"月"记录。《字谱》："◢，bɯ³³ kɯ⁵⁵ 又 bɯ³³。腰带也。又作◢、◢。"此为借音记录。

3. 无记录分析

像其他助词一样，"bɯ³³"无文字记录同样是书写者的有意省略，此不赘述。

4. 记录特点

（1）记录水平与其他的情态助词相当，高于其他几类助词。

（2）"bɯ³³"与"月"已形成了稳定的对应关系。

可见，情态助词"bɯ³³"的记录已相当成熟。

（三）小结

本节描写分析了两个使用次数较多的情貌助词的文字记录情况，可以看出：

1. 情态助词的文字记录比明显高于其他助词。与其他助词相比较，情貌助词在语言表达中的地位相对重要，其记录的有无直接影响着读者对文意的理解，这应该是此类助词记录高的主要原因。

2. 情态助词都有了相对固定的记录文字。可见，此类助词的文字记录已接近成熟。

三　语气助词的记录调查与分析

语气助词一般用在句末，表示各类语气。像汉语一样，纳西语存在一些语气助词，部分得到了文字记录。

（一）语气助词"$xə^{31}$"的记录

《纳西语简志》未列语气助词"$xə^{31}$"。《古事记》中列有该助词，标音为"$^3hʌ$"或"$^3hɯ$"，将其归入语尾助词，并认为"用法似 se^{33}，而往往用于动作已经完成的时候，或指已经过去的事实"。

1. 记录统计表

表1　　　　　　　　　　记录次数统计

项目	总量	无记录	有记录	记录比例（%）
$xə^{31}$	67	31	36	53.73

表2　　　　　　　　　　记录用字统计

项目	记录总量	🦎
$xə^{31}$	36	36

2. 文字记录举例与分析

《崇搬图》中，助词"$xə^{31}$"用东巴文"🦎"记录，如下图。

上图（76 页 328 节）部分解读为：

字形：🦅　　нння　🐟　Ⅲ⊙Ⅰ 🐛

标音：mbæ³³ ndʑ̩ər³¹ dy³¹ khɯ⁵⁵ xə³¹，dy³¹ dʑy³¹ khu⁵⁵ gɯ³¹ xə³¹……

字译：野鸭　惊　地　震　了　　地　有　体　实　了

意译：野鸭惊骇之声，震撼了大地，从此，地体也巩固了……

这里的两个助词"xə³¹"分别用东巴文"🐟"记录。《字谱》："🐟，hɯ³³。齿也。"又"⌣　hɯ³³。去也，从足从路。又作 🐟，从 🐟（hɯ³³、牙）声，╱示去也"。此借音记录。

3. 无记录举例与分析

正如前文所分析，助词"hɯ³³"的记录已有对应的东巴文。行文中无文字记录的原因主要是省略，如下图。

上图（17 页 63 节）部分解读为：

字形：🦎　Ⅲ⊙🐟╱　肺　⊕　ひ　ひ　ひ

标音：ɣɯ³³ y³¹ dy³¹ kɯ⁵⁵ xə³¹，tʂhər⁵⁵ y³¹ bi³³ kɯ⁵⁵ xə³¹，sər³³ y³¹ le³¹ kɯ⁵⁵ xə³¹，

字译：皮　地　变　了　肺　日　变　了　肝　月　变　了

字形：🐍　〜ひ　🔑ひ　△ひ　〜　▭ひ

标音：bv³³ y³¹ zʐ̩³³ kɯ⁵⁵ xə³¹，o³³ y³¹ lv³³ kɯ⁵⁵ xər³¹，ʂ̩³³ y³¹ tʂ̩³³ kɯ⁵⁵ xə³¹。

字译：肠　路　变　了　骨　石　变　了　肉　土　变　了

意译：其皮变为地，其肺变为太阳，其肝变为月亮，其肠变为路，其骨变为石，其肉变为土。

本节共出现六个助词"xə³¹"（了），但只使用了一个东巴文"▨⟋"，显然，其他的记录被省略。

4. 记录特点

（1）"xə³¹"的文字记录比为 53.73%，处于《崇搬图》中助词记录的正常水平。

（2）用字稳定。助词"xə³¹"全部用东巴文"▨⟋"记录，两者形成了固定的对应关系。

（二）语气助词"tsɿ⁵⁵"的记录

该语气助词在《纳西语简志》中记作"tsɯ⁵⁵"，认为"表示引述语气的助词"。《古事记》认为"凡是引他人所说的话时用 ¹tsɿ"。

1. 相关记录统计

表 1　　　　　　　　　　　记录次数统计

项目	总量	无记录	有记录	记录比例（%）
tsɯ⁵⁵	80	28	52	65

表 2　　　　　　　　　　　用字统计

项目	记录总量	(东巴文字符)
tsɯ⁵⁵	52	52

2. 文字记录举例与分析

《崇搬图》中，助词"tsɯ⁵⁵"全部用东巴文"(东巴文字符)"记录，如下图。

上图（25 页 88 节）部分解读为：

字形：

标音：ə³³ so³³ ə³³ tsʅ³³ thv³³ t ʂhuo⁵⁵ lo³³ nɑ³¹ sʅ³³ thv³³ t ʂhuo⁵⁵ lo³³ nɑ³¹ pɯ⁵⁵ be³³ bɯ³³ tsʅ⁵⁵。

字译：一早 什么出　蚂蚁　黑先　出　蚂蚁　黑来历做　要 着

意译：一早，出现了什么了？出现的是黑蚂蚁，黑蚂蚁也想创造黑色的来历。

这里的"tsʅ⁵⁵"用"▬"记录。《字谱》："▬，tsʅ³³。束也，从绳束物。又作▬。"此为借音记录。

3. 无记录举例与分析

在《崇搬图》中，助词"tsʅ⁵⁵"无文字记录主要是书写者的有意省略，例如右图。

该节（47 页 161 节）部分解读为：

字形：

标音：ŋgæ³¹ sʅ³³ the³¹ me³³ sʅ³³ ue³³ tsʅ⁵⁵，ŋgæ³¹ t ʂha³¹ the³¹ me³³ t ʂha³¹ mu³¹ tsʅ⁵⁵。

字译：刀 磨 为 此 磨是 的 　刀 试 为 此 试 该 是

意译：我为此磨刀，我为此试刀。

这里出现两个助词"tsʅ⁵⁵"，只用了一个"▬"，另一个省略不记。

4. 记录特点

（1）助词"tsʅ⁵⁵"的文字记录比高于《崇搬图》中助词记录的平均水平。

（2）用字基本稳定，助词"tsʅ⁵⁵"与东巴文"▬"形成了对应关系。

（三）语气助词"uə³³"的记录

在《崇搬图》中，语气助词"uə³³"一般与助词"tsʅ⁵⁵"结合使用。

1. 相关记录统计

表1 记录次数统计

项目	总量	无记录	有记录	记录比例(%)
uə³³	22	12	10	45.45

表2 用字统计

项目	记录总量	📷
uə³³	10	10

2. 文字记录举例与分析

《崇搬图》中，助词"uə³³"全部用东巴文"📷"记录。例如下右图。

该节（51页179节）部分解读为：

字形：𦥯　𧘐　𧘇　📷　📷　📷　📷

标音：ndæ³³ mi⁵⁵ ŋy³³ zvʔ³¹ lu³³ uə³³ tsʅ⁵⁵。

字译：爱　女　我　嫁　来　才　对

意译：你的爱女一定要嫁给我呀！

语气助词"uə³³"用"📷"记录。《字谱》："📷，uə³³。陂陀也，山寨也，截山之半取义。"此为借音记录。

3. 无记录分析

在《崇搬图》中，"uə³³"无文字记录的原因是书写者的有意省略。

4. 记录特点

（1）助词"uə³³"的文字记录比例偏低，仅为45.45%。

（2）用字稳定。语气助词"uə³³"与东巴文""已形成稳定的对应关系。

（四）语气助词"guə³¹"（或"gə⁵⁵"）的记录

《古事记》认为："²gu和²guʌ有时可替代³sɛ，但不大常用。"《纳西语简志》中列有"gə⁵⁵"一词，认为是"表达感叹语气的助词"。在《崇搬图》中，该词使用次数较少。

1. 相关记录统计

表1　　　　　　　　　　　　　记录次数统计

项目	总量	无记录	有记录	记录比例（%）
guə³¹	11	3	8	72.7
gv³³	11	2	9	81.8
合计	22	5	17	77.3

表2　　　　　　　　　　　　　用字统计

项目	记录总量	◯
guə³¹	8	8
gv³³	9	9

2. 有记录举例

《崇搬图》中，"guə³¹"与"gv³³"都用东巴文"◯"记录。

（1）"gv³³"的记录，如右下图

该节（92 页 423 节）部分解读为：

字形：

标音： tʂ̩³³ tv⁵⁵ iə⁵⁵ iə³¹ gv³³。

字译： 土　杜　适宜　了

意译： 杜了土是很适宜的。

这里的"gv³³"用"〇"记录。"〇"本义为"蛋"，此为借音记录。

（2）"guə³¹"的记录，如右图

该节（49 页 169 节）部分解读为：

字形： 𝄞

标音： xo³¹ dɯ³¹ mə³³ lo⁵⁵ lo⁵⁵，ŋgv³³ lv⁵⁵ ma³¹ nɯ³³ ma³³ xo³¹ dɯ³¹ lo⁵⁵ lo³³ guə³¹。

字译： 滑 大 不 溜溜　　九 饼 油 就 摸 滑 大 溜溜 了

意译： 需要滑溜溜不大滑溜溜，抹上九饼酥油，就滑滑溜溜了。

这里的"guə³¹"亦用"〇"记录。

从分布和记录来看，"guə³¹"与"gv³³"应为同一词，其差异可能是整理中所造成的。

3. 无记录分析

像其他助词一样，"guə³¹"与"gv³³"无文字记录的原因也是书写者为求书写快捷和便利而有意省略。

4. 记录特点

（1）助词"guə³¹"（或"gv³³"）的记录比例为 77.27%，高于助词的平均记录水平。

（2）用字稳定。助词"guə³¹"（或"gv³³"）与东巴文"〇"已形成较为稳定的对应关系。

（五）语气助词"iə³¹"的记录

《纳西语简志》未列"iə³¹"一词。在《古事记》（4 页）中，该词注音为"²iʌ"，认为"多用于偶然发现的动作或事态"。在《崇搬图》中，该词标音为"iə³¹"，一般出现在句尾。本研究将"iə³¹"置于语气助词中进行调查分析。

1. 相关记录统计

表1　　　　　　　　　　　　　　记录次数统计

项目	总量	无记录	有记录	记录比例(%)
iə³¹	18	7	11	61. 11

表2　　　　　　　　　　　　　　用字统计

项目	记录总量	❦
iə³¹	11	11

2. 有记录举例与分析

《崇搬图》中，"iə³¹"一词全部用"❦"记录，如右下图。

该节（108 页 530 节）部分解读如下：

字形：𛀁̣   Ɒ   3 ❦

标音：nɑ³³ sɑ³¹ phy³³ by³³ duɯ³³ ty³³ the³³ ŋə³¹ tsv³¹ se³³ iə³¹。

字译：呐沙普钵　　　一　座　这　边　修　了　吧

意译：有名叫"呐沙普钵"的一座塔修在这边。

助词"iə³¹"用"❦"记录。《字谱》："❦ iə³¹。草名，又烟草也，象其叶。"此为借音记录。

3. 无记录举例与分析

在《崇搬图》中，助词"iə^{31}"无文字记录的主要原因是书写者为便利而有意省略，如下图中"iə^{31}"的记录。

上图（54 页 194 节）前一部分解读为：

字形：𝕏   ✎ ✕   ⤳ △

标音：tʂho^{31} ze^{33} lɯ^{55} ɣɯ^{33} nv^{31}，khə^{55} lɑ^{33} nv^{31} khə^{55} iə^{31}，dæ^{31} lɑ^{33} nv^{31} dæ^{31} iə^{31}……

字译：崇忍利恩   你   才干 呢 你才干是   贤能呢你 贤能是

意译：崇忍利恩你呀，也算你有才干很贤能……

两个语气助词"iə^{31}"，图版中只记录了其中的一个。

4. 记录特点

（1）"iə^{31}"的记录比例处于助词文字记录的平均水平。

（2）"iə^{31}"记录用字较为稳定，与"⤳"形成了对应关系。

（六）小结

本节描写并统计分析了《崇搬图》中出现较为频繁的四个语气助词记录情况，可以看出：

1. 语气助词记录水平处在 77.27% 到 45.45% 之间，平均水平为 58%，高于助词的平均记录水平。

2. 本节中的四个语气助词的文字记录比存在较大差异。

3. 语气助词记录用字已相当稳定。

其中的共性和差异表明：在不成熟的文字体系中，一个词有对应的文字，但不一定能得到百分之百的记录，这可能还需要一个漫长的过程。另外，同一类词在文字的记录中并不平衡，有些记录得很多，有些则很少，这与其语义及功能密切相关。

四　助词记录分析与统计

以上描写分析了《崇搬图》中几类主要助词的文字记录情况，具有以下一些共同的特点：

1. 记录水平低。《崇搬图》全文共使用 1464 次助词，记录了其中的 709 次，占总次数的 48.42%，低于其他各类词性的记录水平。应该说，助词的低记录水平正是助词语义特征的体现。

2. 不同助词的记录水平并不相同。在上述的三类助词中，情态助词的记录水平最高，上文所列举的情态助词的记录水平都超过了 70%；其次为语气助词，为 58%；结构助词的记录水平最低，在《崇搬图》中结构助词约使用 1081 次，共记录 473 次，记录比为 43.7%。

3. 助词全部采用借音的记录方式，记录用字相当稳定。例如，助词 "nɯ³³" 所有文字记录的 86.9% 是使用 "𰹞"，"𰹞" 使用中的 88.57% 用于记录助词 "nɯ³³"。也就是说，"nɯ³³" 与 "𰹞" 已经建立了稳定的对应关系，这是东巴文成熟的一面。不过，有些助词在用字中，偶尔也使用不同的东巴文，呈现借用多字的现象，具有一定的随意性。例如，助词 "pu⁵⁵" 的记录使用了 "𓀀" "𓀁" "𓀂" 三个字形，这是东巴文不成熟的一面。

附表1　　　　　　　　《崇搬图》中东巴文记录助词比例统计

编号	字形	记录方法	使用次数	记录助词次数	所记助词	记录助词的比例(%)
1		借音	140	124	$nɯ^{33}$	88.57
2		借音	127	9	$dɯ^{31}$	7.08
3		借音	87	27	$gə^{33}$	31.03
4		借音	42	32	i^{33}	76.19
5		借音	28	5	mu^{31}	17.85
6		借音	77	34	$xə^{31}$	44.15
7		借音	147	119	le^{33}	78.23
9		借音	38	28	ne^{33}	73.68
10		借音	85	72	me^{33}	84.70
11		借音	257	3		1.16
12		借音	36	11	ue^{31}	27.78
13		借音	16	5	pu^{55}	31.25
14		借音	8	1		12.5
15		借音	33	1		3.03
16		借音	80	16	$gə^{31}$	20
17		借音	30	19	la^{33}	63.33
18		借音	32	21	I^{33}	65.6
19		借音	19	6	la^{33}	31.57
20		借音	78	54	$tsʅ^{55}$	69.23

续　表

编号	字形	记录方法	使用次数	记录助词次数	所记助词	记录助词的比例(%)
21		借音	45	2	Si³³	4.44
22		借音	51	33	ŋə³¹	64.71
24		借音	71	20	iə⁵⁵	23.94
25		借音	30	21	se³³	70
26		借音	5	4		80
27		借音	10	5	sə⁵⁵	50

第二节　助词记录比较研究

《崇搬图》与《古事记》中助词记录差异主要表现在记录数量这一方面。

一　助词记录数量比较及原因分析

（一）相关统计

表 1　　　　　　　　　　《古事记》助词记录调查统计比较

编号	助词	出现次数	记录次数	东巴文	记录比例(%)	《崇搬图》(%)
1	²nɯ	133	1		0.8	47.7
2	²lɛ	106	—			
3	³n̩iʌ	58	—			
4	²mɛ	64	1		1.6	45.1

续　表

编号	助词	出现次数	记录次数	东巴文	记录比例(%)	《崇搬图》(%)
5	³huɯ	43	—			
6	¹tsʅ	31	2		6.5	65.0
7	²i	32	1		3.1	46.4
8	³nɛ	27	2		7.4	
9	³lɑ	23	1		4.4	
10	²gʌ	21	—			
11	³tshʅ	13	1		7.7	
12	³dʑiʌ	10	2		20.0	
13	³hʌ	10	—			
14	³uʌ	10	—			
15	³sɛ	9	—			
16	³mo	8	—			
17	³dɑ	8	—			
18	¹po	7	1		14.3	35.3
19	²bɛ	5	4		80.0	
20	²zʅ	4	1		25.0	
21	³guʌ	2	—			
22	¹nu	2	—			
23	¹lɯ	2	—			
24	²gu	1	—			
25	³tɕiɛ	1	—			
26	²iʌ	14	2		14.3	61.1
合　计		640	21			

表2　　　　　　　　　　　　　　　助词记录次数比较总表

经典文献	总量(次)	记录次数(次)	记录比例(%)
《崇搬图》	1464	709	48.4
《古事记》	640	21	3.5

表3　　　　　　　　　　　　　　　助词记录数量比较总表

经典文献	助词总量(个)	记录助词量(个)	记录比例(%)
《崇搬图》	42	36	85.7
《古事记》	26	10	40.7

表2显示：《古事记》的助词记录总次数远远低于《崇搬图》的记录水平。这种差异与其他词类记录统计的结果相一致。不同于其他词类，两者助词记录水平差距尤其得大。可见，在文字的发展中，越抽象的词其记录变化越大。

表1显示：《古事记》个别助词的记录水平整体低于《崇搬图》，无一例外，这与表2统计的结果相一致。

表3显示：两本文献助词记录量的差异没有记录次数的差异大。这说明，《古事记》中已存在文字记录的助词在实际记录中省略得更多。

（二）《古事记》助词文字记录低的具体原因

以下是《古事记》助词文字记录低的一些具体原因。

1. 一些助词在《古事记》中尚未出现对应的文字

《古事记》中，助词"^{2}lɛ"共出现106次，未记录一次，《崇搬图》则被大量地记录。例如：

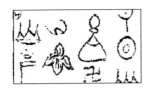 

左上图（16 页 14 节）解读如下：

字形：〔符号〕

标音：³mi ¹tsʮ ²çi²mʌ ²dʑy，¹ŋy ³mi ¹ŋy³lɛ ¹tsʮ，³dɔ ²gʌ ²ɤɯ³y²ɯ¹mɑ……

字译：名 取人不 有 我名我（助）取 上帝的 （公鸡名）

助词"²lɛ"没有文字记录，《崇搬图》则有，见右上图。

该节（5 页 20、21 节）解读如下：

字形：〔符号〕

标音：æ³¹ phər³¹ dɯ³³ tçhy³¹ thɯ³³，mi³¹ tsv⁵⁵ çi³³ mə³³ ndʑy³¹。

字译：鸡 白 一 种 那 名 取 人 没 有

字形：〔符号〕

标音：ŋy³³ mi³³ ŋy³³ le³³ tsv⁵⁵，xe³³ gə³³ "ɤɯ³³ y³¹ ɤɯ³³ mɑ³¹" le³³ mi³¹ be³³。

字译：我 名 我 又 取 神 的 恩余恩麻 又 名 做

意译：那一只白鸡呀，没有替它取名的人，只好自己取自己的名，叫作神的"恩余恩麻"。

这里的助词"le³³"借用"〔符号〕"（獐）记录。

2. 已出现文字记录的却大量省略不计

从统计中可以看到，《古事记》已有 40.7% 的助词存在文字记录，但全文的记录次数比仅有 3.5%，其助词记录省略显而易见。如下图中助词"nɯ³³"的记录。

左图（15 页 9 节）解读如下：

字形：

标音：^{3}guɯ ^{2}nɯ ^{2}mʌ ^{3}guɯ ^{2}thu，^{3}tsɛ ^{2}nɯ ^{2}mʌ ^{3}tsɛ ^{2}thu。

字译：真（助）不　真　出　作（助）不作出

意译："真"生"幻"，"作"生"息"。

助词"^{2}nɯ"出现两次，用""（本义为"心"）只记录了一次。《崇搬图》则不同。

右图（3 页 11 节）解读如下：

字形：

标音：guɯ^{31} nɯ^{33} mə^{33} guɯ^{31} thv^{33}，tse^{31} nɯ^{33} mə^{33} tse^{31} thv^{33}。

字译：真　　不　真　出　实　　不　实　出

意译：出现了一切真与不真、实与不实的问题。

两个"nɯ^{33}"都得到了记录。

可见，《古事记》记录省略的数量相对较多。

二　记录方式的同义比较

总体上看，两本文献中助词的文字记录方式的差异相对较小。

（一）几类助词所用东巴文对照表

《古事记》已记录助词		《崇搬图》相应的助词记录	
音标	东巴文	音标	东巴文
^{2}nɯ		nɯ^{33}	
^{2}mɛ		me^{33}	

《古事记》已记录助词		《崇搬图》相应的助词记录	
音　标	东巴文	音　标	东巴文
^{1}tsʅ	（东巴文字形）	tsɯ^{55}	（东巴文字形）
^{2}i	（东巴文字形）	i^{33}	（东巴文字形）
^{3}lɑ	（东巴文字形）	lɑ^{33}	（东巴文字形）
^{1}po	（东巴文字形）	pu^{55}	（东巴文字形）
^{2}iʌ	（东巴文字形）	iə^{31}	（东巴文字形）

上表显示：两本文献的用字具有明显的继承关系。不同的是，《崇搬图》在用字方面更多样、更灵活。

（二）助词记录方式同义比较

“iə^{31}”的记录比较

上图（《古事记》58 页 113 节）后一部分解读如下：

字形：　（字形）　　　　　　（字形）　　　（字形）

标音：^{2}dʐu^{3}lɑ^{3}ɛ^{2}pɛ^{2}le^{1}ʂΛ ^{2}mɛ, ^{3}dʑa ^{2}lɑ ^{3}nu ^{3}dʑa^{2}iʌ……

字译：主拉爱普（助）说（助）能干（助）你能（助）

意译：主拉爱普说：算你能干了……

助词“^{2}iʌ”用“”（本义为“烟叶”）记录。下图是《崇搬图》中的相关记录。

上图（《崇搬图》54 页 194 节）前一部分解读如下：

字形： ⚇　　　　　　⚊　✕　　　⚊　　△

标音：t ʂho^{31} ze^{33} lɯ^{55} ɤɯ^{33} nv^{31}，khə^{55} la^{33} nv^{31} khə^{55} iə^{31}，dæ^{31} la^{33} nv^{31} dæ^{31} iə^{31}

字译：崇忍利恩　　　你　才干 呢 你才干是　贤能呢你 贤能是

意译：崇忍利恩你呀，也算你有才干很贤能……

助词"iə^{31}"同样用"⚊"记录。

全面比较两本文献中助词的已有文字记录，用字基本相同。

三　小结

本节全面比较了《古事记》和《崇搬图》中的助词记录，可以看出：

1. 《古事记》与《崇搬图》的助词记录存在继承与发展的关系。

2. 与其他词类相比，助词的记录差异较大。

3. 《崇搬图》助词的文字记录明显成熟于《古事记》。

第三节　结论

本章较为全面地描写了《崇搬图》中结构助词、情态助词和语气助词的文字记录情况，获得了一些记录数据，展现了其中的一些特点，从中可以看出：

1. 《崇搬图》中各类助词都存在对应的记录文字，彼此形成了较为稳定的对应关系。

2. 在行文中，各类助词都存在记录省略，但各自省略的多少不同。在三类助词中，结构助词记录比最低，情态助词的记录比最高。助词记录比例的不同与助词的语法功能密切相关，即语法功能越重要，记录比例就越高。

3. 助词的记录方式全部采用借音记录。

4.《崇搬图》中的东巴文已具备了记录助词的能力。

在描写的基础上，本章较为全面地比较了《崇搬图》与《古事记》中的助词记录情况，从中可以看出：

1.《崇搬图》与《古事记》的助词记录差距较大。由此可见，助词记录变化在文字发展中表现得尤为明显。

2. 助词出现记录文字与助词完全得到记录并不同时发生。文献中的助词要得到全部记录，需要一个较长的发展时期。

3.《崇搬图》的助词记录要远成熟于《古事记》。

结　　语

　　简单地说，文字与语言的关系有两种：1. 文字与语言一一对应，此为成熟文字；2. 文字与语言不一一对应，此为原始文字，东巴文属于后者。当深入研究东巴文献中文字与语言的对应关系，发现其中的问题竟是如此得复杂，而这些问题的解决就像一把钥匙，打开了一扇了解东巴文的大门。

　　东巴文是一种正向成熟文字过渡的意音文字。虽然文献中的文字看上去像一幅幅图画，但就是这些类似图画的字符却记录了文献中大部分语言单位。在《崇搬图》中，名词的记录水平已超过80%，助词的平均记录水平接近50%，各类词的记录总量比超过了70%，这与完整记录语言的成熟文字相去不远。在该文献中，文字的记录方式有象形、会意、指事、形声、转义和借音等，已经具备一般意音文字的全部记录方式。可以说，《崇搬图》中的东巴文已完全具备记录纳西语的能力。当然，在文献中，各类词都存在无文字记录的情况，其原因主要有以下三点：一是尚未制定记录的文字；二是仍采用原始图画的表意方式；三是已有对应的文字，但为了书写快捷有意省略。前两个原因是东巴文原始性的体现，后者则是文字记录语言的意识在书写者的心里尚未完全建立。

　　东巴文是一种以记词为主，部分记录音节的意音文字。在《崇搬图》中，大多数词只有一个音节，每个音节一般用一个表意的东巴文进行记录。一些多音节词常采用形声的表达方式，即一个东巴文表意，其他一个或几个东巴文记录其中的一个或几个音节，并不表意。在该文献中，东巴文与语言的对应关系主要是以上两种情况。因此，东巴文基本上可以当作一种记词文字。当然，部分单音节词和多音节词也采用借音的方式。其中，采用借音记录的多音节词存在以下两种情况：1. 每个音节都有一个对应的东巴文；2. 部分音节有对应的东巴文，其余则无。虽然这些词语采用了借音的方式，但这些借用的东巴文并没有发展为固定记录某些音节的专用字。可见，东巴文尚未发展为音节文字。不过，从《崇搬图》中的记录方式来看，东巴文有向音节文字发展的趋势。

东巴文献是一种具有多次解读空间的文献，即东巴思想、原典文字和诵读言语并不完全对等。东巴经形成之时，东巴的内心思想与东巴所书写的文字并不等同，之间存在一个模糊的空间。换句话说，写经者没有准确完整地记录自己的思想，甚至出现错误的表达。经典诵读中，言语与原典文字存在一个不对等的空间，即诵读者可以适度发挥、补充或改变原典没有的内容，这些补充和改变有些正确，有些错误。这两个空间最终导致东巴文献出现大量的文字与语言不对应的现象，这也让我们今天能看到多种不同版本的东巴经典，这其中有地域之别，有时代之别，也有师传之别。

今天，东巴文献异常丰富，这是历史积淀的结果。遗憾的是，这些文献绝大多没有标明书写的时代和地域。即使有，我们也很难推定其第一次书写的年代。这里说"第一次书写"是因为东巴文献存在很多抄本，有些抄本看起来很现代，但其母本却非常得古老；有些抄本看上去似乎很古老，其母本却并不很古老。要解决这一问题，还需求助于东巴文献自身的研究，这其中最重要的部分就是文字与语言对应关系的研究，因为这种关系是原始文字发展阶段的重要体现。在本研究中，《崇搬图》与《古事记》各类词性的记录差异表现出惊人的一致。为此，我们完全可以根据两者在记录数量和记录方式上的差异推定出《崇搬图》中的东巴文要比《古事记》成熟。假如能对所有的文献进行此类研究，我们相信，东巴文献的断代不久将得到解决。到时，一条原始文字发展的轨迹将清晰地展现出来。

在认识东巴文字及其文献的同时，本书也较为清晰地展现了原始文字的特点及其发展。

在各类词性的文字记录中，原始文字表现出较大的差异。这种差异的产生主要源于词的语义特征（特有词汇意义或语法意义）。一个词的词汇意义越具象，其记录比例往往越高，如《崇搬图》中名词的文字记录；一个词的语法功能在句子中越重要，其记录比例往往越高，如《崇搬图》中语气助词的文字记录（详见助词的记录调查研究）。同时，一个词的语义特征也影响着该词的文字记录方式。比如，越抽象的词，其记录方式越倾向于表音。

当然，这一规律并不适用文字发展的各个阶段。当一种原始文字具备了成熟文字所具有的各种记录语言方式后，一些较为抽象的词语往往具有更高的记录水平，其原因在于：一些语义具体的词语往往固守原始的记录方式，抽象词语的文字记录则因为借音方式的出现而得到突飞猛进地发展。在《崇搬图》中，这种现象较为突出。

原始文字在记录语言的发展中是不平衡的，这主要表现在三个方面：1. 记录次数比与记录数量比并不平衡。记录次数比就是统计一个词或一类词在特定的文献中出现次数与被文字记录次数的比，记录数量比则是统计一类词在特定文献中出现词的数量与被文字记录数量的比。在《崇搬图》中，各类词的记录数量比往往高于记录次数比。也就是说，已存在对应文字的词在具体记录中往往得不到文字记录，出现大量的人为省略。可见，一个已有文字记录的词在具体文献中要得到完全记录还需要一定的发展时间。2. 抽象词与具象词在文字记录的发展中并不平衡。在原始文字的早期，具象词往往得到大量的文字记录，而抽象词的文字记录水平则很低。但随着文字记录方式的日益完备，抽象词的文字记录的发展速度明显快于具象词，一些抽象词的文字记录水平开始超过具象词的记录水平。3. 在各类记录方式的发展中，借音的发展速度明显快于其他的记录方式。

从本书研究来看，说东巴文是研究原始文字发展的活化石一点不为过。

参考文献

注：以下包括在书中直接引用过或虽未直接引用但在本书撰写过程中曾重点阅读且其中的思路和观点对本书的撰写具有一定启发作用的各类文献。

一　工具书类

李霖灿编著，和才读音，张琨记音：《么些象形文字字典》，四川李庄印，1944 年 4 月。

方国瑜编撰，和志武参订：《纳西象形文字谱》，云南人民出版社 1981 年版。

J．F．洛克编著，和匠宇译，郭大烈、和力民校：《纳西语英语汉词语汇》（两卷），云南教育出版社 2004 年版。

高明编著：《古文字类编》，大通书局 1986 年版。

徐中舒主编：《甲骨文字典》，四川辞书出版社 1989 年版。

容庚编著：《金文编》，中华书局 1985 年版。

许慎：《说文解字》，中华书局 1963 年版。

二　论文类

傅懋勣：《关于纳西族图画文字和音节文字的几个写本中一处正文的校定问题》，《民族语文》1982 年第 1 期。

傅懋勣：《纳西图画文字和象形文字的区别》，《傅懋勣先生民族语文论集》，中国社会科学出版社 1995 年版。

和志武：《纳西族古文字概论》，《云南社会科学》1982 年第 1 期。

和志武：《从象形文东巴经看纳西族社会历史发展的几个问题》，《中央民族大学学报》（哲学社会科学版）1980 年第 2 期。

和志武：《试论纳西象形文字的特点——兼论原始图画字、象形文字和表意文字的区别》，《云南社会科学》1981 年第 3 期。

方国瑜、和志武：《纳西族古文字的创始和构造》，《中央民族大学学报》（哲学社会科学版）1981 年第 1 期。

杨正文：《纳西族东巴象形文字的演变》，《思想战线》1999 年第 5 期。

杨正文：《从岩画到东巴象形字》，《思想战线》1998 年第 10 期。

戈阿干：《由纳西象形文保存的河图洛书》，《民族艺术研究》1999 年第 4 期。

林向萧：《关于"东巴文是什么文字"的再探讨》，《云南民族学院学报》（哲学社会科学版）2002 年第 5 期。

木仕华：《东巴文 ⋈ 为邛笼考》，《民族语文》2005 年第 4 期。

木仕华：《纳西东巴文中的 ⼭ 字》，《民族语文》1999 年第 2 期。

木仕华：《纳西东巴象形文字辞典说略》，《辞书研究》1997 年第 4 期。

木仕华：《纳西东巴文与藏文的关系》，《民族语文》2001 年第 5 期。

木仕华：纳西东巴文涉藏字符字源汇考，《民族语文》2012 年第 5 期。

王元鹿：《纳西东巴文字与汉字不同源流说》，《云南民族大学学报》（哲学社会科学版）1987 年第 1 期。

王元鹿：《纳西东巴文与汉形声字比较研究》，《中央民族学院学报》1987 年第 5 期。

王元鹿：《由若喀字与鲁甸字看纳西东巴文字流播中的发展——兼论这一研究对文字史与普通文字学研究的意义》，《华东师范大学学报》（哲学社会科学版）2001 年第 5 期。

王元鹿：《汉字发生研究材料轮》，《柳州职业技术学院学报》2004 年第 12 期。

王元鹿：《汉字发生研究方法论》，《黔南民族师范学院学报》2005 年第 2 期。

王元鹿：《玛丽玛莎文字源与结构考》，《华东师范大学学报》（哲学社会科学版）2004 年第 2 期。

王元鹿：《纳西东巴文字与汉古文字假借现象的比较及在文字史上的认识价值》，《徐州师范大学学报》（哲学社会科学版）1987 年第 2 期。

王元鹿：《〈字谱〉评介》，《辞书研究》1987 年第 4 期。

刘又辛：《纳西文字、汉字的形声字比较》，《中央民族学院学报》1993 年第 1 期。

喻遂生：《东巴形声字的类别和性质》，《中央民族学院学报》1992 年第 4 期。

喻遂生：《甲骨文、纳西东巴文的合文和形声字的起源》，《中央民族学院学报》1990 年第 1 期。

喻遂生：《纳西东巴文字辞典说略补正》，《辞书研究》1999 年第 4 期。

喻遂生：《纳西东巴字的异读与纳汉文字的比较研究》，《云南民族学院学报》1990 年第 1 期。

喻遂生：《纳西东巴字、汉古文字中的"转意字"和殷商古音研究》，

《中央民族大学》1994 年第 4 期。

喻遂生：《〈纳西东巴文与甲骨文比较研究〉质疑》，《云南民族大学学报》（哲学社会科学版）1988 年第 3 期。

喻遂生：《纳西东巴文本有其字假借原因初探》2002 年第 1 期。

喻遂生：《纳西东巴文文献学纲要》，《历史文献研究》2009 年第 1 期。

李国文：《从象形文字看古代纳西族时间观念的形成》，《哲学研究》1983 年第 1 期。

李国文：《纳西族象形文字东巴经中关于人类自然产生的朴素观》，《社会科学战线》1984 年第 3 期。

曹萱：《傅懋勣〈纳西族图画文字《白蝙蝠取经记》研究〉》探析，《蒙自师范高等专科学校学报》2003 年第 3 期。

甘露：《甲骨文与纳西东巴文农牧业用字比较研究》，《大理师专学报》2000 年第 1 期。

甘露：《纳西东巴文假借字研究述评》，《中央民族大学学报》2005 年第 4 期。

甘露：《早晚期东巴经假借字的时代特点》，《广州大学学报》2005 年第 6 期。

甘露：《东巴文抽象词汇及其表现形式》，《大理师专学报》2001 年第 1 期。

甘露：《东巴经假借字的版本比较研究》，《柳州职业技术学院学报》2005 年第 2 期。

赵小刚：《纳西族与汉族箭事象比较》，《中央民族大学学报》（哲学社会科学版）2001 年第 6 期。

华林：《论云南少数民族文字古籍的开发利用》，《民族研究》1997 年第 1 期。

周有光：《纳西文字中的"六书"——纪念语言学家傅懋勣》，《民族语文》1994 年第 6 期。

邓章应：《纳西东巴文线字素初探》，《内江师范学院学报》2004 年第 1 期。

习煜华：《东巴教里的"署"所体现的生殖崇拜含义》，《云南民族学院学报》（哲学社会科学版）1997 年第 1 期。

郑飞洲：《关于纳西族东巴文字信息处理的设想》，《学术探索》2003 年第 2 期。

朱宝田：《纳西族象形文字的分布与传播问题新探》，《云南社会科学》1984 年第 3 期。

史燕君：《纳西东巴文形声字形成过程初论》，《湖州师范学院学报》2001 年第 1 期。

臧克和：《基于〈金文资料库〉的〈尚书〉文献用字研究（二）》，《古籍整理研究学刊》2002 年第 3 期。

陈焕良：《古籍用字述论》，《广东社会科学》1998 年第 2 期。

周蓬华：《古汉语中容易混淆的用字现象》，《邢台师范高专学报》2002 年第 3 期。

相宇剑、王海平：《〈史记〉〈汉书〉用字异对应分析》，《淮北煤炭师范学院学报》（哲学社会科学版）2003 年第 1 期。

季素彩：《社会用字之怪现象》，《汉字文化》2001 年第 4 期。

和继全：《东巴文百年研究与反思》，《思想战线》2011 年第 5 期。

邓章应、白小丽：《纳西东巴文语境异体字及其演变》，《中央民族大学学报》2009 年第 4 期。

黄思贤：《水字、古汉字和纳西东巴文同义比较举例》，《兰州学刊》2007 年第 2 期。

黄思贤：《〈纳西象形文字谱〉质疑》，《中央民族大学学报》（哲学社会科学版）2007 年第 5 期。

黄思贤：《从同义比较看纳西族多文种间的关系和发展》，《中国文字研究》2008 年第 1 期。

黄思贤：《纳西东巴文献的用字比较与东巴文的发展——以〈古事记〉与〈崇搬图〉为例》，《新余高专学报》2010 年第 3 期。

黄思贤：《从异体字的差异看纳西东巴文的发展》，《甘肃联合大学学报》2010 年第 3 期。

黄思贤：《汉纳两种文字的差异与文字的发展规律》，《湖北社会科学》2010 年第 12 期。

三 专著类

王元鹿：《比较文字学》，广西教育出版社 1988 年版。

王元鹿：《普通文字学概论》，贵州人民出版社 1996 年版。

王元鹿：《汉古文字与纳西东巴文字比较研究》，华东师范大学出版社 1988 年版。

周有光：《世界文字发展史》，上海教育出版社 2003 年版。

周有光：《比较文字学初探》，语文出版社 1998 年版。

［俄］В. А. 依斯特林：《文字的产生和发展》，左少兴译，北京教育出版社 2002 年版。

［英］爱德华·B. 泰勒：《人类学——人及其文化研究》，连树声译，广西师范大学出版社 2004 年版。

郑飞洲：《纳西东巴文字字素研究》，民族出版社 2005 年版。

周斌：《东巴文异体字研究》，华东师范大学出版社 2005 年版。

和志武：《纳西东巴文化》，吉林教育出版社 1989 年版。

唐兰：《中国文字学》，上海古籍出版社 2005 年版。

裘锡圭：《文字学概要》，商务印书馆 1988 年版。

王凤阳：《汉字学》，吉林文史出版社 1989 年版。

蒋善国：《汉字学》，上海教育出版社 1987 年版。

和志武：《纳西语基础语法》，云南民族出版社 1987 年版。

和即仁、姜竹仪：《纳西语简志》，民族出版社 1982 年版。

黄思贤：《纳西东巴文献用字研究——以〈古事记〉与〈崇搬图〉为例》，民族出版社 2010 年版。

四　文集类

喻遂生：《纳西东巴文研究丛稿》，巴蜀书社 2003 年版。

郭大烈、杨世光：《东巴文化论》，云南人民出版社 1991 年版。

郭大烈、杨世光：《东巴文化论集》，云南人民出版社 1985 年版。

方国瑜：《方国瑜文集》（第 4 辑），云南教育出版社 2001 年版。

白庚胜、杨福泉：《国际东巴文化研究集粹》，云南人民出版社 1993 年版。

昌彼德：《第些研究论文集》，国立故宫博物院 1984 年版。

云南省少数民族古籍整理出规划办公室：《云南民族古籍论丛》（第一辑），云南民族出版社 1992 年版。

白庚胜：《玉振金声探东巴——国际东巴文化艺术学术研讨会论文集》，社会科学文献出版社 2002 年版。

五　学位论文类

袁胜红：《纳西象形文字指事字研究及其对汉字研究的启发》，硕士学位论文，华东师范大学，1999 年。

甘露：《纳西东巴文假借字研究》，博士学位论文，华东师范大学，2004 年。

范常喜：《甲骨文纳西东巴文会意字比较研究初探》，硕士学位论文，西南大学，2004 年。

史燕君：《汉古文字与纳西东巴文形声字比较研究》，硕士学位论文，华东师范大学，2001 年。

和继全：《白地波湾村纳西东巴文调查研究》，博士学位论文，西南大学，2012 年。

六　东巴经类

和芳讲述，周汝诚翻译：《崇搬图》，丽江县文化馆，1963 年 9 月。

傅懋勣：《丽江么些象形文〈古事记〉研究》，武昌华中大学，1948 年。

傅懋勣：《纳西族图画文字〈白蝙蝠取经记〉研究》，日本东京大学语言文化研究所，1981 年 3 月。

李霖灿编、张琨、和才译注：《么些经典译注九种》，中华丛书编审委员会，1978 年 4 月。

杨树兴、和云彩等诵经，和发源、王世英翻译：《纳西东巴古籍译注》（一），云南民族出版社 1986 年版。

和开祥、和士诚诵经，王世英、李静生翻译：《纳西东巴古籍译注》（二），云南民族出版社 1987 年版。

和士诚、和即贵、和云章、和开祥等口述，和力民、习煜华、和庆元等译注：《纳西东巴古籍译注》（三），云南民族出版社 1989 年版。

东巴文化研究所：《纳西东巴古籍译注全集》，云南人民出版社 1999 年版。

后　记

　　在这个烟雨朦胧的下午，终于完成了书稿的最后一个章节。手指安静地停留在键盘上，似有不离之意。

　　第一次接触东巴文是在读博期间，当时王元鹿先生正在做一个民族古文字同义比较的课题，我有幸参与其中。在课题组中，我负责了东巴文的部分研究。其间，接触到了大量的研究成果。在通读这些成果时，觉得这些成果大部分以字典文字作为研究资料，强调静态地研究所列东巴文的构形。一个偶然的机会，我获得了一本复印的东巴文经。细读后，发现其中的东巴文是如此具有活力，似一个个灵动的生命。为此，萌生了文献用字的研究。在负责课题之余，我开始着手东巴文献用字的研究。在博士学习结束之时，《纳西东巴文献用字研究》的书稿已成形。

　　博士毕业后，教学工作异常繁重，几次申报东巴文方向的课题都未获批准，手头上有关东巴文的论文也难以发表。为此，自己有过放弃东巴文研究的念头。2011 年的一天，一位同事告诉我，我申报的国家课题获批了。我欣喜若狂，因为我又要回到自己的老本行了。申报的这一课题就是本书的题目——纳西东巴文献中各类词性的记录调查研究。其实，这一研究早在博士学位论文写作结束后就有了构想。记得当时的博士学位论文中专门有一个章节——东巴文记录语言单位的研究。在这章中，我们简要地考察了各类实词和虚词的记录情况。但由于该文是全面考察文献用字中各类现象,这一考察仅仅是提要式的。工作后,一直都有继续这一研究的想法。国家课题的获批最终让这一研究得以开展。

研究开始后,难度开始显现出来。首先是面对如此多的东巴文献,该从何处下手。散落在世界各地的东巴文献暂且不说,正式出版的《纳西东巴古籍全集》就有一百卷,每卷又包含多部经典。凭借几个人的力量对其进行全面的词性记录调查,几乎是不可能的。唯一能做的就是,挑选几本经典进行调查分析。哪些才是经典,才是有代表性的?就这一问题,多次请教喻遂生先生、王元鹿先生与和力民先生,得到很多启发。在这些研究东巴文的前辈的帮助下,笔者最终确定以纳西东巴文献中有关创世纪本子作为研究材料,重点选择了丽江县文化馆印的《崇搬图》、傅懋勣的《古事记》、李霖灿的《么些族的洪水故事》和《纳西东巴古籍译注》中的《崇般崇笮》几本文献。这些文献所记录的内容异常丰富,词汇量大,各类词性齐全,彼此的内容大同小异,但各类词性的记录情况并不相同,这刚好符合本研究的需求。

其次难的是文献数据库的建立,而这项工作又必须做,否则无法进行相关的检索和统计,本研究也就无法开展。数据库的建设是一个浩大的工程,这其中包括数据库的结构设计、原典扫描、图片处理、图像剪切、图片录入和文本内容录入等,每一项工作都耗时耗力。由于东巴文献的特殊性,一般人难以胜任,所有的事情必须亲力亲为。为此,笔者整整花了两年时间为相关文献创建文字数据库。数据库的建设是本研究的基础,也是研究中的重中之重。在数据整理和书稿写作过程中,又根据研究的需要对数据库的结构进行了多次调整,这也花费不少的时间。庆幸的是,笔者较为成功地完成了这项工作。数据库的建设不仅为本研究打下了坚实的基础,也为将来更广泛的研究打下基础。

在创建数据库时,我们确定了书稿的框架,并明确了各类词的研究内容。

总的来讲，书稿的撰写是顺利的。

　　与其他东巴文研究成果不同，本研究的成果主要体现统计数据和词类记录描写这两个方面。其实，本研究的亮点也正是这两个方面：一方面，第一次全面统计文献中各类词性的文字记录比例；另一方面，第一次全面描写各类词的文字记录情况和无文字记录情况。

　　本研究希望达到三个目的：一、为比较文字学和普通文字学，尤其为原始文字的研究提供数据和材料；二、为爱好东巴文的读者提供一个可读性强的读本；三、为将后的东巴文献各类词性研究提供方法上的参考。

　　研究已暂告段落，留下一些遗憾，其中最大的就是研究涉及的材料相对过窄。因此，我们认为这一研究仅是一个开始，其研究方法仍需深入探讨，其研究材料仍需拓展。

　　但愿本研究能起到抛砖引玉的作用。

　　　　　　　　　　　　　　　　　　　　作　者

　　　　　　　　　　　　　　　　　2014 年 3 月于海口